# Parti Républicain Radical
## et Radical-Socialiste

# 19ᵐᵉ Congrès

du

# Parti Républicain Radical
# et Radical-Socialiste

## tenu à MARSEILLE

les 16, 17 et 18 Novembre 1922

## Prix : 2 francs

### ...ris, au Siège du Comité Exécutif
#### 9, rue de Valois, 9

Parti Républicain Radical
et Radical-Socialiste

*1902*

# 19<sup>me</sup> Congrès

du

## Parti Républicain Radical

## et Radical-Socialiste

## tenu à MARSEILLE

les 16, 17 et 18 Novembre 1922

## Prix : 2 francs

**A Paris, au Siège du Comité Exécutif**

9, rue de Valois, 9

# 19<sup>me</sup> CONGRÈS

## du

## Parti Républicain

## Radical et Radical-Socialiste

## tenu à MARSEILLE

## les 16, 17 et 18 Novembre 1922

~~~~~~~~~~~~~~~~

## SÉANCE PRÉPARATOIRE

## Jeudi 16 Novembre, matin

————————

La séance est ouverte à 10 heures sous la présidence de M. Fabius de CHAMPVILLE.

Il est procédé au tirage au sort de la Commission de Vérification des pouvoirs dont les membres se réunissent immédiatement sous la présidence de M. Fabius de Champville.

La séance est levée à 11 h. 1/2.
~~~~~~~~~~~~~~~~

## PREMIERE SEANCE

## Jeudi 16 Novembre, après-midi

La séance est ouverte à 14 h. 30, sous la présidence du citoyen HERRIOT, président du Comité Exécutif, assisté de MM. RICHARD, CAZELLES, PEYTRAL, sénateurs, ARCHIMBAUD, GHEUSI, députés, MERLIN, sénateur, MARGAINE, député, COUYBA, ancien ministre, RIPAULT, Fernand LEFRANC, GAVAUDAN, Henri MICHEL, Léon MEYER, DUFLOT, LAMOUREUX, DUCOS, CAZALS, BINET, SCHMIDT, députés, BONNAFOUS, FABIUS DE CHAMPVILLE, DOUCEDAME, Albert KAHN, DUCKETT, LENOIR et Louis BESSE, membres du Bureau en exercice.

## Discours d'ouverture
## DE M. LE PRESIDENT Edouard HERRIOT

LE PRÉSIDENT. — Citoyens, je déclare ouvert le XIXe Congrès du Parti Radical et Radical-Socialiste et, tout aussitôt, j'ai le devoir de m'excuser auprès de vous d'avoir été, sans doute, la cause du retard qui fait que notre Congrès se tient en Novembre, alors qu'il avait été annoncé pour le mois d'Octobre.

En prenant la décision de retarder jusqu'à ce jour l'ouverture de nos travaux, vous avez voulu, par un sentiment dont je vous suis reconnaissant, donner à votre président le temps d'aller faire au dehors, dans un pays lointain et ignoré, une enquête qui ne pouvait être inutile, ni aux intérêts de la France, ni à ceux de la République. (*Applaudissements.*)

J'aurai à vous rendre compte de ce voyage et des enseignements que j'en ai rapportés ; j'ai tenu à vous réserver ma première communication verbale ; je veux croire que, l'ayant entendue, vous ne regretterez pas de m'avoir donné cette preuve nouvelle de votre confiance et de votre amitié. (*Très bien ! Applaudissements.*)

Malgré ce retard, vous voici nombreux dans cette

ville de Marseille, que je remercie de nous recevoir si cordialement. Je salue, personnellement, la Fédération qui nous reçoit et son président.

Il m'est impossible de me retrouver dans cette salle, sans me rappeler l'admirable manifestation républicaine dont elle a été le théâtre il y a quelques mois : nous avons été un certain nombre à parler ici, de cette tribune, en présence d'une foule d'électeurs dont les sentiments démocratiques se manifestaient avec évidence. Marseille, comme tout le Midi, a toujours été, et est, j'en suis sûr. plus que jamais, une ville de renaissance républicaine! (*Applaudissements*). Nous comptons sur ces régions, où l'on voit si clair et si juste, pour nous aider à redresser la politique de notre pays. Venir aujourd'hui au milieu de nos amis des Bouches-du-Rhône, c'est déjà donner la preuve de notre confiance, en nos succès prochains. (*Applaudissements*).

Je dis : « en nos succès prochains » ; ceux d'entre vous qui ont bien voulu, depuis quelques années, suivre mes efforts, savent que je ne suis pas de ceux qui, volontiers, exagèrent : je crois que la force est dans la modération. (*Très bien.*) Quand il nous a fallu attendre, j'ai dit : attendons ! Quand il nous a fallu, patiemment, réparer les conséquences de certains malheurs, ou peut-être de certaines erreurs, j'ai dit : soyons patients !

Aujourd'hui, à l'ouverture de ce Congrès, je vous dis: citoyens, de l'attitude que nous allons prendre, des directions que vous allez donner, dépend le succès prochain de la République ! Nous sommes les maîtres de la situation... nous n'en étions guère que les arbitres ! Si nous savons, si nous voulons, dans quelques mois la France aura repris sa tradition républicaine d'avant-guerre et nous aurons fermé la parenthèse sur l'incident pénible auquel, depuis plusieurs années, nous fait assister le Bloc national ! (*Applaudissements.*)

Je fais donc appel, pour ces quelques jours comme pour les efforts qui suivront, à toute votre sagesse et à la concentration de vos efforts !

Citoyens, jamais la situation n'a été plus favorable pour une reprise d'activité républicaine. Nos adversaires, ceux qui. si bruyamment, avaient annoncé au pays, en 1919 et en 1920, qu'ils allaient apporter des méthodes nouvelles, qu'ils allaient faire oublier notre ancienne politique, ceux qui nous jetaient à la face toutes les injures, ceux qui allaient et qui vont encore jusqu'à méconnaître la sincérité et la profondeur de notre patriotisme, à nous, descendants fidèles des vieux Jacobins !... (*Applaudissements*)... ceux là, nous les avons vus à l'œuvre ! nous les avons laissé travailler, pensant que c'était la meilleure façon de les laisser se déconsidérer à l'intérieur et à l'extérieur ! Aujourd'hui le pays a jugé et le pays tout entier, dans son bon sens, a déjà l'opinion que je vais résumer :

A l'intérieur, que sont devenus les grands principes de la République ? Qu'est devenue, par exemple, dans l'ordre scolaire, cette idée de la laïcité, qui est une des colonnes du régime? cette idée de la laïcité qu'on s'efforce toujours de défigurer, dont on présente au peuple la caricature, qu'on essaie de définir comme je ne sais quelle oppression, alors qu'elle est, au contraire, dans notre pensée, la traduction, l'affirmation constante, la pénétration dans toutes les institutions, des idées de tolérance, de la neutralité qui doit couvrir de l'indépendance de l'Etat la liberté des activités individuelles ! Qu'est-elle devenue cette idée de la laïcité ? A l'Ecole, en particulier, elle est chaque jour menacée et vous avez pu voir que, profitant d'une certaine diminution des effectifs scolaires, conséquence de la guerre, ce sont les écoles elles-mêmes que l'on veut fermer, voulant ainsi éteindre, dans quantité de régions où on a eu tant de peine à les allumer, ces modestes foyers de savoir autour desquels se sont toujours rassemblés les Républicains ! (*Applaudissements*).

Dans l'ordre social, qu'a-t-on fait pour justifier les promesses faites pendant la guerre ? pour donner à cette grande foule de prolétaires, d'humbles, qui s'étaient sacrifiés, des compensations dignes de leurs sacrifices ?

Qu'a-t-on fait pour améliorer les conditions du salaire, contre lesquelles, pour ma part, je ne cesserai de protester, car j'estime que le prix à l'heure ne représente pas pour le travail une solution définitive. Je crois aussi que cette solution définitive, il ne faut pas la chercher dans les chimères, mais dans un effort continu de volonté ?

Non seulement on n'a rien fait, mais ce sont les anciennes lois de la République, comme la loi des 8-heures, que nous sommes obligés de défendre aujourd'hui jour par jour !

Et dans l'ordre financier ? Alors que les Finances sont actuellement la clé de voûte de chaque Etat et qu'à la solidité de ses finances se mesure la solidité d'une Puissance ? Qu'a-t-on fait ?

Nous sommes montés l'année dernière à la tribune mon collègue Renard et moi, vous vous en souvenez ; nous avons dit à la majorité de la Chambre : si vous continuez, vous allez au déficit ! vous y serez l'année prochaine ! Et qu'avons-nous ajouté ? Avons-nous proposé, là encore, des solutions de violence ? Non pas. Avons-nous conseillé des improvisations ? Non pas !

Nous avons dit : cherchons à réunir toutes les personnes nécessaires pour trouver des solutions dignes de ce pays ! Faisons des sacrifices pour que ce pays vive ! Demandons à ceux qui peuvent le faire, dans leur propre intérêt, un sacrifice de même ordre mais moins douloureux que celui consenti pas les soldats qui sont allés se faire tuer sur les champs de bataille ! (Applaudissements.)

Nous n'avons pas été entendus ; nous avons été raillés ! nous avons été méconnus ! on nous a imposé et on a fait triompher des ordres du jour de confiance, et de confiance indéfinie ! La situation est là : nous avons le droit, nous, radicaux et radicaux-socialistes, de dire que nous avons prévenu, que nous avons essayé contre cette politique paresseuse une politique courageuse. Nous demeurons, aujourd'hui encore, des partisans de cette politique courageuse ! (Applaudissements.)

A l'extérieur, la situation créée par nos adversaires est-elle meilleure ? Vous la jugez ! Vous voyez où on en est pour les réparations. Vous voyez quelle est notre situation générale en Europe. Vous voyez ce qu'a donné une politique qui aurait voulu être une politique de force : elle a été, jour par jour, mois par mois, une politique de concessions et eile nous laisse, au moins en Europe, dans une situation difficile, sans, peut-être, qu'au milieu de ces difficultés, la France ait conservé, ce à quoi nous tenons tant : sa figure de grande nation pacifique, prête, sans doute, à exiger ce qui lui est dû selon la justice, mais prête aussi, et surtout, à collaborer, à travers le monde, à l'affermissement de la paix. Il faut parler sérieusement à tous les peuples, spécialement au nôtre, des malheurs issus de la guerre : les pertes matérielles, les pertes en hommes, la diminution formidable de substance infligée à toutes les nations, surtout à la nôtre ! Tout cela ne sera réparé que par de longues, longues années de travail. Et pour ce travail, qui est essentiel, auquel il faut convier, non pas seulement notre peuple mais tous les peuples, il faut, avant tout, réaliser une atmosphère de paix : la haine n'a jamais rien créé; la haine est destructrice ! (*Applaudissements.*)

Après cinq années de sauvagerie, après cinq années où la France n'a voulu connaître absolument que la nécessité d'aller jusqu'au bout, jusqu'à la Victoire, la parole est aux véritables républicains qui, maintenant, prêcheront la paix, mais qui ne la feront entrer dans les institutions qu'après l'avoir fait entrer, d'abord, dans les esprits ! (*Applaudissements.*)

Nous disons que l'heure est venue de reconstituer les Partis, ce qui est la loi même de la vie dans les républiques. L'heure est venue de mettre fin à cette prétendue coalition nationale qui nous accuse, nous, de faire appel à tous les démocrates, mais qui absorbe, dans un même amalgame, à côté de républicains modérés conseillés par la peur, le royaliste, fidèle, lui, à sa doctrine, le bonapartiste qui, peut-être, n'a pas renoncé, le clérical qui est devenu, à coup sûr, un militant, sans parler du traître, de celui qui était parmi nous quand nous détenions le succès... (*Applaudissements.*)... qui se présente maintenant avec eux et nous a abandonnés !

Il faut faire des Partis, il faut faire l'union de tous les démocrates ; il faut la faire contre cette coalition qui n'a plus la direction du pays et qui essaie de déconsidérer nos efforts pour reconstituer les troupes républicaines.

Au sein de ces troupes républicaines, il faut, cette fois, dans ces trois jours de congrès, marquer plus fortement que jamais la volonté et le programme de notre Parti, de ce Parti, intermédiaire entre la stagnation et l'opportunisme qui ne sont que des formes de la réaction, et la révolution qui, elle aussi, comme je viens de le voir, conduit à la conservation sociale, pour faire prévaloir la doctrine du progrès continu dans la Loi et par la Raison ! (*Applaudissements.*)

Je vous convie donc — et ce n'est pas une formule de début de congrès, veuillez m'entendre ! — je vous convie, de toute ma pensée, de tout mon cœur, à obtenir, pendant ces trois jours, les deux résultats que voici :

D'abord, je vous demande que ce congrès, comme l'ont été beaucoup de nos congrès, soit un modèle de dignité civique. Au milieu de toutes ces violences, alors que, nous-mêmes, nous sommes exposés aux coups de tant d'insulteurs, alors que celui qui vous parle a eu, même étant absent de France, à lutter contre les abominables procédés de gens qui se prétendent Français, qui portent des noms que l'on dit illustres, et qui ne se contentent pas d'essayer de nous atteindre dans nos doctrines politiques, mais qui voudraient nous toucher dans notre honneur personnel... (*Longs applaudissements.*)... alors, mes chers amis, que nous voyons l'un des porte-parole de cette coalition monter à la tribune et avouer à ce point le désastre, la débandade de la majorité, qu'il en est réduit à demander au Gouvernement de lui prêter le secours de la police politique qu'il connaît bien pour l'avoir manœuvrée quand il en avait la délégation, alors que nous voyons, dans cette presse, complice des traîtres de la politique, des abominables renégats, tous ceux qui, autrefois, luttaient avec nous, nous reprochant notre malaise, notre insuffisance, se porter au premier rang de la défense de l'argent et du cléricalisme (vous voyez, sans doute, à quelle campagne je fais allusion), restons fermes, indifférents à ces attaques ! Au-dessus de ces médiocrités, de ces passions stupides, regardez la République ! Travaillez pour Elle! Travaillez pour le peuple! Soyons dignes par nos efforts de la tâche que nous avons à remplir, à l'heure où je vous adresse la parole. S'il y a parmi nous des expressions d'opinion qui peuvent faire naître de petits incidents, parce que nous venons de différents côtés, de différentes régions, nos commissions sont là : qu'ici, dans cette enceinte, votre assemblée donne — j'allais dire au Parlement lui-même ! —

le modèle de ce que doit être une salle de délibérations ! (*Vifs applaudissements.*)

Voilà ce que je vous demande et, quel que soit le hasard de nos séances, je suis convaincu que vous me le donnerez.

Je vous demande encore ceci : il faut, mes chers amis, qu'à l'issue de notre travail de quelques jours, nous présentions à ce pays, qui en a assez, qui veut voir clair, qui veut qu'on lui parle simplement, un programme qui ne soit pas une illusion, qui ne soit pas l'assemblage de toutes les formules et de toutes les espérances, mais qui soit un programme d'action laïque, démocratique et sociale.

Je ne pose pas en ce moment devant vous la question du succès électoral; je pose la question de la défense de la République et de la reprise de la tradition républicaine Cette tradition est abolie depuis 1919.

La République a recueilli des mains lâches et sanglantes de l'Empire ce pays blessé, souffrant, diminué, doutant de lui-même. La République l'a repris, l'a serré contre son cœur, l'a porté dans ses bras, l'a redressé, dirigé, lui a rendu la considération ! La République nous a donné la victoire ! La République a fait prévaloir la discipline de liberté sur toutes les disciplines d'autorité ! On a été infidèle à la République : on a célébré tous les cinquantenaires, tous les centenaires, sauf le sien ! (*Applaudissements.*)

Eh bien ! nous disons, aujourd'hui : — et c'est l'engagement que, vis-à-vis de vous-mêmes, vous devez prendre — nous allons ramener la République à la tête de ce pays, nous allons la replacer à la place dont elle est digne ! C'est pour nous, non pas un intérêt, mais un devoir. Je compte sur vous, citoyens, pour nous aider à le remplir, par votre dignité, par votre travail, afin d'unir, comme l'ont fait nos pères, dans une même formule. la défense de deux grandes idées auxquelles nous avons dévoué nos labeurs et notre vie, les deux vieilles idées jacobines, toujours vivantes, éternelles : la Patrie et la République ! (*Double salve d'applaudissements.*)

La parole est au citoyen Gavaudan, président de la Fédération des Bouches-du-Rhône.

# DISCOURS DU CITOYEN A. GAVAUDAN, PRESIDENT DE LA FEDERATION DES BOUCHES-DU-RHONE, VICE-PRESIDENT DU COMITE EXECUTIF DU PARTI.

Citoyens,

A l'ouverture des travaux de notre 19e Congrès, j'ai le très grand honneur, au nom de la Fédération des Bouches-du-Rhône du Parti Républicain, radical et radical-socialiste, de vous adresser les souhaits de bienvenue les plus sincères et les plus fraternels.

Nous vous remercions de l'honneur que vous nous avez fait en désignant, pour la deuxième fois, notre ville comme siège du Congrès National du Parti : de même qu'en 1903, nous nous en montrerons dignes et reconnaissants

Elus et militants qui unissez vos efforts pour la réalisation des réformes constituant la charte de notre Parti, qui luttez avec tant d'énergie et de persévérance pour le triomphe de nos principes et de nos doctrines, la démocratie des Bouches-du-Rhône vous félicite et vous salue.

Soyez les bienvenus dans notre ville de Marseille, dans ce département des Bouches-du-Rhône qui s'honore d'avoir compté au nombre de ses représentants les plus autorisés, de bons et sincères radicaux et radicaux-socialistes, dont vous me permettrez de saluer aujourd'hui la mémoire : Velten, Chevillon père, Frédéric Chevillon. mort au Champ d'Honneur, Peytral, Victor Leydet, Henri Brisson, Camille Pelletan, qui, à juste titre, méritaient la confiance de la Démocratie tout entière. A tous nos chers disparus, nous adressons un souvenir ému et notre témoignage de profonde reconnaissance pour l'œuvre qu'ils ont accomplie.

Permettez-moi aussi de rappeler que notre département a eu trois de ses représentants élevés à la présidence du Comité Exécutif du Parti : Henri Brisson, Camille Pelletan et notre toujours dévoué ami Henri Michel, dépossédé provisoirement de son mandat et, pour la deuxième fois, victime de son loyalisme à notre Parti.

Citoyens,

Pendant ces vingt dernières années, grâce à l'union de tous les républicains, d'importantes réformes avaient été réalisées et nous nous en félicitions pour notre Parti et pour la République. Nous espérions, dans un avenir prochain, en voir réaliser d'autres, chères au cœur de tous les démocrates.

La guerre est venue. Pendant plus de quatre ans notre pays a connu toutes les horreurs du plus sanglant carnage de l'histoire des peuples, les souffrances, les deuils et les larmes.

La victoire a couronné l'héroïsme de nos soldats. Nous saluons toutes les victimes de cette douloureuse épopée. Nous nous inclinons respectueusement sur la tombe du Poilu Inconnu, symbolisant à la fois la gloire de nos morts et la vaillance des anciens combattants.

La paix venue, nous allions pouvoir travailler au bonheur de l'humanité. Nos espérances s'évanouirent bientôt : alors que nous avions loyalement respecté le pacte d'union sacrée auquel on nous avait conviés, nos adversaires s'étaient organisés et manifestèrent aussitôt, sans pudeur, leur audace et leurs ambitions.

Une loi électorale incompréhensible pour tous, des élections brusquées, la division dans les diverses fractions du parti républicain, nous donnèrent la Chambre actuelle du Bloc National, de laquelle, le moins que l'on puisse dire, c'est que personne ne nous l'envie. Les élus du Bloc National, eux-mêmes, sentent leur fin prochaine et ne se font plus aucune illusion sur le sort qui est réservé à la plupart d'entr'eux.

Cette Chambre devait relever la France à l'intérieur comme à l'extérieur. Ses élus en avaient fait la promesse au pays, en même temps que le serment de fidélité à toutes les lois votées par la 3e République, qu'ils déclaraient intangibles.

Qu'a fait la Chambre du Bloc National après trois années de législature ?

Devant la situation financière du pays, plus critique que jamais, préférant vivre au jour le jour, d'emprunts et d'impôts, grossissant ainsi la dette énorme de la

France, elle se refuse systématiquement à demander au pays le sacrifice nécessaire pour le sauver de la faillite : le prélèvement sur le capital.

Elle paralyse le Commerce et l'Industrie par des lois et des impôts qui annihilent toutes les bonnes volontés, immobilisent les capitaux et conduisent le pays à la ruine, en le plaçant dans l'impossibilité de se défendre contre la concurrence étrangère.

Elle a voté une loi militaire qui aggrave les charges de la Nation et maintient, inutilement, à la caserne une partie de notre jeunesse, au détriment de l'activité nationale, faisant ainsi peser sur la France l'accusation de militarisme et d'impérialisme.

Elle a renoué, sans honneur ni profit, les relations entre la République et le Vatican.

Elle a permis aux adversaires de l'Ecole Laïque — de cette école laïque qui a donné au pays l'admirable armée qui a gagné la guerre — de dresser contre elle les représentants des congrégations qui, sous le couvert de l'union sacrée, rentrent en France pour recommencer leur œuvre néfaste du passé.

Elle conteste aux fonctionnaires le libre exercice de leurs droits sacrés de citoyens.

Elle retire aux travailleurs la loi de huit heures, qui leur avait été accordée au lendemain de la guerre.

Toutes les réformes démocratiques et sociales, réalisées après plus de quarante années de luttes, soutenues par les républicains laïques, contre la réaction cléricale, sont menacées.

Le Gouvernement, obéissant aux ordres d'un procureur du Roy, refuse — après l'avoir promis au Parlement — le bénéfice de l'Amnistie aux marins et soldats, alors qu'il l'accorde, sans pudeur, à tous les puissants profiteurs de la guerre, aux gros spéculateurs et mercantis de la vie chère et de la paix.

Telle est l'œuvre du Bloc National !

Citoyens,

En présence de la gravité de la situation intérieure et extérieure, des résolutions claires mais énergiques s'imposent.

Demander à 'a France le sacrifice financier nécessaire devant assurer l'équilibre budgétaire, réduire sa dette et permettre au pays l'essor économique indispensable à son activité; réaliser des économies; diminuer le nombre des fonctionnaires, non pas par des suppressions dans le petit personnel, mais dans les emplois inutiles, aux traitements scandaleux.

Réduire au strict minimum la durée du service militaire, basé sur le principe de la Nation armée.

Défendre l'école laïque contre ses détracteurs, proclamer l'égalité des enfants devant l'instruction, d'après l'intelligence et le travail et non point par la fortune ou les faveurs. Maintenir intangible la loi de séparation. Reconnaître, pour tous, le libre exercice des droits du Citoyen.

Restaurer les régions dévastées, exiger les justes réparations, tenir les promesses faites à toutes les victimes de la guerre, supprimer pour l'Alsace et Lorraine le régime d'exception, en accordant aux départements recouvrés, tous les droits de la législation française.

Réaliser les réformes sociales appelées à apporter plus de bien-être au sort des travailleurs. Permettre à l'agriculture, au commerce, à l'industrie, de donner toute la puissance de leur rendement.

Notre parti, — parti démocratique, populaire et national — doit s'affirmer sur toutes ces questions et faire connaître au pays, son idéal et ses projets d'avenir.

Citoyens,

Disons le bien haut : nous ne sommes pas des sectaires, comme nos adversaires voudraient le faire croire ; l'anti-cléricalisme ne constitue pas notre programme, mais nous ne saurions admettre que, sous le manteau de la tolérance, des fanatiques du cléricalisme sapent, sourdement ou ouvertement, les institutions et les lois de la République.

Notre Congrès dira quelles sont les aspirations de la démocratie, il invitera tous les sincères républicains, que les réformes sociales et démocratiques n'effrayent pas, à coopérer avec lui à leur réalisation.

Notre éminent et sympathique président Herriot, — président d'hier, d'aujourd'hui et de demain — et notre ami Daladier, en Russie; Franklin-Bouillon, en

Orient, ont donné à notre parti, à la République, à la France, la preuve indéniable de ce que peuvent le courage, l'intelligence, l'énergie et la volonté. Nous les félicitons, de grand cœur, de l'œuvre admirable qu'ils viennent d'accomplir.

Réunissant toutes les qualités requises pour être le chef d'un grand parti comme le nôtre, le citoyen Herriot saura conduire nos troupes à la victoire prochaine : nous lui faisons confiance car nous savons combien il en est digne

Citoyens,

Que vos délibérations, s'inspirant de la pureté du beau ciel de la Provence républicaine et des flots d'azur de notre belle Méditerranée, puissent, par leur clarté et leur précision, donner au pays, dans un avenir prochain, plus de justice, de liberté et de fraternité.

Que demain la grande voix de la presse, dise dans toute la France : les radicaux et radicaux-socialistes réunis à Marseille, ont bien mérité de la Patrie, de la République, de la Démocratie (*Vifs applaudissements.*)

LE PRÉSIDENT. — Citoyens, l'ordre du jour appelle la nomination du bureau de la séance. Voulez-vous nous envoyer des noms ?

CRIS NOMBREUX. — Les mêmes ! les mêmes !

LE PRÉSIDENT. — On propose de conserver le bureau actuel. Je mets aux voix cette proposition.

(La proposition est adoptée à l'unanimité.)

La parole est au citoyen Gavaudan.

## M. Edouard HERRIOT

## ACCLAME

## PRESIDENT DU COMITE EXECUTIF

Citoyen GAVAUDAN. — Citoyens, nous connaissons tous le dévouement du citoyen Herriot à notre parti et à la République. Dans quelques instants, il va falloir nous consulter pour nommer un président du Comité Exécutif. J'estime, je crois que nous estimons tous, que notre président d'hier, notre président d'aujourd'hui, doit rester notre président de demain. (*Ovation prolongée.*)

Citoyens, au nom de mes nombreux amis, je vous demande de voter par acclamations le maintien comme président du citoyen Herriot.

(*Ovation prolongée. — Acclamations : Vive Herriot !*)

Le Président. — Je ne peux rien dire... je n'étais pas du tout au courant des intentions de Gavaudan. Je vous prie de croire que j'en suis surpris et très touché. Je crois savoir quels sont les sentiments de mes collègues du parti; je trouve tout naturel que vous ayez de l'affection pour moi, parce que j'en ai beaucoup pour vous. Je n'ai pas d'autre désir que de défendre les intérêts de mon pays et je ne pense pas que, dans ma vie publique, soit apparu jamais un autre sentiment, mais... mais, je crois que le mieux eût été de discuter cette question dans une commission....

Voix Nombreuses. — Non !... Non !

Une Voix. — C'est du temps perdu !

Le Président. — Je vous aurais donné des raisons que je ne peux pas donner en séance publique et je vous aurais mis en garde contre votre propre enthousiasme. (*Protestations.*)

Une Voix. — C'est l'intérêt de la République !

Citoyen Fabius de Champville. — Nous en avons délibéré dans certaines commissions et toute la France a dit : gardons Herriot (*Vifs applaudissements.*)

Le Président. — Je vous fais remarquer que c'est de la dictature !

Citoyen Gavaudan. — Dans tous les cas, c'est la dictature de l'affection !

Le Président. — Je vous remercie, mais je crois que vous commettez une imprudence... (*Protestations et acclamations*)

## VERIFICATION DES POUVOIRS

Je donne la parole au citoyen Fabius de Champville,

pour le rapport de la Commission chargée de la vérification des pouvoirs.

Le citoyen Fabius de Champville donne lecture de son rapport (*Applaudissements.*)

LE PRÉSIDENT. — Je mets aux voix les conclusions de la Commission (*Adopté à l'unanimité.*)

J'ai reçu les excuses suivantes :

MM. Claude Rajon, Fernand Rabier, Laurent Thiéry, Docteur Gasser, Trystram, Merlin, sénateurs.

Pinard, député.

Aguillon, Empereur, anciens sénateurs.

André Hesse, ancien député.

Les délégués de la Fédération de Meurthe-et-Moselle.

Les délégués du Comité de Bastia.

MM.

Monnot, délégué de la Haute-Saône.

Louël, délégué du Morbihan.

Wouters, délégué de Seine-et-Marne.

Lévy-Ullmann, délégué du Pas-de-Calais.

Boisdé, délégué de la Vendée.

H. Rousselle, conseiller municipal de Paris.

Blanchard, délégué de l'Indre.

F. Bonnet, délégué de la Haute-Loire.

Peyres, délégué de la Seine-Inférieure.

Général Godart, délégué de la Meurthe-et-Moselle.

Aries, délégué de la Haute-Garonne.

Crochet, délégué du Cher.

Georges Coulon, délégué de l'Inde Française.

## Commission de la déclaration du Parti

L'ordre du jour appelle la nomination de la Commission chargée de préparer la Déclaration du Parti.

Je vous demande de nous indiquer des noms.

Sont désignés pour composer la Commission :

MM. : Doumergue, Herriot, Renard, Pasquet, Franklin-Bouillon, Peytral, Couyba, Girard, Henri Michel, Bouffandeau, Ducos, Guis, Émile Laurent, Fabre, Beauvisage, Albert Milhaud, Meyer, Lenoir, Ripault, Schmidt, Gavaudan, Estier, Fabius de Champville, Besse, Falot, Archimbaud, Israël, Lamoureux, Delbos, Blumenthal,

Lefranc, Doucedame, Chautemps, Victor Jean, Schrameck, Nonce Paoli. David, Labroue, Castang, Dalbiez, Denise, Valensi.

## RAPPORT SUR LES TRAVAUX DU PARTI AU PARLEMENT

LE PRÉSIDENT. — Maintenant, nous allons entendre le rapport sur les travaux du Parti au Parlement.

Je donne la parole au citoyen Lamoureux.

Citoyen LAMOUREUX. — Citoyens, je crois qu'il n'est pas nécessaire de présenter un exposé des travaux parlementaires dans le cours de la législature qui vient de commencer, étant donné que le rapport que j'ai fait ne comporte aucune conclusion. Si le Congrès tient essentiellement à ce que je lui communique les observations que j'ai déjà condensées dans le rapport qui a été publiée dans le Bulletin du Parti, je suis à sa disposition.

Citoyens, c'est un rôle ingrat que celui qui consiste, pour un Parlementaire, à tracer le rôle de ses collègues au cours de la législature qui s'est écoulée, étant donné que je sais, par expérience, que, dans les congrès, on est peu disposé à tresser des lauriers à ceux qui sont au Parlement. Mais je tiens tout de même, répondant à votre désir, à vous faire connaître de quelle façon l'action parlementaire s'est manifestée au cours de cette année et comment cette action peut servir le travail de militants que vous êtes appelés à poursuivre dans le pays.

Je vais donc, répondant à votre désir, et de façon aussi brève que possible, m'efforcer de vous mettre au courant.

Citoyens, je crois que vous allez voir, par l'exposé auquel je vais procéder, qu'au cours de l'année qui vient de s'écouler, le groupe parlementaire du Parti a joué au Parlement un rôle extrêmement important. Il le doit d'abord à ce qu'au moment où le cabinet Poincaré a été formé, le groupe parlementaire, sollicité de faire partie du cabinet qui était en formation, s'est dérobé, conformément au désir qui avait été exprimé par le Bureau du Comité Exécutif; ceci fut décidé, parce qu'il paraissait convenable d'attendre avec une certaine réserve la politique que M. Poincaré était censé devoir pratiquer dans le pays. A ce point de vue, vous me permettrez, au nom du congrès, d'exprimer publiquement — parce que c'est la première occasion que nous en avons —, notre satisfaction à nos amis Doumergue, Herriot, Bérard, qui, sollicités de faire partie du gouvernement, ont refusé l'invitation dont ils étaient l'objet, fidèles à la discipline imposée par le Parti (*Applaudissements.*)

J'ajoute que l'attitude que le groupe parlementaire a prise dans la circonstance nous a donné, au sein même du Parlement, une situation extrêmement favorable; elle nous a permis d'avoir à l'égard du cabinet Poincaré une attitude tout à fait indépendante : lorsqu'il nous est apparu que la politique poursuivie par le Gouvernement pouvait, dans une certaine mesure, recevoir notre approbation, nous avons eu la possibilité de la lui donner; lorsque, au contraire, il nous est apparu que cette politique impliquait une certaine réserve, nous avons eu la possibilité de faire cette réserve, parce que personne de nous ne représentait officiellement le parti au sein du Gouvernement; quand, parfois, au contraire, le Gouvernement nous est apparu comme étant en état d'hostilité avec la doctrine, avec ce qui nous paraissait être la doctrine du parti. nous avons voté contre lui. (*Approbations.*)

Par conséquent, cette attitude de nos amis, qu'il convient de féliciter, a été extrêmement heureuse et nous a été très précieuse en nous laissant toute latitude de décider.

Au cours des débats qui se sont produits au Parlement pendant la législature qui vient de s'écouler, le parti Radical et Radical-Socialiste est intervenu à chaque occasion et il est intervenu, parfois, de façon décisive, ainsi que vous pourrez le constater tout-à-l'heure, notamment par les interventions de notre ami Herriot. Herriot est intervenu dans tous les grands débats sur la politique extérieure et intérieure. Il est intervenu dans des conditions méritoires, parce qu'il se trouvait devant une Chambre passionnée, parfois hostile et, malgré cette hostilité et cette passion, dans chaque débat il a fait entendre la voix du Parti Radical et Radical-Socialiste et quand la Chambre refusa de suivre les indications qu'il lui donnait, ferma les oreilles, c'est au Pays tout entier, prolongeant ainsi, en quelque sorte, l'action politique du Parti, que notre ami Herriot s'adressa ! (*Applaudissements.*)

Pour essayer de vous présenter de façon aussi claire que possible l'action parlementaire du Parti au cours de cette année, je vais prendre, une à une, chacune des principales questions politiques qui ont été traitées et résolues. Sur chacune de ces questions, je vous montrerai quelles ont été les interventions, de quelle façon elles se sont manifestées et quels résultats pratiques elles ont produits.

Nous allons commencer par le point de vue *financier*.

En ce qui concerne le point de vue financier, le groupe aurait pu considérer qu'il était dans l'opposition et que cette situation d'opposition lui donnait la possibilité de prendre une attitude, en quelque sorte, critique : quand il a été au pouvoir, ses adversaires ne se sont pas gênés ! ils se sont livrés constamment aux critiques les plus sévères contre la politique du Parti; ils se sont d'ailleurs livrés à ces critiques sans jamais apporter des solutions positives à mettre en comparaison avec les solutions que préconisait le Parti Radical et Radical-Socialiste au pouvoir.

Nous avons pensé, nous, qu'étant un grand parti, un parti de Gouvernement, nous avions une attitude différente à observer et que nous devions dire : nous critiquons, mais nous proposons ! Et, chaque fois que nous sommes intervenus à la tribune pour critiquer la politique dont Herriot vous disait tout-à-l'heure les conséquences, nous avons apporté, en face de ces critiques, des solutions positives. Ces solutions positives, du point de vue financier, sont celles que, l'année dernière, j'avais eu le grand honneur de faire approuver à l'unanimité par le Congrès Radical et Radical-Socialiste de Lyon. Elles ont été exposées par nos amis Herriot et Renard. Ils ont indiqué quels étaient, conformément aux vœux exprimés par le congrès de Lyon, les moyens par lesquels nous espérions faire l'équilibre du budget, pour essayer de réduire la dette publique, ils ont précisé que nous désirions que l'on procède à une large contribution, à un large appel à la fortune acquise au moyen d'une contribution extraordinaire sur le capital.

La Chambre a repoussé nos suggestions. Nous n'en avons pas été surpris, mais nous sommes sans inquiétude à ce sujet. Nous considérons que nos suggestions sont des suggestions d'avenir; elles ont été repoussées par une chambre égoïste qui veut différer les moyens héroïques qui sont les seuls, grâce auxquels on peut sauver ce pays, mais nous sommes convaincus que la prochaine majorité politique qui viendra à la Chambre devra recourir à ces moyens pour parer aux difficultés financières en face desquelles nous nous trouvons.

Il y a d'autres éventualités financières pour lesquelles le Parti a trouvé le moyen de s'affirmer; je veux vous en indiquer deux.

Actuellement, le pays est agité, préoccupé, dans une certaine mesure, par la question de l'impôt sur les salaires. Le parti socialiste, le parti communiste, se sont, à diverses reprises, dans les meetings, les réunions publiques, servis de la question de l'impôt sur les salaires pour en faire un tremplin électoral politique. Le Parti Radical et Radical-Socialiste — et c'est à son honneur — a fait davantage. Il a pensé que, sur l'impôt sur les salaires, il y avait quelque chose de pratique à faire et qu'il pouvait être rendu plus juste. C'est ainsi qu'à la suite de la proposition du citoyen Israël, le groupe est allé en délégation chez le Président du Conseil, pour lui demander d'envisager une élévation de l'abattement à la base, pour que cet impôt soit, en quelque sorte, rendu supportable et équitable. Le Président du Conseil nous avait promis d'en parler au sein du Conseil de Gouvernement. Il y a cinq ou six mois, notre ami Herriot, très courageusement, a provoqué un débat extrêmement complet à la Chambre; il a posé la question et, à la suite de ce débat, où Vincent Auriol est venu lui apporter l'appui de sa parole, la question a été renvoyée devant la Commission des Finances, mais avec l'indication de prendre en considération les suggestions proposées par Herriot.

J'ajoute — et ceci est encore à l'honneur du parti Radical et Radical-Socialiste et doit vous rassurer sur les questions qui interviendront — que c'est notre ami Renard qui a été chargé de résoudre la question et de faire un rapport au nom de la Commission des Finances. Vous pouvez donc considérer que, sur ce point particulier, une solution pratique, positive, interviendra prochainement, grâce à l'initiative du Parti Radical et Radical-Socialiste. (*Applaudissements.*)

En ce qui concerne les bénéfices agricoles, une injustice extrêmement sensible a été relevée.

Il résulte de la façon dont cet impôt a été voté et dont il est appliqué qu'actuellement, en cas de métayage, il pèse uniquement sur le métayer, que le propriétaire, le fermier général, échappent complètement à son application ! Il y a là une injustice criante qui, dans les pays de métayage. a provoqué, de la part des métayers, les protestations les plus vives et les plus justifiées. J'ai déposé une proposition de loi à ce sujet et Queuille, au nom de la Commission des Finances, a été chargé de rapporter cette question dans un sens favorable à ma proposition. Le Ministre des Finances, mis au courant de cette injustice, a donné son adhésion et on peut admettre que, sur ce point particulier, interviendra une solution de justice.

Voilà, sur le terrain financier, la façon dont s'est traduite l'action du Parti Radical et Radical-Socialiste. (*Applaudissements.*)

Pour la *politique intérieure*. la question se présente de façon un peu spéciale. Il n'y a pas eu, à proprement parler, de grands débats politiques au point de vue intérieur. Cela s'explique : en effet, la Chambre a une majorité réactionnaire; le Sénat a une majorité républicaine; il est logique que, lorsqu'un débat se produit sur la politique intérieure, le Gouvernement peut être pris entre les deux Chambres opposées au point de vue de sa conception de la politique intérieure et se trouve dans une situation notoirement précaire.

C'est pour cela que les chefs du Gouvernement qui, pour la plupart, sont d'origine républicaine, ont évité de prendre position, de provoquer ou d'accepter des débats de politique intérieure, parce qu'ils risquaient d'être pris, en quelque sorte, dans cette hostilité de conceptions politique qui existe entre la Chambre et le Sénat.

Toutefois, lorsque des questions de politique intérieure ont été posées, comme, par exemple, la question des relations diplomatiques avec le Vatican. le parti Radical et Radical-Socialiste. conformément à ses traditions politiques et à ses conceptions républicaines. est intervenu courageusement dans le débat et je suis persuadé que personne d'entre vous n'a oublié l'intervention extrêmement éloquente de notre ami Herriot au nom du parti Radical et Radical-Socialiste, l'an dernier. Il convient également de citer l'intervention très courageuse de notre ami Guichard, lorsque la question du renouvellement des crédits nécessaires à l'ambassade auprès du Vatican s'est posée. (*Applaudissements*).

J'aborde le point de vue de la *politique sociale.*

En matière de politique sociale, on peut dire que la carence du Bloc national a été à peu près complète. Le parti Radical et Radical-Socialiste s'honore d'avoir, pendant les 25 ou 30 années où il était au pouvoir, pratiqué une large politique de réalisations sociales. Il serait long et inutile de rappeler en détail l'effort sincère qu'il a produit dans ce sens. Le Bloc National, au contraire, n'a rien fait de positif et, dans la mesure où il s'est mêlé aux lois sociales, cela a été pour essayer de revenir sur les conquêtes que, grâce au parti Radical et Radical-Socialiste, la classe ouvrière avait réalisées et tout-à-l'heure Herriot vous rappelait, ainsi que le Président de la Fédération des Bouches-du-Rhône, que la seule intervention, peut-être décisive, qui s'est produite, dans un sens nettement réactionnaire, de la part du Bloc National, c'est l'effort tenté pour démolir la journée de 8 heures.

Il y a eu, en ce qui concerne la politique sociale, un seul geste positif, au cours de cette législature et il est à l'actif du Parti Radical et Radical-Socialiste; notre ami Daniel Vincent a déposé un grand projet de loi sur les assurances sociales, qui vient d'être rapporté par la Commission de Prévoyance sociale et qui, prochainement, viendra en discussion devant le Parlement. A ce moment, j'en suis convaincu, les Radicaux et Radicaux-Socialistes du groupe parlementaire seront derrière Daniel Vincent pour essayer de réaliser ce projet. (*Applaudissements.*)

En ce qui concerne la *politique agraire,* je crois pouvoir dire que le Parti Radical et Radical-Socialiste a exercé une action importante et décisive.

Notre ami Queuille est actuellement rapporteur, pour la Commission des Finances, du budget de l'Agriculture et je suis moi-même secrétaire général du groupe de défense paysanne. Nous avons, au nom du parti Radical et Radical-Socialiste, conjugué nos efforts pour tâcher de faire triompher notre point de vue à chaque vote de la Chambre et, à plusieurs reprises, nous avons obtenu des résultats importants : notamment en ce qui concerne la politique dite des engrais. Nous avons obtenu des abaissements de prix et de tarifs de transport que vous connaissez et qui ont été réalisés pour le plus grand profit de l'agriculture. Je puis également indiquer qu'au moment de la discussion sur l'amodiation des potasses, le projet dont le rapport avait été déposé d'accord par le Gouvernement et la Commission des potasses a été rejeté sur mon intervention. Nous estimions que la part qui avait été faite aux producteurs agricoles n'était pas suffisante. (*Applaudissements.*)

Pour la *politique coloniale*, on peut dire qu'elle s'identifie avec la politique du parti Radical et Radical-Socialiste, parce que ceux-là mêmes qui sont chargés, soit dans le pays, soit dans les colonies, de la réaliser et de l'appliquer, sont des Radicaux-Socialistes. C'est un Radical-Socialiste qui est au Ministère des Colonies; c'est un Radical-Socialiste qui rapporte le budget des Colonies pour la Commission des Finances; ce sont des Radicaux-Socialistes qui occupent les postes peut-être les plus importants au point de vue des colonies, tels M. Steeg, Gouverneur général de l'Algérie et le Gouverneur général de l'Indo-Chine, notre ami Long.

En ce qui concerne la *politique extérieure*, notre ami Herriot vous indiquait tout-à-l'heure quelle était la part très importante que le parti Radical avait prise dans les débats; chaque fois qu'un débat sur la politique extérieure est intervenu devant la Chambre, Herriot a pris part à la discussion et a indiqué la politique générale du parti : politique extrêmement simple, consistant à exiger de la part de l'Allemagne l'exécution stricte des obligations du traité de Versailles mises à sa charge, mais exécution poursuivie autant que possible en accord avec elle et avec nos alliés.

On peut dire que cette politique, qui a été défendue par le parti Radical et Radical-Socialiste et suivie par M. Briand, que nous avons constamment soutenu pour sa politique extérieure, a été finalement acceptée par le Gouvernement de M. Poincaré lequel a abandonné la politique de force, qu'il avait préconisée avant de chausser les bottes de M. Briand. Il est bon de signaler également que ce qui, au point de vue extérieur a été réalisé, a été obtenu, en grande partie, par le parti Radical et Radical-Socialiste. C'est par des hommes à nous que les résultats principaux ont été obtenus et il est utile de rendre ici hommage à l'action positive de notre ami Franklin-Bouillon... (*Applaudissements*)... Action qui a permis d'aboutir au traité d'Angora, de libérer les prisonniers français que la Turquie avait faits, puis, grâce aux liens d'amitié renoués entre la France et la Turquie, action qui a permis, quand la Grèce a été complètement écrasée par la Turquie et qu'entre la Turquie et l'Angleterre ont surgi des menaces de guerre susceptibles de prendre des proportions immenses, et qui a permis à la France d'intervenir, dans un sens politique pour aboutir aux accords de Moudania et à la préparation de la Conférence de Lausanne. (*Applaudissements*).

Je dois aussi indiquer que c'est à la suite d'interventions répétées de notre ami Daladier... (*Applaudissements*) ...auquel je suis heureux de voir le Congrès rendre hommage, que la politique d'expansion coloniale que poursuivait la France a été heureusement modifiée, que cette politique de large extension coloniale, qui ne tenait aucun compte de nos possibilités budgétaires, a été réduite. Les crédits ont été réduits de façon importante et le corps expéditionnaire, qui avait été porté un moment à 80.000 hommes, c'est-à-dire à un chiffre hors de proportion avec nos possibilités budgétaires, a été ramené à un chiffre plus raisonnable. (*Applaudissements*).

Je voudrais dire aussi quelques mots de l'attitude que le Parti Radical et Radical-Socialiste a observé en ce qui concerne les grandes *questions économiques*. Parmi ces questions. il y a celle des pétroles qui prend une importance de premier ordre. Herriot, intervenant dans le débat engagé devant la Commission saisie par les Ministres du Commerce, des Finances et des Travaux publics, a déposé un amendement qui avait pour but de créer un organe qui s'appellerait l'Office National du Pétrole, et serait alimenté avec les fonds provenant des bénéfices du Consortium des Pétroles, et qui aurait pour objet d'encourager la recherche des gisements de pétrole en France.

Cet amendement a été accepté et il est vraisemblable qu'un projet de loi, déposé par le Gouvernement, viendra en discussion devant la Chambre. On peut donc dire que, grâce à Herriot, notre politique du pétrole aura un premier effet. (*Applaudissements*).

J'en ai fini. Je. ne veux pas descendre dans tous les détails de l'action parlementaire au cours de la législature présente : j'ai voulu simplement, dans le résumé que vous m'avez demandé de faire et que je me suis efforcé de faire aussi clair et aussi bref que possible (*applaudissements*), vous montrer que vos parlementaires, quelles que soient les critiques, parfois justifiées, que vous leur adressez, se sont efforcés de se montrer au Parlement dignes de l'effort que les militants font dans le pays !

Il était utile que cet exposé fût fait, parce que les militants, dont la besogne est souvent ingrate et difficile, pourront s'appuyer sur nos efforts pour démontrer que le parti qu'on a représenté comme étant mort au début de la législature, est singulièrement vivace, que, même dans l'opposition, grâce à l'action de ses parlementaires, il s'est efforcé de rester digne de la confiance du corps électoral et d'être le parti des réalisations qu'il n'a cessé d'être pendant les années durant lesquelles il a été au pouvoir. (*Vifs applaudissements*).

LE PRÉSIDENT. — Citoyens, j'adresse, en votre nom, toutes nos félicitations au citoyen Lamoureux, pour l'exposé très net et très clair qu'il vient de présenter.

Le rapport du citoyen Lamoureux ne comporte pas de conclusions que je puisse mettre aux voix.

Il est parvenu au bureau une Motion, mais elle n'a pas de rapport avec le débat actuel.

L'ordre du jour, tel qu'il avait été établi, est épuisé. Je vous invite à vous rendre le plus rapidement possible dans vos Commissions respectives pour commencer la rédaction du programme du Parti.

## AFFAIRE DE LA GIRONDE

Je suis saisi de la motion suivante :

« Conformément à l'article 35 du règlement, qui ne » veut qu'une Fédération départementale par départe- » ment...

» Le Congrès déclare ne reconnaître comme adhérente

» au Parti en Gironde, que la Fédération présidée par
» le citoyen Cauderon,
    » Et prononce l'exclusion du groupement présidé par
» le citoyen Dessoudeix, qui s'est déclaré solidaire de
» l'appel formé par le citoyen Odin, contre la décision
» du Comité exécutif l'excluant du Parti. »

Nous allons renvoyer cette motion à la Commission compétente. (*Assentiment général. — L'auteur accepte*).

L'ordre du jour étant épuisé, la séance est levée et la suite est renvoyée à demain matin, 9 heures.

(*La séance est levée à 16 heures*).

## DEUXIEME SEANCE

### Vendredi 17 Novembre, matinée.

La séance est ouverte à 9 h. 25, sous la présidence du citoyen Victor PEYTRAL, assisté des citoyens Victor JEAN, ISRAEL, Paul RICHARD, DEROUDILHE, LELORD et FERRASSE.

LE PRÉSIDENT. — Citoyens, le Bureau que vous venez de nommer vous remercie de la confiance que vous avez bien voulu lui faire pour diriger les débats de ce matin.

La séance que nous allons tenir est assez chargée, aussi nous ne perdrons pas de temps en longs discours. Vous avez à entendre ce matin les rapports sur la réforme des Elections Consulaires, sur les modifications à apporter au Règlement, sur les Anciens Combattants et Victimes de la Guerre et sur l'Education de la Jeunesse Républicaine.

Je n'ai pas besoin d'appeler l'attention du Congrès sur l'importance de ces questions; les unes sont nées des conséquences de la guerre elle-même. En y apportant des solutions pratiques, le parti Radical et Radical-Socialiste montrera qu'il est, mieux que les autres partis, apte à assurer le relèvement économique de la France, tout en restant fidèle à ses traditions républicaines et à ses principes démocratiques. (*Applaudissements*).

Je donne immédiatement la parole au citoyen Peyre, Président du Syndicat des Pharmaciens de la Seine et de la Région Parisienne, Délégué de la Drôme au Comité Exécutif, pour la lecture de son rapport sur la réforme des Elections Consulaires.

## LA REFORME
## DES ELECTIONS CONSULAIRES

Citoyen PEYRE, *Rapporteur*. — Citoyens, avant que les forts ténors ne montent sur la scène, je vous demande la permission de vous présenter mon petit lever de rideau.

Il s'agit d'une question économique qui a été renvoyée, l'an passé, à l'étude du Comité Exécutif et que la Commission compétente m'a chargé de rapporter devant vous :

Les questions économiques ne passionnent guère, je le sais, les Congrès politiques; cependant, comme nous sommes le parti des classes moyennes, j'imagine que si, aux prochaines élections, nous voulons avoir les voix des petits commerçants, il faut que nous fassions quelque chose pour eux !

S'il y a, en France, quelque chose qui empoisonne le petit commerce, ce sont les Chambres de Commerce. La plupart d'entre elles ont, de tout temps, manifesté un esprit anti-démocratique qui devient inquiétant. La façon dont elles sont élues explique leur manière de faire.

Pour être électeur à la Chambre de Commerce, il faut 5 ans de présence dans le ressort de la Chambre, et cette règle n'est transgressée que par quelques privilégiés, des premières catégories, bien entendu. Cela nous paraît fantastique, alors qu'il suffit de six mois de résidence pour pouvoir élire un député ou un Conseiller municipal ! Je vous demande si une réforme ne s'impose pas sur ce point.

Il faut, de plus, pour être électeur, se faire inscrire sur les listes électorales du 1er au 20 septembre, c'est-à-dire en pleine période de vacances. Si bien qu'un jour, où j'ai pris la peine d'aller à l'Hôtel de Ville chercher des bulletins d'inscription, pour les envoyer aux confrères de mon Syndicat de « la Pharmacie Parisienne », j'ai pu constater que personne n'était inscrit, parce que tout le monde était en vacances ! Les secrétaires de mairie inscrivent qui ils veulent et, naturellement, ils inscrivent les gros.

L'article de la loi du 19 février 1908, qui règle les élections aux Chambres de Commerce, a voulu empêcher les Détaillants, qui sont l'immense majorité, de brimer les classes dites « supérieures », c'est-à-dire les commerçants en gros; elle a abouti à cette chose paradoxale que c'est la majorité des petits commerçants qui sont brimés par la minorité des gros !

Si nous passons aux catégories, nous voyons qu'à Paris, il y a 18.400 électeurs de la 2e catégorie et 9.000 de la 1re; or, la 1re catégorie élit 31 membres sur 40, alors que la 2<sup>e</sup> n'en élit que 9 ! C'est intolérable ! A Lyon et ailleurs c'est, parfois, pire encore !

Il résulte de cette composition anormale que lorsqu'on interroge ces Messieurs des Chambres de Commerce sur la question de la propriété commerciale, par exemple, ils répondent qu'ils n'en veulent pas ! Nul ne songe à empêcher MM. les Propriétaires de faire valoir leurs droits, mais je leur dénie, pour ma part, celui de parler au nom des commerçants quand ils raisonnent en propriétaires.

Je propose, sur ces premiers points, qu'une inscription de six mois au registre du commerce suffise pour être électeur consulaire. Cette réforme n'est pas difficile à obtenir. La liste des électeurs pourrait être dressée par le Greffier du Tribunal de Commerce de la Circonscription.

En ce qui concerne les catégories, les Chambres de Commerce ont été interrogées autrefois sur ce qu'elles en pensaient. Sur 143 Chambres de Commerce métropolitaines et 44 Chambres consultatives des Arts et Manufactures, 5 Chambres de Commerce et 28 Chambres Consultatives ont émis l'avis qu'il n'y avait pas lieu d'accepter la division par catégories ; 87 Chambres de Commerce et une Chambre consultative ont demandé le classement en catégories et le décret du 11 août 1908 est intervenu pour fixer le nombre des membres accordé aux catégories diverses dans chaque Chambre. La plus haute fantaisie semble d'ailleurs s'être donné cours dans cette répartition. Dans le seul département du Rhône, par exemple, il y a quatre catégories à Lyon, deux à Villefranche, trois à Tarare !

Le même esprit de suite paraît avoir présidé à la répartition de ces compagnies sur le territoire : quarante-six départements n'ont qu'une Chambre, trente en ont deux, six en ont trois, trois en ont quatre, la Seine-Inférieure en compte sept et le Nord neuf ! Si bien qu'il n'est pas rare de voir la ville de Lille, celle de Roubaix et celle de Tourcoing, qui ont chacune leur Chambre à part, émettre des avis absolument contradictoires.

Il y aurait un moyen élégant de supprimer l'antagonisme qui existe actuellement au sein de ces Chambres; ce serait de créer des Chambres professionnelles consultatives où entreraient les As de chaque profession : libérales, commerciales, industrielles, ainsi que les employés manuels et intellectuels de ces professions.

Le nom m'importe peu, pourvu que ce Parlement du Travail ou professionnel puisse contribuer à nous sortir du gâchis économique où nous nous débattons.

Cette question n'est pas encore mûre, je le crains, et je ne propose pas de la solutionner dès aujourd'hui. Je vous demande de la renvoyer au Comité exécutif pour qu'il l'étudie à fond et que la Commission compétente puisse nous fournir un rapport l'an prochain, au Congrès de Paris.

Je ne veux pas retenir plus longtemps l'attention du Congrès sur cette question; je vais me borner à vous donner lecture des conclusions, vœux et résolutions que la Commission des Réformes Economiques m'a chargé de vous soumettre.

## Conclusions

Les différentes lois qui règlent, actuellement, l'électorat et l'éligibilité à ces nobles compagnies sont aux antipodes des véritables principes du suffrage universel. Il faut y revenir sans délai, pour mettre fin aux abus dont une partie seulement a été effleurée dans ce rapport.

Les catégories doivent disparaître : le ridicule des élections qui en résultent les a tuées! On ne rendra pas sans cela l'émulation nécessaire au corps électoral consulaire, aussi longtemps que les petits seront brimés par les gros, qui s'arrogent le droit de parler et d'agir en leur nom.

Les électeurs consulaires n'étant pas plus sots que les autres, tous les commerçants doivent pouvoir voter après six mois de domicile dans la circonscription, pourvu qu'ils soient immatriculés au Registre du Commerce.

Il n'y a aucune raison pour que les femmes électrices ne puissent être élues à ces compagnies. L'âge de trente ans exigé des candidats doit être abaissé. Ne suffit-il pas d'avoir 25 ans pour être élu député? La déclaration de candidature est inutile : elle empêche les électeurs de voter, valablement, pour des hommes de grande valeur, mais trop modestes pour faire acte de candidats.

La réforme ne serait pas complète si l'on ne facilitait

pas l'exercice de leurs droits à tous les commerçants de la campagne surtout et à ceux qui ne peuvent fermer boutique (faute d'employés) pour aller voter dans les mairies ou aux chefs-lieux de canton. Le vote par correspondance, réclamé de divers côtés, doit être obtenu à défaut de l'ouverture d'un scrutin dans chaque commune.

Quant à la Chambre ou Parlement Professionnel, que j'entrevois comme un véritable Parlement du Travail, si séduisant qu'en soit le principe, la Commission reconnaît volontiers que la question n'est pas encore suffisamment mûre pour être résolue aujourd'hui. Nous vous proposons de la renvoyer à l'étude du Comité Exécutif pour être débattue au prochain Congrès.

Il se passe dans les Tribunaux de commerce la même chose que dans les Tribunaux ordinaires, où il est nécessaire d'être riche pour pouvoir siéger comme juge non rétribué, ou peu rétribué. Cela aboutit, fatalement, à une justice de classe, à travers les mailles de laquelle les gros réussissent trop souvent à passer. Actuellement, pour être juge consulaire, il faut être retiré des affaires ou avoir une grosse fortune personnelle. Il y a des gens qui n'ont jamais mis les pieds dans une boutique ou une usine et qui rendent la justice au nom des commerçants. En outre, je pourrai citer des tribunaux, comme celui de la Seine, où l'on voit encore des affaires qui traînent parfois pendant plusieurs années ; des commerçants sont mis en faillite pour des sommes ridicules, alors qu'un peu de temps accordé eut suffi à les tirer d'embarras. Je demande qu'on démocratise les Tribunaux de commerce comme les Chambres de commerce et je dépose le vœu suivant :

*Le Congrès de Marseille, après avoir entendu le rapport du citoyen P. Peyre, fait, au nom de la Commission des Réformes fiscales et économiques, émet le vœu :*

*Que la loi du 19 février 1908 et celles des 9 avril 1898 et 8 décembre 1883, en ce qu'elles s'appliquent aux élections consulaires, soient modifiées selon les principes suivants :*

*1° Sont électeurs, aux Chambres de commerce et aux Tribunaux de commerce, les citoyennes et citoyens fran-*

çais patentés ou associés en nom collectif *INSCRITS DEPUIS SIX MOIS, au REGISTRE DU COMMERCE*, et domiciliés, depuis la même époque, dans le ressort de la Chambre ou du Tribunal.

2° La liste en sera dressée par le greffier du Tribunal de la circonscription et soumise à une Commission de révision composée, par partie égale, de membres de la Compagnie intéressée et d'élus du suffrage universel du département (conseillers municipaux ou généraux).

3° Le suffrage universel étant la règle absolue des élections au premier degré il n'y a plus de catégories; dans le cas où une division serait demandée, par un corps constitué du département, elle ne pourrait être prononcée que par voie de référendum de tous les patentés de la circonscription et à la condition expresse que toutes les sections soient égales en nombre et en puissance.

4° Sont éligibles : a) tous les électeurs consulaires (hommes ou femmes) à la seule condition qu'ils aient atteint leur majorité; b) les anciens commerçants français ayant exercé leur profession, pendant cinq années, sur le territoire de la République.

5° Aucune déclaration de candidature n'est imposée pour être candidat.

6° Dans les Tribunaux de commerce importants le nombre des juges (suppléants tout au moins), pourra être doublé ou triplé, de façon qu'ils n'aient pas à siéger plus d'une fois par semaine.

7° La durée de leur mandat sera doublée, pour éviter de trop fréquentes élections.

8° Le vote aura lieu dans chaque commune, soit par scrutin public, soit par correspondance, sous enveloppe déposée à la mairie et dépouillée au chef-lieu d'arrondissement.

En attendant l'institution d'une Chambre professionnelle ou d'un Parlement professionnel, il pourra être **créé des Chambres de Métiers, des Chambres de Commerce, des Chambres d'Agriculture et des Chambres d'Industrie, distinctes, par département et par région.**

*L'étude de cette question est renvoyée à la Commission compétente du Comité exécutif. Elle fera l'objet d'un rapport spécial au prochain Congrès de Paris.*

LE PRÉSIDENT. — Citoyens, vous avez entendu le rapport très intéressant du citoyen Peyre; quelqu'un demande-t-il la parole?

Citoyen HOLZINGER, délégué du Loiret. — Je demande la parole.

LE PRÉSIDENT. — La parole est au citoyen Holzinger, délégué du Loiret.

Citoyen HOLZINGER. — Je demande que l'âge d'éligibilité soit porté à 25 ans et non à 21 ans.

Citoyen PEYRE, *rapporteur.* — Je n'y vois pas d'inconvénient, au contraire!

Citoyen HOLZINGER. — On ne peut pas être député avant 25 ans, on ne peut pas être juge non plus.

Citoyen PEYRE, *rapporteur.* — J'accepte bien volontiers la modification proposée.

LE PRÉSIDENT. — Quelqu'un demande-t-il encore la parole?... Personne ne demandant la parole, je mets aux voix les conclusions du Rapporteur, avec la modification proposée par le citoyen Holzinger et acceptée par le Rapporteur.

*(Les conclusions sont adoptées à l'unanimité.)*

J'adresse en votre nom nos félicitations et nos remerciements au citoyen Peyre pour son intéressant travail.

Je donne la parole au citoyen Victor Jean, au nom de la troisième Commission.

## APERÇU SUR LES REFORMES SOCIALES

Le citoyen Victor JEAN. — Voici à quel titre et dans quel but je demande la parole.

J'ai eu l'honneur de présider, au titre de vice-président seulement, le Président, le citoyen Merlin, étant absent, hier, les discussions de la Commission des Réformes sociales.

La Commission des Réformes sociales, qui s'est réu-

nie hier et ce matin, et qui avait beaucoup travaillé,
avait à connaître des quatre questions qui lui avaient
été confiées par le Congrès : d'abord, la protection de
la natalité, confiée au Docteur Merlin; la législation au
profit des Anciens Combattants et des Victimes de la
Guerre, confiée à notre camarade André Grisoni; la loi
de huit heures, confiée au citoyen Godart, et enfin le
projet de loi sur les assurances sociales, confié au citoyen Jean Montigny.

La Commission m'a chargé de vous dire qu'elle fait
confiance au citoyen Merlin, jusqu'à ce qu'il soit là, que
nous faisons confiance au citoyen Grisoni pour la question des Anciens Combattants et des Victimes de la
Guerre; que nous faisons confiance au citoyen Justin
Godart, et en ce qui concerne ce dernier, pour ma part,
j'ajoute que je connais son travail, que nous y avons
collaboré et qu'il mérite pleinement cette confiance; que
nous faisons confiance au rapport du citoyen Jean Montigny sur les doctrines sociales du Parti et surtout les
assurances sociales.

Mais la Commission a estimé que, quelque intéressantes que soient ces questions, il y avait autre chose,
à savoir un rapport d'ensemble sur les revendications
sociales du Parti; nous avons donc décidé d'incorporer
à ces travaux, de faire nôtre et de proposer, par conséquent, au Congrès, de faire sien le très intéressant rapport que le citoyen Jean Bosc a précédemment rapporté devant la Fédération du Sud-Est et dont nous
donnerons lecture.

Par conséquent, le travail de la Commission groupe
ces cinq travaux dont je viens de parler.

En outre, la Commission m'a chargé de dire au Congrès qu'à ses yeux, et surtout à l'heure où nous sommes, il importe de mettre en relief, surtout devant la
population ouvrière, les revendications sociales du Parti.
Elle m'a chargé de presser ceux d'entre nous, qui seront chargés de rédiger la Déclaration du Parti, de s'é-
tendre, dans cette Déclaration, sur le programme social
du Parti. Elle m'a chargé de vous demander — je ne
sais pas si vous le pourrez, financièrement et matériellement — d'extraire de l'ensemble du Congrès tout ce
qui sera d'ordre social, pour le réunir dans de petits
tracts, de façon à les répandre dans la classe ouvrière,

pour la convaincre que le Parti Radical et Radical-Socialiste a un programme social. (*Applaudissements.*)

Enfin, la Commission m'a prié aussi de vous demander de vouloir bien réserver, sinon toute la séance — vous ne le pourriez pas, puisqu'il y a d'autres points à discuter, — au moins une partie importante de la séance de samedi après-midi au programme social. Notre crainte est que la séance de samedi étant extrêmement chargée : question de la tactique électorale, question agricole et réformes sociales, celles-ci étant reléguées au troisième plan, n'aient pas le temps nécessaire. Je vous prie donc de hâter les autres discussions, de manière que la dernière séance, qui aura lieu dans la salle des fêtes de l'Exposition, soit surtout consacrée à la grande question des Réformes sociales, parce que la Commission a estimé que c'était surtout sur ce point que l'effort du Congrès devait. porter. (*Applaudissements.*)

LE PRÉSIDENT. — Nous ne pouvons qu'approuver les suggestions qui viennent de nous être soumises par le citoyen Victor Jean. Il est certain que les questions sociales doivent être au premier plan de ce Congrès.

Peut-être pourrions-nous commencer, déjà dans cette séance, si nous en avons le temps, un des rapports dont vous avez parlé et, au besoin, les mettre à l'ordre du jour de la séance de demain matin, pour le cas où on aurait le temps de les discuter demain matin.

Y a-t-il opposition à cette proposition?... Il n'y a pas d'opposition : il en est ainsi décidé.

## LES ANCIENS COMBATTANTS.
## LES VICTIMES DE LA GUERRE
## LES PETITS RETRAITES

La parole est au citoyen Grisoni, pour son rapport sur les Anciens Combattants et les Victimes de la Guerre.

Citoyen André GRISONI, *rapporteur*. — Mes chers camarades, j'ai d'abord une mission agréable à remplir auprès de vous : c'est de vous apporter le salut fraternel et reconnaissant de la Fédération Nationale des Anciens Combattants Républicains, qui est née de votre Congrès de l'an dernier, qui comptait trois membres à son origine — nous n'étions pas même les sept membres de la chanson! — et qui compte à l'heure actuelle, grâce au parrainage du Parti Radical et Radical-Socialiste et au concours du parti Républicain tout entier, 120.000 membres! (*Applaudissements.*)

Pour ne pas abuser du temps précieux de notre Congrès et estimant que ce qui importe est de prendre des décisions nettes et précises, je me bornerai, mes chers Collègues, à vous rappeler les conclusions que j'ai soumises au Congrès par mon rapport résumé publié au *Bulletin* du Parti.

Les voici :

*Le Congrès du Parti Républicain Radical et Radical-Socialiste envoie son salut fraternel et reconnaissant à tous les anciens combattants et victimes de la guerre, morts et survivants, qui sauvèrent la Patrie;*

*Renouvelle ses engagements antérieurs :*

*De défendre énergiquement leurs revendications;*

*De lutter contre l'oubli des promesses faites dans la joie de la Victoire;*

*De mettre en discussion, dès que la situation financière sera éclaircie, le projet de pension viagère aux anciens combattants;*

*D'exiger la poursuite des coupables des crimes des Conseils de guerre et la suppression de ces derniers;*

*De lutter contre le militarisme et l'impérialisme fauteurs de guerre.*

J'arrive maintenant aux résolutions qui ont trait aux Pupilles de la Nation; mais avant de vous les soumettre, permettez-moi de vous signaler un fait.

Je n'ai pas encore parlé de ce fait à Paris, voulant laisser aux congressistes du Parti la primeur de cet incident.

Il s'agit de la supérieure des Sœurs du Bon-Secours, du boulevard de Courcelles, à Paris, qui émettait cette année, à la rentrée des classes, la prétention de faire signer aux tuteurs de ses pensionnaires, pupilles de la Nation, un engagement écrit de laisser entre ses mains, jusqu'à l'âge de 18 ans, ces petits enfants sur lesquels tant de cœurs français, tant de grands patriotes ont versé les larmes amères que vous connaissez!

J'estime que notre Parti, parti de réalisations tangibles, ne doit pas accepter que les fils de ceux qui sont tombés pour la France soient, entre les mains de la religion, des enfants en exploitation! (*Vifs applaudissements.*) Et en ce qui concerne les pupilles de la Nation, je voudrais demander aux représentants du Parti au Parlement de déposer un projet de loi qui serait la première réalisation en leur faveur faite spécialement par notre Parti. Tout de suite, j'entends dire au Parti Radical et Radical-Socialiste qu'il est le premier parti constitué qui ait accepté de s'occuper officiellement des revendications des victimes de la guerre. **Le Parti Républicain Démocratique et Social**, qui comprend à sa tête des radicaux repentants et repentis, tels que MM. Doumer, Perchot, Muller et d'autres dont les noms m'échappent...

*Dans la salle :* Et Jonnart ?...

... Jonnart n'a jamais été radical, heureusement!... a pensé, à la veille des élections, que les victimes de la guerre composaient une catégorie d'électeurs intéressante et vous avez vu, ces jours-ci, ce grand parti, ce parti de « grands » Français, qui composent surtout les « grands » conseils d'administration des « grandes » sociétés que vous connaissez, a déposé un vœu à notre intention.

J'estime que, pour nous, nous n'avons pas à accepter ce geste de pieuse charité que nous offre M. Jonnart à son retour du Vatican et de sa visite au Pape, et voici les conclusions que je propose en ce qui concerne les pupilles de la Nation :

« Le Congrès Radical et Radical-Socialiste émet le
« vœu :

« *Que des bourses d'étude soient accordées de droit*

A l'heure actuelle, c'est encore une faveur comme pour toutes les bourses, pour tous les autres enfants.

« *... de droit à tous les pupilles de la Nation ayant*
« *satisfait aux examens des bourses ou subi avec suc-*
« *cès l'examen d'entrée d'une école.* »

## AMNISTIE MARTY

Voici, maintenant, le projet de résolution que je dépose, et celui-là, nous le poursuivrons avec toute notre énergie, car nous tenons à ce que les coupables, les gros comme les petits, paient à la justice ce qu'ils doivent :

« Le Congrès Radical et Radical-Socialiste,

« Considérant que l'ancien officier mécanicien Marty, « de l'aveu de ses chefs hiérarchiques, a fait noble- « ment son devoir pendant toute la durée de la guerre;

« Considérant que l'acte qui a motivé sa condamnation « a été commis après la cessation des hostilités;

« Considérant que la grâce amnistiante a été accordée « à des condamnés qui avaient abandonné leur poste « devant les Allemands au cours. d'opérations de « guerre;

« Réprouvant la campagne d'agitation menée sous le « nom de Marty, campagne qui n'a pas pour but d'obte- « nir sa libération, mais simplement de faire de la ré- « clame au profit d'un parti politique;

« Désirant ardemment l'apaisement social;

« Demande que la grâce amnistiante soit appliquée à « l'ancien officier-mécanicien Marty. » (*Applaudisse- ments*).

Le Président. — Quelqu'un demande-t-il la parole ?

Citoyen Deromieu. — Je demande la parole.

Le Président. — La parole est au citoyen Deromieu.

Citoyen Deromieu. — Citoyens, il est une question brûlante qui intéresse en ce moment des centaines de mille d'électeurs; nous en avions parlé à la 3e Commission et nous voulions demander si ce que je vais soumettre au Congrès ne pourrait pas être incorporé à cette question des anciens combattants. A la séance de la Commision, notre temps a été malheureusement absorbé par la question des assurances sociales et nous n'avons pas pu discuter le rapport du citoyen Grisoni.

Je voudrais demander si, dans la question des anciens combattants, on ne pourrait pas ajouter un mot pour les anciens combattants d'autres guerres. Cette question est brûlante; elle intéresse un grand nombre de retraités.

Il y a un projet de loi inique qui a été déposé à la Chambre. C'est le projet Doumer. Il n'est pas inique pour ce qui intéresse les fonctionnaires, mais il y a une lacune qui demande à être comblée et j'estime qu'il appartient au parti de se prononocer sur cette question. Je regrette que le citoyen Teyssonnier, qui était plus qualifié que moi pour parler, ne soit pas là. C'est en son absence que je prends la parole.

LE PRÉSIDENT. — Il y a, effectivement, un vœu qui a été déposé sur le Bureau par le citoyen Teyssonnier. Si vous voulez, nous le discuterons tout-à-l'heure.

Citoyen DEROMIEU. — Dans ces conditions, si le vœu a été déposé, je n'ai plus rien à dire.

Citoyen GRISÓNI, *Rapporteur*. — Vous pouvez conclure.

Citoyen DEROMIEU. — Nous acceptons la loi de grand cœur, mais j'insiste pour que le Congrès se prononce, parce que vous savez que d'autres clans politiques cherchent à accaparer nos associations, et il importe que, du Congrès, sorte l'attestation que les petits retraités doivent bénéficier du projet Lugol. Quand nous avons été retraités, la loi nous a assuré un kilo de pain et ce kilo coûtait 0 fr. 25; aujourd'hui nous demandons toujours un kilo de pain, mais ce kilo de pain coûte 1 fr. 10.

LE PRÉSIDENT. — La parole est au citoyen Ducos.

Citoyen DUCOS (Haute-Garonne). — Vous savez qu'il y a à la Chambre un Groupe de Défense des Retraités, qui a à sa tête notre ami Bouyssou. Ce à quoi fait allusion notre collègue, c'est la campagne qui se mène autour d'un certain projet, le projet Taurines, qui émane de la réaction et qui a voulu faire diversion au projet Lugol. En discutant à la Chambre le projet Taurines, on risquerait de ne pas aboutir en faveur des revendications des petits retraités. La décision qu'a prise le groupe parlementaire de défense des petits retraités est d'incorporer au projet Lugol, qui ne concerne que les fonctionnaires en exercice, un amendement qui tendrait à mettre sur le même pied que les fonctionnaires en exercice, ceux qui ont déjà une retraite, parce que nous estimons qu'à égalité de travail du fonctionnaire, la retraite .doit être la même ; que ces serviteurs l'aient été avant l'augmentation des traitements ou après, nous demandons que les anciens retraités aient les mêmes droits que les retraités actuels. Ceci a donc été prévu et nous avons décidé, au groupe parlementaire, qui est présidé par Bouyssou, et qui a fait aboutir toutes les revendications, notamment la loi du 25 mars, de joindre la question des anciens retraités à celle des futurs retraités et de faire que le projet Taurines ne soit qu'une partie du projet Lugol qui, venant du Gouvernement, a des chances d'être discuté avant l'autre.

LE PRÉSIDENT. — La parole est au citoyen Girard.

Citoyen GIRARD. — Je ne combattrai pas le projet, je m'y rallierai même volontiers, mais il a été fait une objection que je voudrais préciser. L'Etat patron devrait donner. l'exemple aux particuliers pour donner aux victimes de la guerre le maximum de satisfactions. Or, que se passe-t-il dans les Administrations de l'Etat? On diminue les notes, par conséquent l'avancement des fonctionnaires qui ont eu le tort d'aller à la guerre et qui ont subi une diminution physique de ce fait !

Je demanderai au citoyen Grisoni d'ajouter un mot qui viserait ces fonctionnaires et qui demanderait que l'Etat patron donne l'exemple aux particuliers dans cette question.

LE PRÉSIDENT. — La parole est au rapporteur.

Citoyen GRISONI. *Rapporteur.* — Vous entendez bien que je ne pouvais pas, dans une réunion politique comme la nôtre, exposer en entier et dans tous ses détails le programme des revendications des victimes de la guerre. Je l'ai fait en termes tout à fait généraux; j'ai insisté surtout en ce qui concerne la loi à obtenir les bourses de droit pour les pupilles de la nation, parce que nous sommes encore à la rentrée des classes et que c'était une possibilité de réalisation immédiate, quelque chose de tangible pour les victimes de la guerre. Il est certain que le Parti s'attachera à toutes les questions intéressant toutes les victimes de la guerre. Je suis absolument d'accord avec le vœu du citoyen Teysonnier.

Je demande que l'ordre du jour Teyssonnier ne s'exclue pas, mais s'ajoute à mon projet de résolution. Je demanderai ensuite à notre camarade de préparer, en trois lignes, un petit ordre du jour qui n'allonge pas trop le nôtre, de façon à ne pas compliquer la tâche des journalistes qui commencent à être fatigués. (*Protestations amicales au banc de la presse*).

En ce qui concerne l'amnistie pour Marty, mon ami Ripault, président de la Fédération de la Seine, vous dira l'attitude des militants de notre Parti lors de l'élection de Marty.

Au sujet de Marty, permettez-moi de vous donner un renseignement qui vous intéressera sur l'action entreprise par la Fédération Nationale des Combattants Républicains.

Sans bruit, sans bluff, sans étalage, sans recherche de réclame quelconque, la Fédération a adressé aux 312 députés qui avaient rejeté le projet d'amendement Balanant, une demande de signer une pétition tendant à proposer une résolution qui ferait que Marty serait bénéficiaire de l'amnistie. A l'heure actuelle, nous avons recueilli environ 150 signatures. C'est peut-être un geste révolutionnaire pour les députés que de répondre à un groupe d'anciens combattants comme ils l'ont fait, mais j'entends rendre hommage à nos présidents d'honneur qui, grâce à leur parrainage, nous ont permis de réussir ce tour de force : grâce à Herriot, à Paul Boncour, Painlevé, général Gérard, président du Grand-Orient de France, Doumergue, nous avons pu recueillir 150 cignatures! Il y en a qui manquent à l'appel, notamment, le citoyen Accambray. S'il avait été là, je lui aurais posé une question, mais je ne la poserai pas, parce que j'entends attaquer nos amis quand ils sont là. Il reste encore, parmi les députés radicaux : Henry Simon... Citoyen Ducos, vous n'avez pas signé notre pétition ?

Citoyen Ducos. — Pardon ! On m'a demandé ma signature pendant les vacances et j'ai répondu que je l'accordais.

Citoyen Grisoni, *Rapporteur*.— Ce n'est pas un rappel à l'ordre !.

Citoyen Ducos. — Je me souviens même que, dans la

lettre, on me rappelait que j'avais déjà voté en faveur
de l'amnistie de Marty.

Citoyen GRISONI, *Rapporteur*. — Nous sommes par
conséquent pleinement d'accord.

Voilà ce que la Fédération a obtenu. J'espère que,
d'ici quelques jours, nous aurons 200 signatures et que
M. Poincaré, chef du Gouvernement, voudra bien s'in-
cliner cette fois et qu'alors l'administration, devant la
volonté populaire et parlementaire, s'inclinera à son
tour.

LE PRÉSIDENT. — Nous allons, si vous le voulez bien,
clôturer la discussion sur le rapport Grisoni. Il soulève
trois questions : d'abord celle qui a trait directement
aux Anciens Combattants et Victimes de la Guerre; 2°
celle qui a trait aux retraités; 3° celle de l'amnistie pour
Marty.

Tout d'abord, et je suis sûr d'être votre interprète, il
convient de féliciter le citoyen Grisoni de l'intéressant
travail qu'il nous a présenté.

Ensuite, je suis persuadé que le Congrès sera unanime à approuver les premières conclusions de son rapport, celles qui ont trait aux Anciens Combattants et
Victimes de la Guerre. En approuvant par acclamations
cette première parti du travail de Grisoni, le Congrès
affirmera une fois de plus son attachement à la cause de
ceux qui ont donné leur vie à la Patrie.

Je mets donc aux voix le premier vœu présenté par
le citoyen Grisoni et ses premières conclusions.
(*Adopté à l'unanimité et par acclamations*).

Reste la question des anciens retraités. Il a été déposé
un vœu qui paraît répondre aux observations qui ont été
formulées par les divers orateurs qui ont pris la parole.
Je prie le citoyen Victor Jean d'en donner lecture :

Citoyen JEAN Victor. — Voici ce vœu qui a été déposé
par le citoyen Teyssonnier, Secrétaire général de l'Union
des Bouches-du-Rhône et qui a été signé par mes amis
Pasquet, Girard et moi-même. C'est en somme la pé-
réquation des retraites que nous demandons :

« Considérant la pénible situation dans laquelle se
« débat la grande majorité des retraités civils et mili-
« taires de toutes catégories;

« Considérant qu'il convient d'assurer une vie dé-
« cente et honorable à des vieux serviteurs qui consa-
« crèrent aux pays, aux départements, aux communes
« et aux monopoles concédés toute l'activité de leur
« existence et l'aidèrent dans les moments difficiles de
« leur concours le plus dévoué;

« Considérant qu'un Etat vraiment républicain se doit
« d'accomplir d'urgence à leur égard et sans distinction
« l'acte de simple justice qu'ils réclament;

« Le Parti Radical et Radical-Socialiste réuni en Con-
« grès, s'appuyant sur l'ordre du jour adopté par la
« Chambre des Députés dans sa séance du 3 juin 1921,
« à l'unanimité de 581 votants;

« S'engage, par ses représentants à la Chambre et au
« Sénat, à soutenir énergiquement les amendements
« nécessaires au projet Lugol, portant révision des lois
« de 1831 et 1853, afin que les anciennes et nouvelles pen-
« sions soient mises à égalité, suivant la formule « à
« ancienneté égale et grades équivalents, pensions éga-
« les ».

Le Président. — Vous avez entendu le vœu déposé
par le citoyen Teyssonnier et plusieurs de nos collègues.
Je le mets aux voix.

(*Adopté a l'unanimité*).

Voici, maintenant, l'ordre du jour du camarade Sirach :

« Le Congrès du Parti Radical et Radical-Socialiste,
« affirmant son attachement aux Victimes de la Guerre,
« et le droit pour ces derniers à toutes les satisfactions
« promises;

« Estimant que l'Etat patron a le devoir de donner
« l'exemple, proteste contre le peu de bienveillance et
« de justice dont il fait preuve vis-à-vis de ses fonc-
« tionnaires victimes de la grande guerre en diminuant
« systématiquement leurs notes sous le prétexte de
« rendement insuffisant ».

Citoyen Grisoni, *Rapporteur*. — Inutile de vous dire
que je me rallie entièrement à ce vœu.

Le Président. — Je mets aux voix l'ordre du jour qui
vient de vous être lu et auquel se rallie le Rapporteur.

(*Adopté à l'unanimité*).

Nous avons encore l'ordre du jour demandant la grâce amnistiante pour Marty et dont je donne lecture à nouveau :

« Le Congrès du Parti Radical et Radical-Socialiste,

« Considérant que l'ancien officier mécanicien Marty, « de l'aveu de ses chefs hiérarchiques, a fait noblement « son devoir pendant toute la durée de la guerre;

« Considérant que l'acte qui a motivé sa condamna- « tion a été commis après la cessation des hostilités;   ·

« Considérant que la grâce amnistiante a été accordée « à des condamnés qui avaient abandonné leur poste « devant les Allemands au cours d'opérations de guerre;

« Réprouvant la campagne d'agitation menée sous le « nom de Marty, campagne qui n'a pas pour but d'ob- « tenir sa libération, mais simplement de faire de la « réclame au profit d'un parti politique;

« Désirant ardemment l'apaisement social;

« Demande que la grâce amnistiante soit appliquée à « l'ancien officier mécanicien Marty. »

Je donne la parole au citoyen Ripault.

Citoyen RIPAULT. — Je voudrais devant vous, pendant quelques instants, préciser la position qu'ont prises diverses organisations radicales et radicales-socialistes sur l'amnistie des marins de la Mer Noire. J'en parle, tout d'abord, comme Président de la Fédération de la Seine, parce que, tout récemment, dans le quartier de la Santé, il y a eu une élection dans laquelle les Radicaux et Radicaux-Socialistes ont fait énergiquement leur devoir et ils l'ont fait sans aucune espérance de réciprocité de la part de ceux qui semblaient soutenir un combat commun.

Il y a quelques mois, le Comité Exécutif avait pris une décision demandant au Gouvernement l'amnistie pour les marins de la Mer Noire. Nous avons rappelé à ce moment que le Gouvernement avait lui-même déposé un projet, que la résistance venait de la majorité de la Commission formée par le Bloc National et qu'en face de cette résistance, il avait manqué d'énergie; on lui demandait d'agir énergiquement et on lui disait qu'il y a 42 ans, lorsque le Gouvernement semblait hésitant devant l'amnistie réclamée pour les membres de la

Commune, une grande voix s'éleva dans le Parlement :
c'était celle de Gambetta! Il démontra au Gouvernement
de l'époque, qui était celui de M. de Freycinet, dont
on célébrait récemment le 97e anniversaire, que si, décidément, on n'arrachait pas ces derniers haillons de
guerre civile, dans toutes les circonscriptions, il y aurait
des condamnés de la Commune qui seraient candidats
et que la politique serait empoisonnée.

Le Gouvernement fut entraîné par Gambetta. M. de
Freycinet déposa son projet qui fut voté à la Chambre
et par trois voix de majorité au Sénat.

Nous faisions remarquer qu'à cette époque — et ceci
est intéressant pour tous — les modérés, qui nous stig-
matisaient avec un vocabulaire infiniment riche, étaient
partisans de l'amnistie et que. parmi ceux-là, la voix
la plus étincelante était celle de M. A. Hébrard, qui ne
fit qu'un discours, discours qui honora sa vie, puisqu'il
fut assez heureux pour entraîner le vote de l'amnistie
et que les arguments qui furent opposés au Gouvernement furent les mêmes que ceux que nous voyons formulés dans la presse de droite, arguments présentés
alors par Jules Simon, qui disait que c'était la fin du
monde! qu'on assisterait à un spectacle désolant en
voyant au Sénat des anciens condamnés de la Commune,
qui avaient peut-être volé, assassiné, incendié! Aujour-
d'hui vous assistez à la même campagne, et souvent,
dans les colonnes même du *Temps*, qui semble, décidément, avoir oublié un de ses fondateurs.

Que faisons-nous, nous Radicaux et Radicaux-Socialistes, dans les circonstances, quelquefois délicates, de
la politique ? Sans être liés par aucun pacte électoral
avec les partis extrêmes, sachant même qu'en aucune
circonstance ils ne répondront par la réciprocité, nous
remplissons le devoir le plus désintéressé, le plus difficile. Au milieu de la mêlée, nous disons au Gouvernement : voici ton devoir! Tu le méconnais; la faute lourde ne vient pas de nous, Radicaux et Radicaux-Socialistes, elle vient de toi, Gouvernement ! (*Applaudissements*).

C'est le cas de l'élection de la Santé. A la Santé, nous
avions présenté un candidat, il y a six mois. Nous l'a-
vons retiré devant Badina. C'était un jeune homme qui
avait cru faire la révolution sociale en refusant de met-

tre du charbon dans sa machine ! Nous avions posé une candidature et au second tour, nous nous sommes demandé ce qu'il fallait faire. D'un côté, le parti de l'amnistie de Marty et, de l'autre, le parti du Bloc National : nous ne pouvions pas hésiter. Nous ne pouvions pas rester les mains dans nos poches et dire : c'est parce que le devoir est difficile que nous ne le remplissons pas ! C'est au contraire parce que les Radicaux et Radicaux-Socialistes ont voté l'amnistie que nous avons retiré nos candidats. Et malgré leur prétention, les communistes ne peuvent pas dire que c'est une victoire communiste : c'est la victoire de l'amnistie, car si les Radicaux et Radicaux-Socialistes n'avaient pas compris leur devoir de républicains, le candidat du Bloc National aurait été élu ! (*Applaudissements.*)

La conclusion est certaine. Nous demandons au Gouvernement d'avoir un peu d'énergie, d'être fidèle aux idées qu'il avait le 6 juillet 1922, qu'il avait encore le 7 juillet 1922 à la Chambre, lorsque M. Barthou, qui était alors Garde des Sceaux, avec une extrême énergie, répliquait à M. Balanant qu'il savait ce qu'il avait à faire et qu'il ne se laisserait pas enchaîner par un amendement de ce genre. A ce moment, l'ensemble des Gauches vota l'amnistie, avec cette idée qu'elle votait pour l'amnistie entière et que si elle amnistiait l'ensemble des mercantis et des fraudeurs, si elle disait au Bloc National : passez-moi vos fraudeurs et vos mercantis, vous pardonnerez à mes révoltés, il semblait bien que le pacte dût être exécuté.

Il ne l'a pas été parce que, pendant les vacances parlementaires il y a eu des démarches d'un certain groupe. On a étudié les dossiers et on s'est aperçu que ce coupable était coupable et qu'on ne pouvait pas l'amnistier... Je laisse aux juristes de cette assemblée le soin d'apprécier, si, admettant la thèse des réactionnaires, une amnistie peut s'appliquer à des gens qui ne sont pas coupables!

Nous disons que le Gouvernement s'est encore une fois trompé. S'il veut que, dans toutes les circonscriptions de France, la question soit posée, si nous voulons être empoisonnés, si nous voulons que l'agitation continue, nous n'avons qu'à dire au Gouvernement : vous avez raison!

Dans cette affaire, le Gouvernement est responsable. Quant à nous, Radicaux et Radicaux-Socialistes, chaque fois que nous nous trouverons dans un cas analogue à celui de la Santé, nous n'hésiterons pas; nous renouvellerons le geste, étant bien entendu qu'en aucun cas nous ne nous laisserons impressionner par les attaques violentes d'où qu'elles viennent; nous, qui avons une tradition et des principes, qui ne virevoltons pas de l'extrême-droite à l'extrême-gauche, nous saurons, en toute circonstance, remplir notre devoir. (*Applaudissements.*)

LE PRÉSIDENT. — La parole est au citoyen Castang.

Citoyen CASTANG. — Citoyens, je ne suis pas orateur et je m'excuse de prendre la parole ici, alors que tant d'autres seraient mieux qualifiés que moi pour le faire. Si j'ai cru devoir demander la parole c'est que j'ai considéré qu'il était de mon devoir, comme élu de la démocratie du Gard, de venir apporter ici une déclaration qui donnera encore plus de poids, si possible, à la manifestation que vous voulez faire aujourd'hui en faveur de Marty.

J'ai été élu dans des conditions particulièrement difficiles au Conseil Général du canton-est d'Alais contre un royaliste qui détenait son mandat depuis trente-six ans. Si je me suis prononcé très nettement en faveur de la libération des marins de la Mer Noire, c'est que j'ai cru que tous les électeurs du Parti Radical et Radical-Socialiste étaient pour l'amnistie pleine et entière. Lorsqu'il a été question, par la suite, d'opposer une candidature de principe, au second tour, au citoyen Badina, les communistes, eux-mêmes, m'ont déclaré que je m'étais suffisamment prononcé en faveur de l'amnistie pour qu'une telle manœuvre ne soit pas nécessaire.

Je voudrais dire ici, de façon que tout le pays le sache, par la voix de la presse, que nous revendiquons hautement Marty comme un des nôtres. On ne l'a pas assez dit dans le pays : Marty n'est pas communiste. Il n'a jamais été communiste. Qu'est-ce que c'est que Marty? C'est un officier franc-maçon et républicain! (*Applaudissements.*)

Le tort de notre Parti, c'est de ne pas savoir toujours prendre énergiquement ses responsabilités; ce que l'on peut nous reprocher, c'est une espèce de flottement, d'indécision, de manque de volonté, car la nécessité de proclamer nos idées se fait sentir de plus en plus. Nous avons eu des torts dès la première minute. Je ne veux pas critiquer les paroles qui ont été apportées ici et que j'approuve pleinement : on a bien fait, dans le quartier de la Santé et dans toutes les élections partielles de se désister en faveur des candidats, marins de la mer Noire, mais peut-être aurions-nous eu une attitude plus heureuse si, dès la première minute, nous avions pris l'initiative que nous avons laissé prendre aux partis extrémistes.

Gardons-nous de donner l'impression que nous n'avons pas l'initiative nécessaire! Quand il s'agit de causes aussi généreuses, soyons toujours en tête! Proclamons hautement que nous voulons défendre toutes les libertés et n'essayons pas toujours, dans une certaine mesure, de faciliter la tâche du Gouvernement! Tapons dur! Regardons bien en face le Gouvernement de M. Poincaré! marquons au pilori tous les élus qui n'ont pas voté l'amnistie et, s'il en est dans le parti, marquons-les d'une croix blanche pour nous les rappeler le moment venu! (*Applaudissements.*)

Je voulais apporter simplement l'affirmation que Marty n'était peut-être communiste que de nom, mais qu'il était surtout un franc-maçon et un républicain (*Applaudissements.*)

LE PRÉSIDENT. — La parole est au citoyen Gastaud.

Citoyen GASTAUD. — Nous avons eu, dans le Var, à nous occuper de l'élection Marty. Je voudrais à ce sujet, demander au Comité Exécutif quelques renseignements auxquels les républicains ont droit.

M. Estier, président de la Fédération du Sud-Est, a engagé le Parti Radical et Radical-Socialiste dans la bataille. Les Radicaux et Radicaux-Socialistes de Toulon ont fait une déclaration en faveur de Marty. Or, le samedi matin un télégramme, émanant du Comité Exécutif, a prescrit aux Radicaux et Radicaux-Socialistes de marcher pour M. Aiguier. Par conséquent, Paris démentait ce que faisait la province.

Citoyen RIPAULT. — Il y a une précision à demander

à notre collègue : quel était le libellé de ce télégramme?

Citoyen Gastaud. — Je ne le connais pas.

Citoyen Ripault. — C'est une précision qui a une importance primordiale. Vous apportez un fait qui paraît un peu... volumineux, encore faut-il fournir des précisions!

Le Président. — Avant d'apporter en public un fait de cette importance, vous feriez bien d'en parler au Bureau qui vous demanderait certainement des précisions. Nous ferons une enquête qui paraît s'imposer, mais je crois qu'il y a intérêt, même pour la cause que vous voulez défendre ici, à ne pas la porter en public avant qu'elle ait été traitée devant le Comité Exécutif. Si vous voulez bien, ce matin nous allons réserver la question et nous vous indiquerons la manière de saisir le Comité Exécutif. (*Approbation générale.*) L'incident est clos.

Citoyen Ripault. — Je crois pouvoir répondre ceci à notre camarade. On a demandé au Comité Exécutif s'il était exact qu'à la Santé, au premier tour, il y eût un candidat; nous avons répondu : oui. Comme chez vous c'était en même temps le premier et le dernier tour il est probable que vous avez tiré de ce télégramme tout le parti possible pour faire triompher la candidature d'Aiguier Il faut donc faire une division entre le télégramme lui-même et le commentaire de ce même télégramme, commentaire qui semble se continuer par votre intervention à la tribune.

Le Président. — Nous réservons la question; vous pourrez la reprendre devant le Congrès quand nous en aurons parlé au Comité Exécutif.

Je mets aux voix le vœu dont je viens de donner lecture, ayant trait à l'amnistie de Marty.

(*Adopté à l'unanimité.*)

## Adresse

Je dois vous donner connaissance d'un télégramme

que le Bureau vient de recevoir, de la Ligue de la République :

« Le Bureau de la Ligue de la République adresse
« au Parti Radical et Radical-Socialiste, à l'occasion de
« l'ouverture de son Congrès, son salut le plus cordial
« et ses vœux pour la conclusion heureuse de ses tra-
« vaux. Il exprime la certitude que l'étroite collabora-
« tion de toutes les forces de gauche assurera la dé-
« faite du Bloc National. — Pour le Bureau : le Secré-
« taire général, signé : P. Chavagnes. »

Le Congrès prend acte avec plaisir de cette adresse
de la Ligue de la République. Il voudra certainement
lui donner l'assurance que nous sommes en parfaite
communion d'idées sur le but qu'elle se propose et que
nous nous proposons nous-mêmes. (*Applaudissements*).

L'ordre du jour appelle la discussion des questions
douanières, dont le rapporteur est le citoyen Albert
Kahn. Je lui donne la **parole.**

## QUESTIONS
## ECONOMIQUES ET FINANCIERES

Citoyen Albert KAHN, *rapporteur*. — Je ne veux pas
donner lecture intégrale de mon rapport, puisqu'il a
paru dans le *Bulletin* du Parti, je vais simplement donner les conclusions que je vous propose, faisant toutefois observer que, depuis août 1914, la France n'a pas
eu un seul Ministre des Finances digne de notre grand
pays.

Les intérêts généraux de la France ont été sacrifiés.
Une gabegie des finances se continue quatre années après
l'armistice.

Fait sans précédent, le Ministre des Finances actuellement en fonctions présente un cahier de dépenses et
de recettes n'ayant en rien l'allure d'un budget.

La Chambre, avec sa majorité dite de Bloc National,
montre son impuissance et son incapacité notoires. Le
Parti Radical et Radical-Socialiste a le devoir de dénoncer aux électeurs cette situation grave à tous égards.

1° Financement de la dette allemande, dont la prin-

cipale part sera destinée à la réfection des dommages
de guerre (les Etats-Unis et la Grande-Bretagne rece-
vant en obligations C un pourcentage des dettes interalliées);

2° Organisme de compensation des changes devant
tendre, dans un avenir proche, au rééquilibre des changes (contrairement à la doctrine de la stabilisation des
changes);

3° Traités de commerce nouveaux votés par le Parlement; suppression des décrets laissés à l'arbitraire
gouvernemental au détriment des intérêts généraux de
la France, mais au profit de gros intérêts particuliers;

4° Libre échange absolu entre la France et ses colonies, seul moyen d'en accroître la valeur et de tendre
ainsi à la réduction du coût de la vie;

5° Compression des dépenses non productives, réduction importante des budgets de la Guerre et de la Marine;

Industrialisation et maintien au profit de l'Etat des
monopoles exploités par lui;

Rentrée immédiate des impôts sur les bénéfices de
guerre encore en suspens;

Défense du principe de l'impôt sur le revenu;

Réduction de la Dette française.

Voici les conclusions de mon rapport sur cette question. Si quelques congressistes ont des questions à me
poser, des éclaircissements à me demander, je me tiens
à leur disposition. (*Applaudissements.*)

LE PRÉSIDENT. — Quelqu'un demande-t-il la parole
sur ces conclusions?...

Personne ne demandant la parole, je les mets aux
voix en bloc.

(*Les conclusions sont adoptées à l'unanimité.*)

Cédant à la préoccupation qui s'exprimait tout à
l'heure au nom de la Commission, le Secrétaire général
du Congrès veut bien vous proposer de faire passer à
la séance de ce matin une question qui était inscrite à
l'ordre du jour de demain. Dans ces conditions, si vous
n'y voyez pas d'inconvénient, je vais donner la parole
au citoyen Jean Delorme, sur l'Education Républicaine

de la Jeunesse Laïque. Ensuite nous reprendrons la question des modifications au Règlement.

Quelqu'un fait-il opposition à cette proposition?... Personne ne demandant la parole, il en est ainsi décidé. La parole est au citoyen Jean Delorme.

## L'EDUCATION REPUBLICAINE
## DE LA JEUNESSE

Citoyen Jean DELORME, *rapporteur*. — Dans chacun de nos Congrès, on revient sur la question du recrutement des jeunes pour former le noyau du Parti. S'emparant de ces propositions, notre collègue Lamoureux demanda au Comité Exécutif de faire un rapport général qui serait soumis au Congrès. J'ai été chargé de faire ce rapport, que je vais vous soumettre. Je ne vous demande que cinq minutes d'attention, il est très court.

L'éducation républicaine de la jeunesse peut seule permettre un recrutement régulier et permanent à notre Parti.

Un grand parti politique et surtout un parti d'avenir comme le nôtre a le devoir, s'il veut vivre et durer, de s'assurer un continuel recrutement.

Avons-nous fait dans ce sens tout ce que nous aurions dû?...

Le peu de jeunes que nous rencontrons dans les milieux radicaux est une négation malheureusement trop éclatante.

Aujourd'hui la jeunesse est attirée par les extrêmes :

A gauche les partis communistes et socialistes ont organisé fortement des sections de jeunes qui viennent chaque année grossir leurs rangs et comptent parmi leurs plus actifs militants; il est d'ailleurs fréquent de retrouver à la tête des sections et fédérations socialistes et communistes d'anciens militants des jeunesses qui fournissent à ces organisations une sérieuse réserve de cadres et d'action.

A droite, la jeunesse est attirée d'une part par les royalistes et l'*Action Française*, qui dirige elle-même toute son action, en paie largement tous les frais, et trouve à ce compte de nombreux adhérents. D'autre part, l'Eglise. par ses admirables cadres de prêtres, réussit sans trop de difficultés à grouper dans chaque commune, dans chaque hameau et même dans chaque quartier, les jeunes gens dans ses patronages merveilleusement organisés et arrive progressivement à en faire de redoutables et fanatiques militants.

Entre ces deux extrêmes on rencontre cependant une jeunesse intelligente mais indifférente, désabusée aussi et trop souvent dédaigneuse de la politique et des politiciens; elle possède des aspirations excellentes mais méconnues, ceux qui devraient la diriger l'ignorent, et quand il s'en trouve pour s'y intéresser, c'est malheureusement trop souvent pour s'en servir et non pour la servir elle-même.

Cette jeunesse est essentiellement et excellemment républicaine parce qu'à la fois ennemie de la dictature de l'extrême-gauche et de l'oppression des royalistes et de l'Eglise; elle renferme en elle des ressources inépuisables de forces et d'énergies républicaines, elle attend patiemment que des républicains avertis viennent à elle et l'organisent méthodiquement en vue d'une action politique à venir.

Sans doute de nombreux essais ont été tentés, en dehors des partis et personnalités, pour essayer de la diriger philosophiquement, mais les quelques idéalistes qui les ont conçus ont été vite découragés par la trop grande indifférence des dirigeants des différents partis républicains.

De ces essais, seules deux puissantes organisations sont restées debout : à Paris, les « Jeunesses Républicaines », en province, les « Jeunesses Laïques ».

Depuis vingt ans, elles résistent aux pires difficultés; elles ont connu les assauts constamment renouvelés des adversaires de droite et de gauche; elles ont souffert de l'indéfectible indifférence des élus et groupements républicains.

Cette situation va-t-elle continuer?...

Tous les républicains clairvoyants répondent non!

L'indifférence des partis républicains envers les « Jeunesses Républicaines et Laïques » nous a valu politiquement les plus grandes déceptions et c'est certainement au manque de recrutement et d'organisation des jeunes gens républicains que l'on doit une grande part des succès du « Bloc National » aux dernières élections législatives.

Il est donc temps de réparer les erreurs du passé et de reprendre la grande idée de Gambetta, Paul Bert et Jules Ferry, qui proclamaient que la meilleure façon de refaire la France après nos revers de 1870 c'était surtout *d'organiser républicainement la jeunesse française.*

*« Un parti qui ne se renouvelle pas par l'adhésion des jeunes gens, disait Charles Floquet, est un parti appelé à disparaître. »*

Pour avoir avec nous les « jeunes » que devons-nous faire?

Est-il besoin d'organiser dans chaque commune une « Jeunesse Radicale »?

Nous ne le pensons pas, la tâche nous apparaît beaucoup plus simple.

Pourquoi n'utiliserions-nous pas ces admirables organisations de « Jeunesses Républicaines » et de « Jeunesses Laïques » qui existent à Paris et en province?...

Il ne serait même pas utile de les affilier au Parti, ce serait sûrement manquer le but à atteindre.

Ce qu'il faut, c'est leur donner confiance dans le Parti Radical, les aider par tous les moyens : moraux, matériels et financiers; contribuer à leurs succès et favoriser leur extension et leur développement.

Ne pas se contenter de les conseiller, mais participer à leur vie et à leur direction en leur fournissant des cadres; aider aussi à la création de sections et fédérations, leur procurer des conférenciers, les faciliter dans l'organisation de leurs Congrès, fêtes civiques et républicaines; leur procurer, en un mot, des amitiés solides et des moyens de vie et d'action.

Ceci réalisé, il suffira de demander chaque année à chaque président de section, la liste de ses adhérents ayant atteint l'âge de l'électorat et susceptibles d'entrer au Parti.

Cette tâche n'est pas au-dessus de nos forces, elle est dans les possibilités de notre grand Parti; la formule que nous vous proposons est la plus simple et la plus pratique, je demande au Congrès les moyens de la réaliser.

Républicain, radical et radical-socialiste, je voudrais réserver à mon Parti toute la force que représentent les organisations de jeunes républicains et laïques. Dans ce but, je demande au Congrès le vote des résolutions ci-après : .

Le 19ᵉ Congrès du Parti Radical et Radical-Socialiste:

1ʳᵉ Résolution. — *Donne mandat à son Bureau de s'entendre avec toutes les organisations de jeunes républicains et laïques dans le but d'aider à la fondation de ces groupements dans les communes ou quartiers qui en sont dépourvus.*

2ᵉ Résolution. — *Décide qu'une subvention pourrait être attribuée annuellement par le Parti aux organisations de jeunes républicains qui pourraient la solliciter.*

3ᵉ Résolution. — *Décide d'aider ces groupements dans l'organisation d'un Congrès annuel, qui réunirait toutes les organisations de jeunes républicains.*

4ᵉ Résolution. — *Le Bureau du Parti dressera chaque année une liste de conférenciers destinés à faire connaître le programme et la doctrine du Parti dans les groupements ci-dessus désignés.*

5ᵉ Résolution. — *Le Congrès décide d'aider ces groupements dans l'organisation de grandes manifestations périodiques, ainsi que dans l'édition de journaux ou brochures susceptibles d'assurer la propagande républicaine parmi la jeunesse et dans le pays.*

6ᵉ Résolution. — *Il sera rendu compte, à chaque Congrès, des résultats de l'application des résolutions précédentes et des avantages recueillis par le Parti.*

Citoyens, je n'ajouterai qu'un mot. Je voudrais vous demander un vote unanime sur cette question, car nous ne pouvons pas croire que le parti soit divisé pour amener la jeunesse à nous. Tous les grands républicains, tous les grands éducateurs ont déclaré qu'il fallait que la jeunesse vienne à la politique dans les partis d'action comme le nôtre.

Il y a quelques années notre Président Herriot disait, à une séance de la Société d'Enseignement Professionnel du Rhône, que la société était un grand arbre, que ce grand arbre, pour vivre et pour pouvoir, chaque année, bourgeonner, avait besoin de jeunes rameaux. Ce sont ces jeunes rameaux que nous voulons amener au Parti pour lui donner de la vie, de la force, de l'action. Tous les grands éducateurs, Paul Bert, Jules Ferry, pensaient ainsi. Rappelez-vous Gambetta et son discours de Grenoble, où il faisait appel aux nouvelles couches sociales pour régénérer la société! Tous les grands Républicains : Pelletan, Brisson, tous ceux qui ont contribué a fonder notre parti, et notre maître Ferdinand Buisson que je vois dans cette salle (*Applaudissements*), tous ont préconisé la même politique. Tous disent avec moi : il faut faire quelque chose pour intéresser davantage la jeunesse à la politique et en faire de bons et solides Républicains.

Citoyens, si je défends avec vigueur et chaleur et, peut-être aussi, avec émotion, la cause de la jeunesse, c'est que je vois que notre parti Radical et Radical-Socialiste est a une époque décisive où le concours des jeunes lui est absolument nécessaire pour augmenter sa force et son action !

Je vous en supplie, citoyens! l'heure n'est pas au sentiment, elle est à l'action ! Ne laissez pas s'échapper les jeunes Républicains! Ne les laissez pas prendre par les partis d'extrême-gauche.

Vous pouvez y arriver par l'appui que vous donnerez à toute la jeunesse des écoles, à toute la jeunesse déjà formée par les patronages Républicains laïques; par l'action des Jeunesses Républicaines qui donneront demain à notre parti la force qui lui est due par son histoire, par son programme. Notre Parti est le seul Parti qui ait réalisé des réformes; seul, ce parti à donné à la France des réalités. Voilà pourquoi vous devez vous associer la jeunesse et faire que, demain, toutes les Jeunesses Républicaines adhèrent au Parti Radical et Radical-Socialiste.

Alors, vous serez le parti politique le plus fort, le plus puissant et vous pourrez avoir confiance dans les batailles politiques et remporter ainsi plus facilement la victoire! (*Applaudissements*).

Le Président. — La parole est au citoyen Ferrotin.

Citoyen Ferrotin. — Citoyens, le Parti Radical et Radical-Socialiste se plaint qu'il n'y ait pas de jeunes dans le Parti Il y a un moyen bien simple d'amener la jeunesse au Parti. Pour mon compte personnel, j'ai essayé de l'y amener, parce que j'ai derrière moi un groupe qui compte des milliers de jeunes qui, malheureusement, ont fait la guerre. Mais pour amener les jeunes au Parti, il faudrait leur faire une place. Je voudrais que dans toutes vos réunions et, surtout, dans toutes vos Commissions, vous vous mettiez à éduquer ces jeunes; c'est-à-dire que vous leur réserviez une place, que lorsque vous avez quatre anciens, vous mettiez quatre jeunes. Si vous adoptiez ce principe, nous pourrions dire à nos amis jeunes : venez, nos anciens vous cèdent une place et vous aideront à apprendre à faire la politique républicaine dans ce pays où la jeunesse en a perdu l'habitude.

Vous savez très bien que toute la jeunesse fait du sport; je ne suis pas hostile au sport, mais je voudrais que, quand on arrive a 21 ans, on connaisse au moins les Droits du Citoyen : la plupart des jeunes ne les connaissent pas. C'est à notre Parti, c'est à nous, qui avons un passé politique dans l'Histoire, de dire aux jeunes : nous avons peut-être pendant un certain temps. abandonné nos traditions; nous allons les reprendre et nous allons faire l'effort que Jules Ferry demandait à nos jeunes.

Citoyens, voilà ce que je voulais dire : réservez aux jeunes une place dans toutes vos commissions, dans tous vos comités, même dans tous vos bureaux, pour les éduquer (*Applaudissements*).

Le Président. — La parole est au citoyen Kayser.

Citoyen, Kayser. — Citoyens, jje ne retiendrai votre attention que quelques intstants.

D'abord, je veux apporter mon appui et l'appui de certains jeunes que je crois représenter, aux paroles prononcées par les citoyens Delorme et Ferrotin. Je veux, en outre, apporter au citoyen Delorme l'hommage affectueux de toute une jeunesse qui l'aime parce qu'elle sait ce qu'il a fait dans son organisation.

Je voudrais attirer brièvement votre attention, d'une part, sur la nécessité qu'il y a d'entreprendre auprès des jeunes une action persévérante et constante et, d'autre part, sur la nécessité qu'il y aurait, plus particuliè-

rement, de ramener auprès de nous un grand nombre
d'Etudiants.

Auprès des jeunesses, que faut-il faire ? Comme vous
l'a dit Delorme, là où il existe des groupements, n'es-
sayez pas d'en créer d'autres; nous nous heurterions à
des impossibilités; les jeunesses sont déjà assez morce-
lées aujourd'hui, n'ajoutons pas à cette confusion. Là,
au contraire, où les jeunesses républicaines n'existent
pas, que le Parti, avec tout son appui, avec tout son
prestige renaissant, essaie d'en créer.

Pour ce qui est des étudiants, au contraire, il faut
que nous menions là une action extrêmement persévérante et souple. Les Etudiants, qui sont, dans une certaine mesure. l'avenir du Parti, à la suite de la guerre,
ou bien se sont jetés dans les deux extrêmes que signa-
lait Delorme : Action Française et Communisme, ou bien
sont allés danser, ont fait du sport, sont restés indifférents. Mais je crois pouvoir dire aujourd'hui que l'ère
des tangos et des jazz-bands est passée. ; l'ère des extrêmes est passée également et je note qu'au début de
cette année, les cadres de l'Action Française et du Communisme sont en décroissance.

Que devons-nous faire actuellement? Nous ne devons
pas rester inactifs; il faut que nous entreprenions, auprès des Universités, auprès des Ecoles supérieures, une
propagande extrêmement souple, qui traite non seulement des problèmes politiques mais des problèmes sociaux et même artistiques et littéraires; car il y a tout
un côté littéraire et artistique. On peut recruter un
grand nombre d'adhésions en montrant que le Parti
Radical et Radical-Socialiste recherche le Beau et le
Vrai. (*Applaudissements*).

Je sais que Jaurès, avant 1910 et Blum, plus récemment, dans une série de conférences qu'ils avaient faites
sur l'art et le socialisme, avaient recruté un grand
nombre de jeunes, en démontrant que le socialisme
marchait vers un idéal de beauté. Il appartient au Ra-
dicalisme, proche voisin du socialisme, de montrer que
nous travaillons pour un idéal, que nous essayons de
faire quelque chose de nouveau.

Travaillons auprès des jeunes, auprès des Etudiants;
ils vous apporteront un appui complet, unanime, j'en
suis certain. N'essayons pas de créer des groupements là

où il en existe déjà; laissons aux jeunes leurs opinions personnelles; n'essayons pas de détruire des groupements qui sont très larges, et je dois dire à ce sujet que nous sommes très bien avec le groupe Marc Sangnier, mais qu'au-dessus de tout, on sente un appui fermement républicain.

Je me souviens que, dans son livre, qui est la charte du parti Radical et Radical-Socialiste, le citoyen Herriot, dans une dédicace vibrante, adressait son livre-programme aux jeunes, pour qu'ils soient plus courageux, plus hardis! Nous devons dire, nous, les Jeunes, que notre ambition n'est pas d'être plus courageux, ni plus hardis que Herriot et vous, mais d'être aussi courageux et aussi hardis que vous ! Pour cela, nous vous demandons votre aide; nous espérons que vous nous l'accorderez! (*Vifs applaudissements*).

LE PRÉSIDENT. — La parole est au citoyen Mamet.

Citoyen MAMET. — En ma qualité de Président d'une Jeunesse Républicaine, je me permets d'adresser un vibrant appel au Parti pour qu'il ne se désintéresse pas des Jeunes.

Je vous parle en délégué de province et je voudrais vous dire ici que le Parti Radical et Radical-Socialiste peut faire de ce côté-là beaucoup. Il a eu le grand tort de se désintéresser de la jeunesse jusque-là; s'il le voulait, demain, dans toute la France, le Parti Radical et Radical-Socialiste tiendrait toute la jeunesse.

N'oubliez pas, citoyens, que tous nos présidents des Sous des Ecoles sont, en général, des Radicaux ou Radicaux-Socialistes, et que c'est de ce côté que nous devons porter notre effort, pour transformer les Sous des Ecoles en Jeunesses Laïques et en groupements de Jeunes.

Il faut ensuite que le Parti Radical et Radical-Socialiste nous envoie des orateurs pour maintenir nos Jeunes dans le Parti : parce que, dans tous nos groupements, nous gardons nos jeunes jusqu'à 13 ans et ensuite, ce sont les partis extrêmes qui s'en emparent. Pourquoi? Parce que les orateurs Radicaux et Radicaux-Socialistes ne viennent pas à nous, parce que nous ne trouvons aucune aide, aucune propagande du Parti pour les groupes existants.

Je demanderai qu'une étude sérieuse soit faite par le

Comité Exécutif, que l'on fasse appel à tous les Sous des Ecoles pour créer des œuvres de Jeunesses. C'est de ce côté que vous obtiendrez des résultats intéressants; c'est l'avenir de notre Parti. Les Jeunes, comme on l'a dit, vont à droite ou à l'extrême-gauche; aucun ne veut rester à nous, parce qu'ils nous méconnaissent : il faut nous faire connaître. Aidez-nous dans ce sens et vous verrez que de la bonne besogne sera faite! (*Applaudissements*).

Le Président. — La parole est au Rapporteur.

Citoyen Jean Delorme, *Rapporteur*. — Je suis tout à fait d'accord avec le citoyen Mamet et je ne vois aucun inconvénient à faire appel aux Présidents des Sous des Ecoles pour créer des Sociétés là où il n'en existe pas.

Le Président. — Je crois que la discussion sur ce point est close, d'autant qu'il est bien difficile d'avoir la moindre divergence de vues sur le sujet qui a été traité par le citoyen Delorme et les autres orateurs; c'est une question qui intéresse l'avenir du Parti Radical et Radical-Socialiste et on peut même dire la République.

Aucun orateur n'étant plus inscrit, je mets donc aux voix les conclusions présentées par le citoyen Jean Delorme, qui comportent un certain nombre de résolutions et dont lecture vous a été donnée.

(*Les conclusions du rapport sont adoptées à l'unanimité*).

## L'INCIDENT DE LA GIRONDE

L'ordre du jour appelle la discussion du rapport présenté au nom du Bureau du Comité Exécutif sur l'incident de la Gironde.

Je donne la parole au citoyen Nicolas Estier. Nous discuterons ensuite les modifications au Règlement.

Citoyen Nicolas Estier. — Citoyens... Il n'est pas tout a fait exact de dire que j'ai mandat de rapporter devant vous cette question. Je ne suis pas ici le mandataire d'une Commission, mais j'ai été chargé, hier, par le Bureau du Comité Exécutif, notamment par le Président Herriot, de donner mon avis, comme jurisconsulte, sur une question qui est fort délicate et qui touche la situation de notre parti dans la Gironde.

Le Bureau a été saisi, par les citoyens Cauderon et Georges Duckett, de la motion suivante :

*Le Congrès, conformément à l'article 35 du Règlement du Parti, qui veut qu'il n'y ait qu'une Fédération départementale par département,*

*Déclare ne reconnaître comme adhérente au Parti en Gironde, que la Fédération présidée par le citoyen Cauderon,*

*Et prononce l'exclusion du groupement présidé par le citoyen Dessoudeix qui s'est déclaré solidaire de l'appel formé par le citoyen Odin, contre la décision du Comité Exécutif l'excluant du Parti.*

Comme vous le voyez à cette simple lecture, il s'agit d'un conflit entre deux groupements qui prétendent tous deux être la Fédération départementale réelle du département de la Gironde.

Ce n'est pas tout. Sur cette question vient se greffer, vous le comprenez de vous-mêmes, une question de personnes; il y a ce que l'on appelle, dans les couloirs, l'incident Odin-Labroue. Ces questions ont mis en jeu une question de recevabilité; il s'agit de savoir si le Congrès a la possibilité de briser entre les mains du groupement qui est présidé par le citoyen Dessoudeix, le mandat qui a été ratifié hier et d'exclure, par conséquent, les représentants de cette Fédération, disons de ce groupement pour ne formaliser personne.

La question, au point de vue juridique, ne fait aucune espèce de difficulté. Notre ami Fabius de Champville, Rapporteur de la Commission de vérification des pouvoirs, dit : les pouvoirs de ces délégués ont été validés, ils restent validés et par conséquent, les porteurs auront le droit de participer à nos délibérations jusqu'à la clôture du Congrès.

Mais la motion dont je viens de vous donner lecture soulève une question beaucoup plus grave, beaucoup plus importante et même, elle soulève deux questions : l'une touchant à l'extension, aux conditions de fonctionnecmnt de ces deux Fédérations et l'autre est basée sur le dernier paragraphe dont je vous ai donné lecture et qui est relative à l'appel qui a été formulé par le citoyen Odin contre la décision du Comité l'excluant.

A la suite d'incidents sur lesquels il n'est pas utile de revenir pour le moment, le citoyen Odin, Vice-Prési-

dent du Comité Exécutif, a été exclu par la Commission
de discipline et par le Comité Exécutif. Il a usé du droit
que lui confère le règlement du Parti, de former appel
devant le Congrès.

Parallèlement à cette plainte portée contre le citoyen Odin, plainte qui a été suivie d'une enquête rè-
glementaire et de la solution que je viens de vous indiquer, son groupe a porté plainte contre le citoyen Labroue. Cette plainte a été insuffisamment instruite, mais,
dans tous les cas, il faut qu'elle le soit pour que le
Congrès puisse se prononcer.

J'ai à peine besoin de vous dire, et on peut le dire
sans froisser personne, que vous avez une besogne à
faire, beaucoup plus importante que de vider en séance
publique les conflits qui peuvent exister entre l'un et
l'autre et entre leurs groupements respectifs.

Dans cet ordre d'idées, je suis d'avis, en vertu de la
délégation que, dans son affection fraternelle pour moi,
Herriot m'a donné hier, je suis d'avis, et c'est l'avis du
Président Lefranc, qui a présidé pendant quinze ans la
Commission de discipline, que nous nommions ce matin
une Commission chargée de vider cette question. Quand
les incidents qui peuvent exister entre ces deux personnalités auront été vidés, je crois, Lefranc le croit comme
moi, et je pense que vous jugerez comme nous, que la
question des deux Fédérations juxtaposées sera relative-
ment facile à régler.

Pour ma part, je tiens à indiquer d'avance — vous ne
me nommerez pas de la Commission, si vous pensez
que j'ai une opinion préconçue — que j'estime que, tout
d'abord, conformément au règlement, il ne peut y avoir
dans le département de la Gironde comme dans les autres départements qu'une seule Fédération. Quelle est
celle qui doit exister? Les deux doivent-elles fusionner?
A cet égard, la véritable solution doit être de procéder
comme le comportent les précédents qui ont existé en
cette matière. Ce n'est pas la première fois, en effet,
que dans un département le même cas se présente; c'est
malheureux puisque c'est un indice de déchirement, mais
ce n'est pas la première fois que cela se produit. Cela
s'est produit, il y a quelques années, à Marseille, où le
Comité Exécutif avait délégué Lefranc pour faire la pa-
cification; cela s'est produit à Nîmes; cela s'est produit

à Lyon, où il y avait deux Fédérations départementales prétendant toutes deux être la Fédération régulière; cela s'est produit — et l'exemple est encore plus près de nous — pour la Fédération de la Seine.

Nous espérons que, sous l'égide de la Commission que vous allez nommer, cet après-midi, on pourra arriver à rapprocher les frères ennemis. On le pourra sûrement, je connais les sentiments républicains des deux groupements et on pourra, sur place, par une enquête, par des tractations qui seront faites, amener un rapprochement et la prochaine fois que nous nous réunirons, nous aurons une Fédération unique, conformément au règlement du Parti.

La question est d'autant plus essentielle que vous savez que les élections sont assez proches, que nous avons besoin de concentrer toutes nos forces.

J'espère donc, mes chers concitoyens, que, par la nomination de cette Commission, nous pourrons arriver à résoudre de façon conforme aux intérêts du Parti, ces questions de personnes qui ne présentent aucun intérêt primordial et les questions beaucoup plus importantes qui touchent à la vitalité du Parti Radical et Radical-Socialiste.

Vous savez également que les Commissions composées de deux ou trois membres sont des Commissions où on travaille beaucoup; par dessus le marché, nous nous trouvons en présence de groupements importants dont chacun croit être le dépositaire de la vérité... ils sont un peu turbulents, excités; à mon avis, une Commission de sept membres, tout au plus, serait suffisante.

Le Président. — Je mets aux voix les conclusions du rapport du citoyen Estier, c'est-à-dire la nomination d'une Commission.

(*Adopté*).

Je mets aux voix le nombre de sept qui a été proposé par les membres de la Commission.

(*Le chiffre de sept est adopté*.)

Voulez-vous nous envoyer des noms ?

(*Sont désignés pour faire partie de la Commission : les citoyens Estier, Lefranc, Fabius de Champville, Schmidt, Dubois, Falgairolle, Grisoni*).

La Commission se réunira à 14 h. 30 très précises.

L'ordre du jour appelle la discussion des modifications au règlement. La parole est au citoyen Labroue, Rapporteur.

## MODIFICATIONS AU REGLEMENT

Citoyen Cluzan. — Je demande la parole sur l'opportunité de lire ce rapport en ce moment.

Le Président. — L'ordre du jour appelle la discussion des modifications à apporter au Règlement; maintenant, vous êtes libre de faire une proposition si vous le désirez.

Citoyen Cluzan. — J'aurais voulu indiquer pour quelles raisons cet ordre du jour doit être modifié, en raison de la situation particulière dans laquelle se trouve actuellement le citoyen Labroue, rapporteur.

Citoyen Bouffandeau. — Comme Président de la Commission qui s'est occupée hier soir de la question du règlement et de la propagande, je ne crois pas qu'on puisse, à l'heure actuelle, mettre en question la personnalité du Rapporteur qui a été désigné, une première fois par le Comité Exécutif, une deuxième fois par la Commission. J'ajoute que nous nous élevons, dans la Commission, contre les questions de personnes, que nous ne pouvons pas admettre un seul instant qu'il puisse y avoir suspiscion sur un rapporteur parce que c'est le citoyen Labroue ; il s'agirait du citoyen Odin que je le défendrais de la même façon. (Applaudissements).

Le règlement doit être voté ce matin pour que nous puissions l'appliquer dans les délégations, dans les élections et dans une foule d'autres cas. D'ailleurs il est toujours d'usage de le voter dès la première séance de discussions.

Citoyen Cluzan. — Dans ces conditions, je regrette que le Comité Exécutif ait cru devoir confier la charge de ce rapport à l'un des deux adversaires.

Le Président. — La parole est au citoyen Labroue.

Citoyen Labroue, *Rapporteur*. — Citoyens, la Commission du Règlement a bien voulu me confier le soin d'exposer brièvement devant vous les conclusions qu'elle a adoptées concernant le Règlement du Parti.

Nous avons reçu un certain nombre de vœux dont plusieurs, d'ailleurs, étaient inutiles, parce qu'ils visaient des articles qui se trouvent déjà dans le Règlement. Pareilles communications font ressortir la nécessité de publier, le plus tôt possible — et c'est ce que nous vous demandons de décider — une édition nouvelle du Règlement; le règlement précédemment publié remonte à 1914 et, depuis cette époque, non seulement les exemplaires édités sont devenus rares, mais encore, dans les Congrès de ces dernières années, quelques nouveautés ont été introduites.

J'aborde, dans l'ordre numérique, les articles que nous vous proposons de modifier.

Article onze — Nous demandons qu'on ajoute dans le quatrième alinéa :

« La liste des parlementaires et journaux adhérents
« au Parti sera publiée dans le *Bulletin* au moins une
« fois par an. »

Cette mesure était pratiquée avant la guerre. Ainsi, la brochure qui donne le compte-rendu du Congrès de Pau (1913), contient les listes des parlementaires et journaux adhérents. Mais les circonstances de la guerre ont fait que, depuis 1914, on a renoncé à de semblables publications, en sorte qu'il est parfois difficile de savoir quels sont les Parlementaires et les journaux adhérents au Parti. Or, nous estimons qu'il est indispensable pour les militants de savoir quels sont les sénateurs et les députés qui ont à cœur de se trouver en règle avec leur Parti; d'autre part, nous avons le droit et le devoir de connaître les journaux qui sont avec nous ou en dehors de nous. (*Applaudissements*).

Le Président. — Quelqu'un a-t-il une observation à présenter sur cet article ?... Personne ne demandant la parole, je mets aux voix la modification proposée.

(*Adopté*).

Citoyen Labroue, *Rapporteur*. — A l'article 21, le Règlement dit à son 3ᵉ alinéa :

« Le Comité Exécutif se réunit, en outre, au moins

« une fois par mois, en séance plénière, sur convoca-
« tion de son Président, de préférence le lundi. »

Cette décision du lundi nous paraît devoir être sup-
primée, d'abord parce que, dans la pratique, on n'en
tient pas compte, car c'est ordinairement le mercredi
que ces réunions ont lieu, et, de plus, parce qu'il nous
paraît superflu et même gênant d'assigner pour ces
réunions un jour déterminé, alors qu'il peut être de l'intérêt du Parti que le Comité se réunisse un autre jour.

Nous proposons donc de supprimer cette précision du
lundi.

Le Président. — La parole est au citoyen Michelis.

Citoyen Michelis. — Citoyens, la question d'un jour
fixe, déterminé, est une question qui a son importance;
si le lundi ne vous convient pas, prenez un autre jour;
mais si vous tenez compte qu'il est nécessaire, pour que
le Comité Exécutif représente véritablement l'opinion
du Parti, que les Provinciaux puissent y assister, vous
reconnaîtrez qu'il est nécessaire qu'on sache, longtemps
à l'avance, la date certaine à laquelle le Comité se réunit, de telle sorte que ceux qui, pour une raison quelconque, ont à se rendre à Paris, puissent arranger leurs
affaires pour s'y trouver le jour de la séance du Comité.
La méthode proposée par le citoyen Labroue irait à
l'encontre du but qu'il se propose. Je suis persuadé qu'il
est tellement convaincu que le Comité doit représenter
les idées du parti qu'il modifiera sa proposition en conséquence.

Citoyen Labroue, *Rapporteur*. — Cette préoccupation
est fondée, mais nous estimons qu'il n'est pas nécessaire
de maintenir cette précision limitative dans nos statuts.
Au surplus, nous avons cette garantie qu'à la fin de
chaque séance du Comité, on fixe la date mensuelle suivante.

Citoyen Michelis. — Ceux qui n'étaient pas à la séance ne le savent pas, et comme le *Bulletin* arrive toujours
avec du retard...

Un Congressiste. — Je demande à appuyer l'observation du citoyen Michelis. Etant donné que le *Bulletin*
paraît d'une façon irrégulière, il est bon qu'on sache

dans toute la France que les réunions du Comité ont lieu à une date fixe, sous réserve de laisser au Comité Exécutif la faculté de changer ce jour; mais je crois qu'il est bon de maintenir un jour fixe, quel qu'il soit. Nous savons que le Règlement ne sera pas toujours observé, mais cela ne fait rien.

Un Autre. — J'appuie également l'observation du citoyen M.chelis. Nous qui sommes en relations avec le Comité Exécutif, il faut que nous sachions que tel jour à telle heure le Comité se réunit. Je demande donc que l'on fixe un jour par mois : un jour par mois, ce n'est pas une affaire ! mais il faut que tout le monde soit prévenu.

Le Président. — La parole est au Rapporteur.

Citoyen Labroue, *rapporteur*. — Dans ces conditions, je crois que nous ferons l'unanimité en disant :

« Le Comité Exécutif se réunit en outre au moins
« une fois par mois, en séance plénière, sur convocation
« de son Président, de préférence le *mercredi*. »

Citoyen Michelis. — Il faut que l'on sache si c'est le premier, le deuxième ou le troisième mercredi du mois.

Le Président. — Sous le bénéfice de ces observations et avec la modification que vous venez d'entendre, je mets les conclusions de la Commission aux voix.

(*Adopté.*)

Citoyen Labroue, *rapporteur*. — Le même article 21 stipule (4e alinéa) :

« Des réunions supplémentaires peuvent avoir lieu,
« soit sur l'initiative du Bureau, soit sur décision de
« l'Assemblée plénière ordinaire, soit encore à la de-
« mande de vingt membres au moins du Comité Exé-
« cutif. »

Nous proposons de porter ce chiffre de vingt à cinquante. Le chiffre de vingt pouvait paraître suffisant quand le nombre des délégués était moins élevé qu'aujourd'hui. Ce nombre a sensiblement augmenté par l'adjonction de nouveaux membres, puisque maintenant il y a deux délégués à raison de 100,000 habitants, au lieu de 200,000 habitants comme jadis.

L'article 24 porte que le Bureau peut toujours en appeler d'une décision qui aurait été prise dans une séance comprenant moins de 150 membres présents : si le chiffre de 149 membres paraît trop faible pour prendre une décision irrévocable, le chiffre de 20 paraîtra trop faible pour provoquer une réunion du Comité Exécutif. Nous proposons donc d'élever de 20 à 50 le nombre des délégués nécessaire pour mettre en branle une réunion supplémentaire du Comité.

Le Président. — Quelqu'un demande-t-il la parole sur cet article ? Personne ne demandant la parole, je mets les conclusions de la Commission aux voix.

(*Adopté.*)

Citoyen Labroue, *rapporteur*. — L'article 23, dans son premier alinéa, dit :

« Un règlement spécial, dit « Règlement intérieur », « règle la procédure des séances. »

Ce règlement intérieur n'a jamais encore été publié; peut-être même son élaboration n'est-elle pas complètement mise au point. Nous vous demandons de décider que, conformément à cet article 23, ce règlement soit mis sur pied et qu'il soit publié dans un des prochains numéros de notre *Bulletin*.

Le Président. — Quelqu'un demande-t-il la parole ?... Personne ne demandant la parole, je mets aux voix les propositions de la Commission.

(*Adopté.*)

Citoyen Labroue, *rapporteur*. — Pour l'article 26, il s'agit simplement d'une clause de style; nous vous demandons de supprimer dans le texte le mot « absence » et de laisser subsister le mot « empêchement ».

(*Adopté.*)

Citoyen Labroue, *rapporteur*. — A l'article 33, simple modification de style. Nous proposons : « propager les idées et l'action du Parti ».

Les articles 40 et 41 concernent les tournées de conférences à faire par les parlementaires et autres membres du Parti. Nous ne proposons aucune modification, mais nous tenons à les rappeler, pour répondre aux vœux qui ont été formulés par les militants.

Nous demandons que le *Bulletin* publie le tableau des orateurs qui se sont fait inscrire pour se mettre à la disposition des Comités.

LE PRÉSIDENT. — Quelqu'un a-t-il une observation à présenter ?... Personne ne demande la parole ?... Je mets la proposition aux voix.

(*Adopté*).

Citoyen LABROUE, *rapporteur*. — L'article 44 dit :

« En cas d'infraction de la part de l'un des adhérents
« à ses devoirs envers le Parti et aux décisions du Co-
« mité Exécutif, celui-ci statue disciplinairement. »

Le mot « adhérent » a parfois prêté à l'équivoque. Des décisions contradictoires ont été prises, suivant qu'il s'agissait d'adhérents individuels ou d'adhérents collectifs. Nous vous proposons de définir ce que nous appelons un adhérent et nous vous proposons de modifier ainsi cet article :

« En cas d'infraction de la part d'un des adhérents,
« *individu, groupement* ou *journal...* »

Ainsi ces trois éléments pourront passer tour à tour devant la stricte juridiction du Parti, Commission de discipline, Comité Exécutif et Congrès.

LE PRÉSIDENT. — Quelqu'un demande-t-il la parole sur ces propositions ?... Personne ne demandant la parole, je mets les propositions aux voix.

(*Adopté*.)

Citoyen LABROUE, *rapporteur*. — L'article 62 porte :

« ...Il les désigne notamment au corps électoral par
« la mention « candidat du Parti Radical et Radical-
« Socialiste. »

Nous vous proposons de lire :

« Candidat du Parti Républicain Radical et Radical-
« Socialiste. »

Il arrive, en effet, que certains adversaires ont l'air d'opposer au Parti Radical et Radical-Socialiste le titre de « Parti Républicain » qu'ils prétendent monopoliser.

Le Président. — Quelqu'un a-t-il une observation à formuler ?... Personne ne demandant la parole, je mets la modification aux voix.

(*Adopté*).

Citoyen Labroue, *rapporteur*. — L'article 63 a été rédigé au temps où le scrutin d'arrondissement seul existait pour les élections législatives. C'est pourquoi il est parlé de candidat unique. Nous vous demandons de mettre dans le texte : « candidat unique ou liste unique. »

Le Président. — Personne ne demande la parole ? Je mets la proposition aux voix.

(*Adopté.*)

Citoyen Labroue, *rapporteur*. — L'article 68 dit que les parlementaires adhérents au Parti constitueront un groupe dans chaque chambre et ne pourront pas s'inscrire à un autre groupe. Cette règle primordiale a reçu son application presque entière en ce qui concerne la Chambre. Nous ne pouvons que remercier et féliciter les députés membres du Parti de veiller à ce que cet article soit observé.

Nous sommes obligés de constater, avec regret, que, pour le Sénat, il n'en a pas été ainsi. Nous savons les difficultés plus grandes auxquelles on peut se heurter au Sénat qu'à la Chambre ; nous nous entendons cependant rappeler chaque fois que l'occasion s'en présente, que cet article existe et nous insistons très loyalement auprès des sénateurs pour qu'ils en assurent l'application, sous une forme ou sous une autre ; nous leur faisons confiance pour pousser à la roue dans le sens de l'unification du Parti au Sénat. (*Applaudissements.*)

Le Président. — La parole est au citoyen Gavaudan.

Gavaudan. — Ce n'est pas sur le principe même de la proposition qui est faite que je demande la parole ; mais plus particulièrement sur des cas d'espèce. Non seulement le groupe n'a pas été constitué au Sénat, mais nous avons encore, inscrits sur les contrôles du Parti.

des parlementaires qui appartiennent à d'autres partis politiques organisés. (*Applaudissements.*) Ces parlementaires avaient été mis en demeure, par nos Congrès, d'avoir a opter entre un parti ou u.. autre. Quelques-uns préfèrent appartenir à plusieurs partis pour être plus sûrs de la réélection. Je suis sûr que le Congrès estimera qu'il convient de mettre un terme à cette politique de la chèvre et du chou.

Nous demandons donc que le Congrès se prononce de façon précise et formelle, et déclare nettement qu'un parlementaire ne pourra, en aucun cas, appartenir à un autre groupe que le groupe Radical et Radical-Socialiste, sous peine d'être radié des contrôles du Parti.

Nous avons le cas de M. Perchot, qui figure sur nos contrôles et qui est en même temps Vice-Président de l'Action démocratique et sociale. MM. Doumer et Klotz, qui sont dans un cas analogue, devraient opter. D'autres cas sont à examiner. Nous demandons que le Comité Exécutif, dans l'une de ses plus prochaines séances, mette les parlementaires en demeure de choisir le parit auquel ils veulent appartenir.

Un Congressiste. — Je suis de l'avis de Gavaudan, mais les personnes qu'il vient de citer appartiennent au Parti Radical : je suis d'avis de les radier dès maintenant.

Citoyen Gavaudan. — Vous en avez le droit. Voici ma motion :

« L'adhésion au Parti est exclusive de toute adhésion « à un autre parti... »

Le Président. — Le Congrès ne peut pas solutionner la question dans un sens autre que celui que vous indiquez, mais je rappelle au Congrès qu'il est uniquement question en ce moment de la rédaction des statuts. Nous ne pouvons pas greffer cette question de personnes, qui a son intérêt, sur une question de statuts.

Je crois que le mieux serait de renvoyer la question au Comité Exécutif, en le priant d'appliquer les statuts.

Docteur Levillain, *délégué du Calvados.* — Je croyais qu'on ne pouvait pas être affilié au parti Jonnart et représenter les Radicaux et Radicaux-Socialistes. Or, ce matin, en regardant le registre des contrôles, qui porte toutes les sociétés affiliées, je trouve le nom de l'Action Républicaine de l'arrondissement de Caen, groupement qui est fédéré au parti Jonnart et dont M. Chéron est vice-président. Je vous demande si, réellement, une association peut être affiliée chez nous et au parti Jonnart ?

Le Président. — Ce n'est pas possible.

Docteur Levillain. — Nous avons deux Fédérations dans le Calvados, notamment l'une qui est composée en majorité de réactionnaires et dont je viens de parler. Cette Fédération, qui n'a demandé son affiliation qu'en 1921, au mois de décembre, se trouve affiliée depuis 1921, avant qu'elle ait demandé son affiliation ! Voilà ce que j'ai vu sur les contrôles. Je demande qu'un pareil escamotage ne puisse pas se produire. Je ne fais pas de questions de personnes, mais, si j'accusais, vous seriez étonnés de ce que je pourrais vous dire...

Le Président. — Je ne peux pas vous laisser parler sur une question qui n'est pas à l'ordre du jour et qui n'a rien à voir avec ce que l'on discute en ce moment.

Docteur Levillain. — Je vous demande pardon !

Le Président. — Mais non ! C'est une question intéressante, je suis de votre avis. Si vous avez des questions qui intéressent les Républicains du Calvados, le Congrès sera heureux de les connaître et de tâcher de vous mettre d'accord, s'il y a lieu, mais, à l'heure actuelle, nous discutons les statuts.
Je donne la parole au citoyen Labroue, rapporteur.

Citoyen Michelis. — L'article, aux yeux de certains, est d'une rédaction insuffisante.

Docteur Levillain. — Je demande simplement que, dans le règlement, on prévoie les cas de ce genre. J'en ai parlé à la Commission, et les citoyens Bouffandeau et Labroue m'ont approuvé.

Le Président. — Il est entendu que la modification de l'article, qui peut donner lieu à discussion, est réservée. Mais il faut en finir avec le règlement. On ne peut pas, sur chaque article, laisser greffer des question qui intéressent les fédérations !

Citoyen LABROUE, *rapporteur*. — L'article 68 a pour objet l'organisation du Parti dans les deux Chambres ; ce n'est pas une innovation que nous proposons ; nous tenons à rappeler à tous les militants et parlementaires qui relèvent de notre Parti que cet article existe et qu'il faut veiller strictement à son application.

De même, pour l'article 71, nous ne vous demandons pas une innovation, mais nous tenons à vous rappeler la nécessité d'appliquer cet article 71, qui vise les finances du Parti. Vous savez que les ressources du Parti sont au nombre de cinq : la part des parlementaires, 200 francs ; l'adhésion des groupements et des journaux, moyennant 16 francs ; la carte de délégué au Comité Exécutif 20 francs ; la carte du Parti, 2 francs.

La carte du Parti n'existait pas jusqu'au Congrès de Pau ; depuis 1914, elle n'a été appliquée que d'une façon relative ; dans toute la France il n'y a que quelques milliers de cartes du Parti qui ont été prises depuis la fin de la guerre. Nous invitons les militants à adopter de plus en plus cette carte du Parti, pour que, de même que nous sommes un Parti national, nous ayons une carte nationale et que l'on puisse faire à coup sûr un recensement général, à travers tout le pays, de toutes les forces dont nous disposons. C'est aux Fédérations, aux groupements locaux, à trouver une combinaison entre la carte locale et la carte de Paris. Nous suggérons la méthode suivante : que les groupements locaux recueillent au fur et à mesure, les cotisations des adhérents ; qu'ils demandent, par l'intermédiaire de la Fédéraiton départementale, la carte centrale, et que celle-ci prenne, en sus du prix de la carte, un supplément qui ira dans sa caisse.

Citoyen Fernand LEFRANC. — La question de la carte avait été examinée à Tours. Sur les indications personnelles du citoyen Combes, j'ai rapporté cette question. Nous avions décidé la carte obligatoire. Si vous faites la carte facultative, je crains que l'année prochaine les résultats ne soient sensiblement les mêmes. Je crois donc, puisque vous reprenez l'étude de la question, que c'est dans le sens de l'obligation que nous devons nous prononcer, réserve faite des modalités.

Citoyen Labroue, *rapporteur*. — L'article 71 dit :

« La carte du Parti est obligatoire... »

Nous ne vous demandons pas de changer les termes de l'article ; nous vous rappelons simplement qu'il existe et nous vous demandons d'assurer son application.

Le Président. — La parole est au citoyen Castel.

Citoyen Castel. — Je suis déjà intervenu, à maintes reprises, dans les Congrès précédents et au sein du Comité Exécutif en ce qui concerne la carte du Parti et les cotisations. Au Congrès de Tours, j'ai fait adopter la cotisation de 200 francs pour les parlementaires. Pour la carte obligatoire du Parti, j'en suis, à une condition : c'est que la cotisation soit minime : 0 fr. 50 ou 1 franc au maximum. Si vous voulez que, comme dans le Parti Socialiste, nous ayons beaucoup d'adhérents, il faut mettre la cotisation à un taux très bas. Notre parti est un parti démocratique et nous devons chercher des adhérents dans le peuple; si vous mettez la carte à un prix trop élevé, vous n'en aurez pas.

Que se passe-t-il actuellement dans nos Fédérations ? Je puis vous citer un fait : je suis président de la Fédération de l'Aude, qui compte 1.000 adhérents ; on ne verse qu'un franc par adhérent. Si nous demandions une cotisation de 5 ou 10 francs, nous serions trois cents! Voilà la réalité. Si vous mettez le prix de la carte à 0 fr. 50, vous aurez des centaines de mille d'adhérents, mais si vous le laissez à 2 francs, vous n'en aurez que quelques milliers. (*Applaudissements.*)

Citoyen Bouffandeau, *Président de la Commission*. — La question financière est à l'étude. Je demande que l'on ne statue pas maintenant.

Le Président. — La Commission propose de renvoyer l'application stricte des articles 68 à 71 au bureau du Comité Exécutif.

Quelqu'un fait-il opposition à cette proposition ?... Personne ne demandant la parole, il en est ainsi décidé.

L'ordre du jour étant épuisé, la séance est levée ; la prochaine séance aura lieu cet après-midi à 14 h. 30 précises. On commencera par la question de la politique extérieure. Nous entendrons les citoyens Herriot et Franklin-Bouillon dans l'exposé de ce qu'ils ont fait.

(La séance est levée à 12 heures.)

# TROISIEME SEANCE

## Vendredi 17 Novembre, après-midi.

La séance est ouverte à 14 heures 30, par le citoyen Douzet, secrétaire général du Comité.

Citoyen DOUZET. — Citoyens, la séance est ouverte. Nous avons l'honneur de vous proposer, pour présider cette séance, le citoyen Franklin-Bouillon (*Vifs applaudissements*), et comme assesseurs, les citoyens Schrameck, sénateur, Guichard, député du Vaucluse, Archimbaud, député de la Drôme, Girard, député des Bouches-du-Rhône, Ulysse Fabre, conseiller général du Vaucluse.

Je mets les noms de ces citoyens aux voix.

(*Les noms proposés sont acceptés à l'unanimité*).

Je prie les élus de prendre place au Bureau.

(*Le citoyen Franklin-Bouillon prend place au Bureau avec ses assesseurs*).

## DISCOURS du citoyen FRANKLIN-BOUILLON

*Mes chers Amis,*

Le Président devrait se borner à donner la parole aux autres. Mais voici trois ans que j'ai été dans l'impossibilité de prendre part à vos travaux : nos amis insistent pour que je leur donne mon avis sur la situation; je le ferai avec la volonté d'être aussi bref que possible. Après tout c'est bien dans un Congrès comme celui-ci que nous avons le devoir d'échanger nos explications, je dirais volontiers nos confidences.

Certains ont paru surpris que je me sois complètement retiré de ce que l'on est convenu d'appeler la lutte politique. Je l'ai fait par un sentiment que vous comprenez tous. A l'heure où se décidaient les destinées de notre pays à la Conférence de la Paix, j'ai eu le détestable privilège de jouer le rôle de Cassandre. C'est en vain que, pendant le cours de 1919, j'ai dénoncé le péril et montré l'abîme de difficultés où l'on entraînait la France et le monde. Personne n'a voulu me croire. Je ne pouvais rien de plus que sacrifier mon siège, dans un dernier effort, pour affirmer la vérité autour de moi. Cela fait, l'homme politique qui avait mené cette bataille, n'avait qu'une attitude à prendre : garder le silence jusqu'à ce que les événemenst aient parlé pour lui (*Applaudissements*).

Ils m'ont forcé à sortir de ma retraite, plus tôt même que je n'y comptais. A la demande du Gouvernement, j'ai dû partir en Asie Mineure où, depuis deux années, fidèle à notre idéal commun, j'ai essayé de mon mieux de défendre les intérêts de la France. L'accueil que vous me faites à mon retour est la meilleure récom-pense que puisse ambitionner un homme politique (*Applaudissements*).

Il y a trois ans, lors des élections législatives, la France, systématiquement trompée par la campagne de calomnies et d'argent, organisée par le ministère Clémenceau, s'est jetée nettement à droite. Aujourd'hui, il suffit que la vérité commence à être connue : d'instinct le pays se tourne vers la gauche. Il sent le crime qui a été commis lorsqu'on a étouffé la voix des partis démocratiques. Il n'a plus qu'un espoir et qu'une volonté : chasser ceux qui l'ont trompé et dont il peut déjà juger l'œuvre (*Applaudissements*).

Partout on recueille la même impression : les fautes, l'incapacité des partis qui nous ont combattus sont dès maintenant publiquement reconnues. Pour mettre fin au gâchis où nous nous débattons on attend, on exige que les partis de gauche reprennent le pouvoir et redonnent à la France sa véritable figure dans le monde (*Applaudissements*).

Voilà quelle est la volonté certaine des masses populaires. Ce n'est pas dire que demain les radicaux-socialistes entendent prendre seuls le fardeau du pouvoir. La tâche sera si lourde, les difficultés si redoutables, que ce ne sera pas trop de l'union de tous les hommes de gauche pour aboutir. Mais entre les forces de réaction qui, en 1919, ont mis la main sur le pays et les forces démocratiques dont notre parti forme le centre et la majorité, le choix du pays est fait (*Applaudissements*).

Sans doute c'est un honneur pour notre parti que

d'éveiller de telles espérances : je sais que vous, militants, vous êtes surtout préoccupés des graves responsabilités que comporte une telle situation. En vérité, jamais parti n'en assumera de plus redoutables. C'est, en effet, à une véritable faillite de la politique clémenciste que nous assistons. Et nous en serons forcément les syndics. C'est cette tâche qu'il nous faudra courageusement accepter. De cette faillite, dès à présent, nous avons le devoir de dresser le bilan.

Je ne reviendrai pas en détail sur les fautes du passé. Je ne peux oublier d'ailleurs que mes reproches s'adresseraient aux chefs bien plus qu'aux soldats. Nos militants, aux heures les plus mauvaises, n'ont jamais connu le découragement et se sont montré résolus à tout sacrifier pour le triomphe de nos idées. C'est une joie pour moi de constater qu'une fois de plus leur volonté avisée s'affirme dans le choix qu'ils ont fait de notre ami Herriot comme président (*Applaudissements*).

Il ne faut pas cesser de le répéter, les élections de 1919, par la volonté du gouvernement clémenciste, ont abouti à une véritable escroquerie électorale. Un régime de censure impitoyable avait maintenu la masse dans l'ignorance absolue de la vérité. On a organisé le mensonge pour faire naître la peur. Sous prétexte de créer un grand courant national, on a favorisé les pires alliances contre la République ; et l'on a fait élire, enfin, à coups de millions, la Chambre du soi-disant Bloc National, la Chambre la plus réactionnaire que le régime ait connue.

Le chef responsable de cette belle opération en attendait d'ailleurs un profit personnel : la présidence de la République où, pendant sept années, il eût pu assurer le pouvoir à ses domestiques et continuer son œuvre néfaste.

Tant que le pays ne sentira pas à quel point il a été grossièrement dupé par les profiteurs clémencistes, tant qu'il n'aura pas réduit à l'impuissance ce qui en reste associé à la droite, tant qu'il n'aura pas renoncé à leurs méthodes, aucun changement ne peut intervenir dans la marche de ses affaires.

En cela comme en tout, ce qui s'impose d'abord, c'est de faire faire à notre pays une « cure » de vérité (*Applaudissements*).

Jetons un regard en arrière : politique intérieure, politique financière, politique extérieure ; pendant des années nous avons vécu sous le régime du mensonge.

Politique intérieure ? C'est le mensonge de « l'Union Sacrée », Union de tous, sans distinction de parti pour le relèvement de la patrie : c'était la doctrine que l'on affichait en toutes circonstances; Idée admirable, mais qu'en a-t-on fait ?

Jamais nous n'avons assisté à une lutte plus acharnée des partis de réaction contre les idées et les hommes de gauche, qui, avec une loyauté absolue, avaient accepté de se prêter à cette expérience. Après avoir essayé de les faire disparaître aux élections, on n'a cessé de les traquer depuis la victoire réactionnaire. Des honnêtes gens peuvent être dupes une fois. Nous ne le serons plus jamais (*Applaudissements* ).

Politique financière ? Lorsqu'ils ont commis ce crime contre la France, qui s'appelle le traité de Versailles; que répétaient chaque jour à la Chambre nos gouvernants ? « le Boche payera ! » Lisez aujourd'hui le rapport Renard : ils nous ont laissé accablés de charges si effroyables que personne ne sait comment nous y ferons face : aucune réparation de l'ennemi; maintien de toutes nos dettes vis-à-vis de nos alliés; le pays écrasé d'impôts, qui seront certainement augmentés demain. Voilà leurs promesses ! voilà les résultats !

Politique extérieure ? Que nous avait-on solennellement affirmé : « soyez sans inquiétude ; nous avons pour toujours assuré l'avenir de la France ; nous avons obtenu de nos alliés des pactes de garantie ; l'Angleterre, l'Amérique, défendront nos frontières contre toute attaque future. »

Regardez autour de vous : où sont nos garanties ? Où sont nos alliés ? Voilà les effets de la politique du mensonge (*Applaudissements*).

Le pays se réveille maintenant de son engourdissement; il cherche avec angoisse les causes du malaise général; il s'efforce de trouver le remède. Quel doit être notre rôle dans ces circonstances ? Je l'ai déjà dit : Nous sommes, nous serons fatalement les syndics de la faillite du Bloc National. Nos adversaires n'ont qu'une pensée : vivre par des moyens de fortune jusqu'aux élections prochaines, en dissimulant le mieux possible les conséquences de leur politique. Cette tactique nous dicte la nôtre. Etablir clairement leurs responsabilités ; montrer les suites nécessaires de leurs actes ; indiquer dès maintenant les charges nouvelles qui en résulteront pour la France : c'est sur ces points que doit porter tout l'effort de notre propagande d'ici 1924. Sans cela, après avoir été victimes de la duperie clémenciste, il y a quatre ans, nous hériterions, dans la prochaine législature, du discrédit du Bloc National, lorsqu'il nous faudra prendre les mesures indispensables pour réparer ses fautes (*Applaudissements*).

Allons donc hardiment au pays, disons lui toute la vérité sur les erreurs du passé et sur les nécessités de l'avenir. La tâche sera pénible : raison de plus pour commencer sans retard.

Au point de vue financier, par exemple, comment ne pas reconnaître que la France, qui a donné de si merveilleux exemples de courage militaire, n'a jamais eu le courage fiscal ? (*Applaudissements*).

Et, cependant, lorsqu'on sera arrivé, d'expédients en expédients, à l'impossibilité d'équilibrer le budget, on ne pourra plus reculer devant les moyens héroïques. A l'heure actuelle, un homme politique, digne de ce nom, ne peut tenir à l'électeur qu'un langage : « C'est en vain que tu attends l'aide de tes alliés ; c'est en vain que tu attends les milliards que te doit l'ennemi. Pour le moment, tout au moins, tu ne peux compter que sur toi-même. Fais face à l'adversité. Sans doute tu ne l'as pas méritée, sauf par ton excès de confiance dans des chefs indignes. Mais le fait est là : Tu es condamné à des sacrifices presque aussi grands que ceux que tu as consentis pendant la guerre. C'est seulement lorsque tu auras donné au monde l'impression que tu ne comptes que sur toi-même que tu verras revenir tes alliés et céder tes ennemis ».

Quiconque tient un autre langage, je ne crains pas de le dire, est un aveugle ou un malhonnête homme. (*Applaudissements*).

La tactique qui s'impose à nous en matière financière me parait plus nécessaire encore en ce qui regarde les affaires extérieures. Je n'ai pas le droit de vous entretenir des événements auxquels j'ai été mêlé depuis deux années comme plénipotentiaire. Mais examinons un instant la situation générale. Là encore nous avons constamment vécu dans le mensonge.

Dès la fin des hostilités nos alliances ont, en réalité, cessé de jouer. Nos gouvernants, où occupés à ruser avec le Parlement et l'opinion publique, n'ont su ni rétablir la situation première, ni adopter une politique nouvelle. Vous savez quels ont été mes efforts pendant la guerre pour fortifier les relations entre les alliés. Je n'en suis que plus à mon aise pour déclarer que, depuis l'armistice, nos associés n'ont, autant dire, rien fait de ce que nous étions en droit d'attendre. Dans chaque pays, l'égoïsme national a repris son cours et paralysé l'action commune qui, seule, pouvait remédier dans une certaine mesure aux défauts d'un mauvais traité.

Est-ce à dire que nos alliés sont seuls à blâmer ? J'entends répéter à chaque instant : l'Angleterre nous a trahis, l'Amérique nous a abandonnés, l'Italie eût dû agir autrement. Ayons donc le courage de reconnaître nos torts. Nous ne pouvons nous en prendre qu'à nous-mêmes. Quand les représentants alliés ont été envoyés à Versailles sont-ce leurs intérêts où les nôtres qu'ils avaient mission de défendre ? Pourquoi avons-nous choisi des négociateurs incapables ? Quand on a montré au Parlement et à l'opinion publique l'abîme où ils nous entraînaient, pourquoi les avons-nous acclamés et suivis? De quel droit rejetons-nous donc sur nos alliés les fautes de nos représentants ? (*Applaudissements*).

Les coupables, ce sont d'abord nos hommes politiques qui ont saboté notre victoire. Au lieu de les chasser, nous les avons triomphalement réélus. Bien mieux, dans la Chambre actuelle, ce sont les responsables du traité que l'on écoute, que l'on applaudit, lorsqu'ils attaquent les hommes qui tentent aujourd'hui de réparer leurs méfaits. Voilà ce qu'il faut avoir la franchise de répéter sans cesse au pays. (*Applaudissements*).

Comme je l'ai toujours fait, j'ai prêché d'exemple. Je n'ai ni regrets ni rancunes ; seulement une profonde tristesse de voir que les événements m'ont trop donné raison. Mais ma conviction s'affermit chaque jour : il n'y a de salut pour nous que dans la vérité. Ayons la claire vision et la décision du chirurgien : l'abcès sera vite guéri.

Les hommes d'action ignorent le pessimisme. Oui,

nous sommes seuls aujourd'hui; nous n'avons que la justice de notre cause. Cela suffit si nous savons vouloir. Ne faisons fond que sur nous-mêmes : les autres viendront par surcroît.

Je le disais à la Chambre à l'heure où j'avais tout mon parti, tout le parlement contre moi : c'est le sang de notre race qui a sauvé le monde ; c'est encore notre esprit qui dirigera le monde. (*Applaudissements répétés*).

Messieurs, la France a un privilège incomparable : elle ne peut rien demander pour elle qui ne soit un profit pour l'humanité tout entière. Nous sommes la nation dont la politique est la plus complètement désintéressée. Ce que nous voulons — la paix par la justice — les autres en ont besoin plus que nous encore. Il nous suffira donc, même seuls, de travailler à réaliser notre idéal pour voir bientôt les nations libres se ranger autour de nous.

Voyez ce qui s'est passé en Orient.

Il y a deux ans, l'Europe, sous l'inspiration des hommes de Versailles, s'était lancée, dans une politique de répression et d'injustice, qui mettait l'Asie Mineure à feu et à sang.

Un jour, la France a pris l'initiative de conclure là-bas une paix de justice. Pendant de longs mois, nous avons été calomniés, combattus même par certains de nos alliés. Nous avons persévéré et c'est grâce à cette politique qu'hier, à Moudania, nous avons évité une guerre nouvelle à l'Europe. Et demain, à Lausanne — si le gouvernement ne gâche pas l'œuvre commencée — ce sont nos directives qui vont s'imposer à nos alliés enfin convaincus par l'évidence.

Voyez la Russie. Pendant des années, les alliés, par une politique imbécile — à la fois faible et brutale — ont systématiquement développé l'anarchie sous prétexte de combattre le bolchevisme. Vous et moi, nous sommes des antibolchevistes de tempérament et de raison, précisément parce que nous sommes des républicains. Mais nous savons reconnaître les faits. Nous savons qu'en négligeant le facteur russe, nous compliquons à plaisir tous les problèmes de l'Europe et de l'Orient. Nos gouvernants ont passé cinq années à ligoter fortement dans leurs ficelles, cet empire de 180 millions d'hommes, à endiguer solidement l'Océan avec des tas de sable. Résultat : La révolution a tout balayé en Russie et nous l'avons jetée dans les bras de nos ennemis.

Un jour Herriot s'est décidé à faire là-bas une enquête personnelle, pour essayer d'enrayer le mal. Sans doute il n'a jamais pensé faire des miracles ni réparer en deux mois les fautes de cinq années — sans parler ·des fautes antérieures. Mais il a suffi que lui et Daladier aillent sur place prendre contact avec les hommes et les choses, pour qu'apparaissent des possibilités qu'aucun autre système ne permettait d'entrevoir.

N'était que le Bloc National est tenu par ses engagements électoraux, la reprise des relations économiques avec la Russie serait immédiatement amorcée par le gouvernement qui en reconnaît la nécessité. Mais comment espérer que la Chambre du « couteau entre les dents » s'inflige ce désaveu ? Quoi qu'il en soit, soyez certains que là encore, la raison finira par avoir raison, et que nos conceptions s'imposeront à tous. (*Applaudissements*).

Je vois autour de moi des nouveaux venus dont je salue avec joie l'entrée dans notre parti. C'est à eux surtout que je voudrais donner, malgré les difficultés terribles de l'heure actuelle, l'impression de ma confiance absolue dans les destinées de notre patrie. Seulement, il faut que chacun se mette au travail et s'y donne de tout cœur. Aux jeunes qui m'écoutent, je ne cesserai de répéter : « Jetez-vous dans les luttes politiques ; c'est le premier de vos devoirs. Mais que ce soit pour défendre un idéal et non pour recueillir des profits. Si vous n'avez pas cette conception que la politique est la forme la plus haute de l'activité humaine, allez-vous en : nous n'avons pas besoin de vous. Par contre, dites-vous que votre effort, si humble soit-il, s'il est désintéressé, ennoblira votre vie entière : selon la formule du philosophe grec, vous participerez de la gloire et de l'éternité de votre patrie. (*Vifs applaudissements*).

Surtout fuyez les illusions. Les hommes du traité de Versailles que j'appelle des malfaiteurs publics (*applaudissements*), ces hommes ont empoisonné la vie de notre génération. Ni vous ni moi nous ne reverrons plus le monde tel que nous l'avons connu : l'avenir que nous avions rêvé, il nous faut y renoncer définitivement.

L'œuvre qui nous incombe est trop lourde : toute notre énergie, tout notre cerveau, toute notre vie devront être consacrés à réparer les fautes d'hier. Qu'importe! Venez! Attelez-vous à la tâche. Sachez, d'ailleurs, qu'à l'heure présente, en raison même de la lassitude, du découragement général, l'effort individuel peut tout.

Vous rappellerai-je deux exemples récents. Regardez l'Italie. Je ne veux ni louer ni critiquer le fascisme: ce n'est ni le lieu ni le moment de le faire. Une chose est certaine : un homme, par son seul effort, a transformé en six mois une nation et imposé sa volonté à 40 millions d'hommes qui ne savaient plus vouloir. Voilà la leçon profonde du fascisme. (*Applaudissements*).

Regardez maintenant l'Orient. Il y a deux ans, les grandes puissances s'étaient entendues pour effacer la Turquie de la carte d'Europe. Un homme s'est dressé tout seul pour en appeler; un homme — vous verrez si mon jugement se vérifie — tel qu'il n'en est pas apparu de plus grand par l'énergie et le caractère depuis notre révolution.

Sans argent, sans appuis, sans autre chose que sa foi dans les destinées de sa race, combattu, en Turquie même par toutes les forces traditionnelles, Mustapha Kemal a tenté et réalisé l'impossible. En deux années d'efforts, il a organisé un parlement, une administration, une armée, livré dix batailles, écrasé les Grecs soutenus par l'Angleterre. Bref, par sa seule action, il a recréé une nation de cinq millions d'hommes et est devenu le chef moral de deux cent millions de musulmans. Voilà ce que fait un homme quand il veut. (*Vifs applaudissements*).

Mais qu'ai-je besoin de chercher des exemples hors de France ?

Rappelez-vous quelle était notre situation à la veille de la guerre. Si l'on n'avait considéré que les forces en présence au début de la guerre, si l'on n'avait raisonné que sur les probabilités logiques, qui donc eût parié pour notre victoire ? Mais nous avions la volonté de vaincre, la résolution de tout sacrifier pour arriver à la victoire, parce qu'il s'agissait pour nous de vivre libres ou de disparaître. C'est notre volonté qui a rallié les nations libres autour de nous et soutenu nos forces jusqu'au triomphe final. (*Applaudissements*).

Oui, mes jeunes amis, votre tâche est immense. Mais il n'en est aucune qui soit plus noble, aucune où vos énergies puissent mieux se développer.

Au cours des années qui vont suivre, peut-être aurez-vous plus d'inquiétudes que de joies. Soyez confiants à la pensée que les autres nations auront à surmonter des difficultés au moins aussi grandes que les nôtres sans disposer des ressources de notre race. Soyez forts à la pensée que les peuples, malgré les critiques qu'ils peuvent nous adresser, sentent que nous personnifions l'esprit de justice et de paix ; savent qu'ils ne peuvent se passer de l'effort de la France républicaine, et ne comptent au fond que sur elle pour remettre de l'ordre dans le monde.

Allez à votre tâche avec la sérénité, j'allais dire avec le stoïcisme d'hommes trop fiers pour récriminer, trop courageux pour hésiter.

Je sais que vous serez à la hauteur de votre destin. (*Double salve d'applaudissements*).

## RAPPORT
## SUR LA POLITIQUE ETRANGERE

Le Président. — La parole est au citoyen Ripault, au nom de la Commission de la Politique Extérieure.

Citoyen Ripault, *rapporteur*. — Citoyens, j'ai, tout d'abord, une tâche infiniment agréable à remplir, c'est d'adresser, au nom de la Commission des Affaires Extérieures et du Congrès et selon le vœu qui en a été exprimé par la Fédération de la Seine, nos remerciements...

Le Président. — Je vous demande pardon de vous interrompre, mais vous voyez ce que c'est que d'avoir perdu l'habitude de présider un bureau : il paraît que c'est notre camarade Herriot qui devait parler le premier...

Citoyen Herriot. — Je ne crois pas.

Voix nombreuses. — Herriot ! Herriot !

Le Président. — En présence du refus du camarade Herriot de parler maintenant, nous redonnons la parole au citoyen Ripault.

Citoyen HERRIOT. — Je crois que, pour le bon ordre des exposés auxquels vous vous attendez et pour qu'ils aient toute leur valeur, il faut qu'après le remarquable discours de mon ami Franklin-Bouillon, que j'ai été heureux d'applaudir, Ripault fasse l'exposé général de la Commission des Affaires Extérieures ; ensuite, si vous le permettez, comme j'ai un point particulier à traiter, je monterai à la tribune et je dirai ce que je pense de la question. (*Assentiment général.*)

LE PRÉSIDENT. — La parole est donc au citoyen Ripault.

Citoyen RIPAULT, *rapporteur*. — Je suis maintenant un peu gêné pour prendre la parole et je m'excuse de vous infliger un rapport dont vous paraissez peu vous soucier... (*Protestations*)... mais enfin, puisque vos protestations m'assurent d'avance que j'aurai l'absolution, je vous promets d'être bref.

Je rappelais, il y a une minute, qu'au retour de nos amis Herriot et Franklin-Bouillon des missions respectives qu'ils s'étaient données eux-mêmes, la Fédération de la Seine avait salué, dans un ordre du jour, le retour des pélerins de la Justice et du Droit ; je les salue comme les évocateurs de la cause que nous soutenons.

Aujourd'hui, je suis obligé d'appeler votre attention sur l'ensemble de la politique extérieure à la veille de la conférence de Lausanne.

Tout-à-l'heure, Franklin-Bouillon, dans son discours tout inspiré des mouvements de son âme généreuse, est revenu, en plusieurs endroits, sur cette idée générale : c'est la cause de la Justice et de la Paix que nous soutenons, nous, Radicaux et Radicaux-Socialistes. Dans un Congrès de ce genre, nous pouvons souligner la position spéciale que nous avons prise depuis de longues années et qui fait que ce Parti a toujours été celui qui, de toutes manières, de toutes façons, a lancé, d'abord en France et ensuite dans le monde, l'idée de la Société des Nations. C'est notre Président d'Honneur, M. Léon Bourgeois, notre premier délégué à la première conférence de la Haye, qui a rendu populaire l'idée de l'arbitrage entre nations et qui, au moment du conflit général en Europe, malgré que les nuées fussent répandues sur le monde, malgré tout et malgré tous, a continué à publier l'idée généreuse.

Aujourd'hui, et par la faute de ce traité de Versailles, à l'égard duquel Franklin-Bouillon est, à juste titre, si sévère, nous avons le regret de constater que la Société des Nations, malgré les services incontestables qu'elle a rendus à la cause de la paix générale, malgré les services éclatants et tout récents qu'elle a rendus dans l'affaire de la Haute-Silésie, ne joue pas complètement son rôle. C'est, d'abord et avant tout, parce qu'il y a une grande puissance mondiale dont la place reste vacante : j'entends parler des Etats-Unis.

Nous avons été de ceux qui, avec le maximum d'énergie, ont soutenu l'adhésion de l'Amérique à la Société des Nations et de celui qui avait été le missionnaire, dans la Société des Nations, des idées qui nous sont chères, M. Wilson. Nous avons assisté avec une sorte de tristesse à la campagne qui est partie de France, organisée par les partis de la droite réactionnaire contre le président Wilson, parce qu'il soutenait la Société des Nations. Nous avons vu avec regret que les idées publiées en France par la presse réactionnaire ont été reprises en Amérique et que celui qui avait été là-bas pour soutenir, suivant le principe de la Société des Nations, un pacte de garantie et d'alliance entre la France et l'Amérique, a été combattu d'abord chez nous par les spécialistes du nationalisme intégral !... Honorons l'homme, le citoyen chef d'une grande nation de 120 millions d'habitants, qui venait dire à son pays : grâce à ton action, grâce à ton énergie, à tes traditions encore jeunes, à ta volonté de moderniser les principes du premier président de la République américaine, qui souhaitait que l'Amérique ne se mêlât à aucune des questions européennes, tu as su prendre toutes tes responsabilités : je te supplie de ne pas démentir ton action de guerre, celle qui s'est déroulée de 1917 jusqu'à la fin de 1918. Je te supplie de rester présent en Europe, parce que si tu t'absentes, si ta place reste vide au Conseil de la Société des Nations, tout reste sujet à discussion, la paix redevient précaire, et de nouveau nous assisterons à une convulsion qui sera contraire aux intérêts de l'Europe et de l'Amérique. » Cet homme a été terriblement combattu, chez nous par les réactionnaires, dans son pays par les partis adversaires des démocrates.

Nous avons assisté à ce spectacle d'un président de la République venant dans un meeting énorme, publier la vérité, dire à ce pays : « Si tu ne signes pas ce pacte de garantie, si tu ne souscris pas à ce fameux article 10, si ta garantie de peuple jeune et énergique n'est pas derrière les vieilles et les jeunes puissances de l'Europe, tout est sujet à discussion, tout est précaire. » Et cet homme a été abattu.

Chez nous, les partis de droite ont fait cette mauvaise besogne : nous récoltons aujourd'hui les fruits amers de cette politique.

Maintenant, à l'heure où nous assistons à une sorte d'éveil du sentiment républicain, où le parti démocratique semble reprendre un peu de sa faveur auprès des masses, de sa puissance d'action, nous sommes en droit de dire, sans enfler la voix, au peuple américain : « Puisque tu as compris que tu avais des droits et des devoirs pendant la guerre, il dépend de toi de prendre ta place dans la société mondiale et de ne pas te contenter de cette position un peu réduite que semblent avoir prise les hommes que dirigent le parti républicain américain. Alors qu'il s'agit d'action, ne mettre dans la Société des Nations que des observateurs, il y a là un procédé égoïste, contraire aux intérêts de la démocratie américaine et contraire aux intérêts du monde entier.

Il y a donc là une œuvre de propagande extrêmement intéressante pour nous à faire. Un des plus jeunes membres de la Commission, le citoyen Kaiser, dans un ordre du jour que je ne rapporte pas, mais dont je donne le sens, souhaite que le Comité Exécutif, dans les mois qui vont suivre ce Congrès, fasse un large appel à tous les peuples du monde et publie ce qui est l'essentiel de nos observations en faveur de la Paix : nous le ferons, c'est une affaire entendue.

Si la Société des Nations ne joue pas complètement son rôle, c'est, d'autre part, qu'entre les Alliés eux-mêmes il y a certaines difficultés. Tout-à-l'heure, Franklin-Bouillon, avec énergie et discrétion, a attiré votre attention sur les rapports franco-britannique. Nous, Radicaux et Radicaux-Socialistes, nous sommes de ceux, entre tous les partis, qui, très énergiquement, à une époque très difficile dans l'histoire de la politique extérieure du Pays, ont pris leurs responsabilités. C'est un de nos hommes qui, à un moment où il semblait que la France et l'Angleterre allaient entrer en conflit, à propos d'une question coloniale, à Fachoda, a dit la vérité. Il a dit : « Voyons ! est-ce que le moment n'est pas venu de mettre le point final à cette longue rivalité franco-anglaise qui, sur tous les points du monde, a établi entre la France et l'Angleterre des rapports extrêmement douloureux ? Est-ce que le moment ne serait pas venu d'examiner les causes de nos difficultés, de rechercher le mal dont nous souffrons et de chercher le remède ?

Et alors, par une politique infiniment sage, qui a été dirigée chez nous par Delcassé et Loubet, et en Angleterre par Edouard VII et, en même temps, par un homme qui appartenait à ce moment-là au Parti Conservateur, Bonar Law; de chaque côté de la Manche l'ensemble de nos difficultés ont été examinées avec la volonté sincère de les réduire. La convention de 1904 a établi l'Entente. Si bien qu'à ce moment, en 1904, c'est-à-dire il y a bientôt vingt ans, nous avons examiné avec l'Angleterre tous les points litigieux qui séparaient nos deux pays et nous avons mis fin à une rivalité qui depuis trois cents ans divisaient ces deux pays. Depuis, l'Angleterre, pendant vingt ans, a joué complètement son rôle. Si vous vous rappelez les incidents qui, de 1905 à 1914, ont bouleversé la France, vous vous rendrez compte que les hommes du Parti Radical qui soutenaient cette politique ont rendu au Pays le plus remarquable service et que, malgré tout ce que l'on peut dire de l'Angleterre, malgré la différence des tempéraments, au jour de l'épreuve, c'est-à-dire au jour où notre Pays joua sa destinée et sa vie, cette politique a été confirmée par les résultats : L'Angleterre a été présente sur les champs de bataille et si aujourd'hui nous pouvons discuter les affaires extérieures de la France, c'est qu'à l'instant voulu les deux pays ont su unir leurs destinées pour sauver la liberté et pour sauver le monde. (*Vifs applaudissements.*)

Cette histoire, nous ne pouvons pas l'oublier : elle est trop fraîche, elle est trop récente : il y a 700,000 cadavres anglais sur le territoire français, qui sont là pour affirmer la solidarité des deux peuples. Cette solidarité est nécessaire si on veut que la paix donne des résultats.

Depuis un certain nombre de mois, il est courant de parler des difficultés anglo-françaises et vous avez pu voir, la semaine dernière encore, que nous avons couru le plus formidable des dangers, qu'il y avait une tension franco-britannique : on se demandait si l'entente n'allait pas crouler et, dans tous les discours prononcés par les hommes d'Etat français et britanniques, chacun s'élevait contre cette catastrophe, disant : « Si l'entente est rompue, c'est le chaos ! »

Nous, parti Radical et Radical-Socialiste, nous élevant au-dessus des incidents momentanés, nous faisons un appel solennel aux hommes politiques britanniques et nous leur disons ce que nous sommes, ce dont nous souffrons. Nous faisons remarquer que, chez nous, il y a un problème excessivement grave, le problème des réparations, que si ce problème est devenu aussi grave, c'est que cette solidarité franco-britannique, qui a sauvé le monde, s'est effilochée, parce que, sur certains problèmes, comme le problème d'Orient, le contact n'a pas été maintenu ; on n'a pas établi la communauté de vues pour avoir la cohésion nécessaire, pour établir en Orient, c'est-à-dire dans le monde entier, la paix nécessaire qui resterait digne de la Grande-Bretagne et de la France.

Je vous soumettrai tout-à-l'heure l'appel de la Commission des Affaires Extérieures. Pour la question d'Orient, nous sommes d'accord avec les directives qui ont été tracées par notre ancien président, le citoyen Franklin-Bouillon ; nous lui sommes reconnaissants de l'autorité extraordinaire qu'il a acquise en Orient et qui a fait qu'un jour, au moment d'une sorte de catastrophe, cet homme parût, usant des relations et des garanties qu'il avait pu obtenir, en Orient, et qu'à sa voix — j'allais dire à son commandement — la guerre fut enchaînée, rendant ainsi un service éclatant à la cause de l'Humanité ! (*Applaudissements.*)

Franklin-Bouillon vous disait tout-à-l'heure qu'il y a un certain nombre de difficultés à résoudre. Nous n'oublions pas, nous, vieille puissance française, que nous avons beaucoup d'intérêts à sauvegarder en Orient ; nous voulons que la Turquie reprenne sa place, mais nous redoutons, en même temps — pourquoi ne le dirions-nous pas ? — que des hommes puissants d'esprit, géniaux quelquefois, ne soient débordés et que, malgré leurs efforts, il ne se forme un courant xénophobe qui vienne menacer les destinées de la France, simplement parce qu'elles sont étrangères. Il y aura là des précautions à prendre, mais d'accord avec nos amis et alliés.

Nous avons contre la Grèce de Constantin un sentiment d'hostilité que nous n'avons pas à cacher. Toutefois nous n'oublierons pas qu'au dernier quart d'heure de la guerre, Venizelos est intervenu et a empêché que la trahison complète de Constantin ne se terminât par ce que vous savez.

Pour la question d'Orient, Franklin-Bouillon nous donnera, tout-à-l'heure, ses conclusions.

A l'égard de la Russie, nous avons été un parti qui a dit au gouvernement : nous ne comprenons pas la politique que vous suivez ! Il y a là un gouvernement révolutionnaire dont nous réprouvons les erreurs, mais nous ne croyons pas qu'il soit de bonne politique de maintenir dans l'isolement deux puissances : une puissance vaincue, l'Allemagne, et une puissance alliée, la Russie. Il y a un principe qui est toujours le même, c'est que lorsque, devant l'ensemble des nations, vous maintenez deux nations isolées, ces deux nations, forcément, instinctivement, s'efforcent de se rencontrer, et lorsqu'à Gênes vous apprenez qu'un traité de Rapallo a été passé entre le Reich et la puissance des Soviets, lorsque vous assistez a une sorte de renouveau de la politique qui a illustré Frédéric II et la grande Catherine, vous n'avez à vous en prendre qu'à vous-mêmes. C'est cependant grâce au service immense rendu, non pas par le gouvernement des Soviets mais par le peuple russe, qui a laissé cinq millions d'hommes sur les champs de bataille, que la France a pu tenir le coup. Stupidement, par la politique du cordon sanitaire ou du fil de fer barbelé, vous avez poussé un instant la Russie dans les bras de l'Allemagne. De nouveau, vous avez fait courir à la Paix un danger énorme.

Si donc un homme de notre Parti s'en va là-bas, avec sa seule autorité et l'autorité que lui donne ce Parti, pour se renseigner et venir conclure ensuite : une faute énorme a été commise. Pendant que vous restiez derrière votre cordon sanitaire, voilà ce qui se passait en Russie! Voilà la position prise par nos adversaires ! Suivez et soutenez cet homme. Ménagez-lui toutes les occasions de soutenir dans ce pays ce que nous appelons la cause de la Justice et en même temps la cause de la Vérité. Persuadez ce pays que c'est le Parti Radical et Radical-Socialiste qui a soutenu les intérêts de la France et qui les a encore une ~ois sauvés ! (*Vifs applauaissements*).

Ma conclusion ? Je vous l'apporte, non pas précisément par mon rapport, mais par le manifeste qui a été rédigé par la Commission des Affaires extérieures et qui est ainsi conçu :

*A nos amis Britanniques,*

*Au moment où de nouveaux problèmes exigent la collaboration étroite de la démocratie française et de la démocratie britannique, nous déclarons rester fidèles aux principes et à la politique qui, inaugurée par l'un des nôtres, il y a vingt ans, et soutenue sans défaillance par notre parti, a montré toute sa valeur dans la terrible épreuve de 1914 à 1918.*

*Ensemble, nos deux nations ont joué leur destinée. Ensemble, elles ont sauvé leur liberté.*

*Nous ne l'oublierons jamais.*

*Aujourd'hui il reste à vaincre des difficultés communes.*

*Elles ne peuvent l'être que par l'accord permanent de nos deux démocraties.*

*Sanctions, réparations, garanties, avions-nous dit ensemble pendant la guerre, puis à Versailles.*

*Les premières ont été tournées en dérision à Leipzig. Le Reich prétend maintenant échapper aux réparations et se libérer en même temps des garanties.*

*Si le gouvernement allemand a pris cette attitude, c'est qu'il a eu l'impression que nos deux pays n'étaient pas soudés assez étroitement pour l'œuvre commune et qu'il pouvait, contre l'application du traité de Versailles, tenter publiquement et diplomatiquement l'offensive que les soldats d'Hindenburg faillirent réussir en mars 1918 contre Douglas Haig et Foch.*

*Aux jours les plus sombres de 1918, le roi Georges, répondant à une délégation de notre Parlement disait : « Ceci est une entente pour toujours ».*

*Que ce serment prenne aujourd'hui comme naguère toute sa valeur !*

*Qu'il anime tous nos actes !*

Le Président. — Je mets aux voix les conclusions de la Commission.

*(Les conclusions sont adoptées à l'unanimité).*

## DISCOURS DE M. HERRIOT
## SUR LA RUSSIE

La parole est au citoyen Herriot. (*Vifs applaudissements*).

Citoyen Herriot. — Citoyens, lorsque je suis parti, il y a quelques semaines, pour la Russie, avec mon collègue et ami Daladier qui, j'en suis sûr, va me permettre de parler en son nom et au mien, ce sont les membres de mon Parti, que j'avais prévenus à peu près seuls, qui m'ont fait l'amitié de m'accompagner jusqu'à la dernière minute. Je m'étais promis à ce moment — et je tiens à cet instant ma parole — de réserver pour les seuls membres de mon Parti l'exposé politique que j'ai fait, afin de leur permettre d'en tirer des conclusions qui seront, je l'espère, conformes à celles que je vais proposer.

Sur ce voyage, vous vous en êtes aperçus, on a écrit bien des sottises : j'en ai moi-même lu beaucoup ! (*sourires*). Avec le sentiment qui convient, se reposant dans les villes d'eaux d'où ils lançaient quotidiennement sur le pays leurs oracles, nos plus beaux esprits dirigeaient contre nous leur verve, du reste un peu lâche.

Vous n'avez rien cru de toutes les injures par lesquelles on a essayé de déconsidérer notre tentative. La vérité est qu'elle n'a été inspirée et qu'elle n'a procédé au cours de son exécution, que de deux sentiments : l'amour passionné du Pays et la volonté de travailler à la réalisation de cette Paix qu'il est trop facile de souhaiter dans des discours, mais qu'il faut enfin essayer

de réaliser, non pas par des/mots, mais par des actes !
(*Applaudissements*).

J'ai toujours pensé, pour ma part, qu'au lendemain
d'une guerre comme celle que nous avons subie, le plus
grand devoir de la France est de concevoir une grande
politique européenne et, peut-être, même, une politique
mondiale.

Je pensais que la France a l'esprit assez clair, une
expérience assez ancienne et, aussi, un cœur assez gé-
néreux, pour donner des directions à ce monde que, la
guerre d'hier, la misère aujourd'hui, paraissent avoir
affolé.

Je pensais que la France essaierait de tracer ce programme à la conférence de Gênes : il n'en a rien été.
C'était peut-être que l'heure n'était pas venue, pour les
Gouvernements qui manœuvrent avec leur attirail de
formules et leurs états-majors de diplomates qui — on
peut le dire, ne sont pas tous de la première fraîcheur
*applaudissements*)... de préparer ces conversations,
peut-être ne sont-ils pas toujours en état, meme s'ils le
veulent, de percevoir ces frissons, qu'il est nécessaire
d'avoir sentis, pour donner à ce Pays, la direction qui
lui convient, s'il veut diriger les autres !

Peut-être l'heure est-elle seulement aux initiatives
individuelles... C'est pourquoi nous sommes partis tous
les deux.

Qu'avons-nous vu ? Qui avons-nous rencontré ? Quel
régime avons-nous trouvé ?

Un régime dont je veux dire, tout d'abord, pour bien
marquer ma position — qu'on ne saurait, en aucune
façon, à aucun degré, vouloir appliquer à la République
Française. (*Applaudissements*).

Nous proposer comme un idéal le régime soviétique.
c'est une duperie ! Il faut, pour y consentir, beaucoup
d'illusions, beaucoup de naïveté ! De l'impossibilité qu'il
y a pour un homme avancé, d'accepter l'idée d'une
transposition en France du régime soviétique, je veux
simplement donner deux raisons qui suffiront, j'en suis
sûr.

D'abord, le régime soviétique persiste à méconnaître
un des principes essentiels sur lesquels se fondent les
sociétés modernes ; je veux dire : la séparation des pouvoirs.

C'est, vous le savez, un des résultats les plus heureux du magnifique effort de pensée de notre grand XVIII<sup>e</sup> siècle d'avoir posé, dans les ouvrages de quelques grands écrivains que vous connaissez et qui ne cessent d'être des lumières, cette vérité simple qu'il ne peut pas y avoir de société véritablement libre, si, par exemple, le pouvoir législatif, le pouvoir exécutif, le pouvoir judiciaire ne sont pas sévèrement isolés l'un de l'autre. La confusion de la justice et du pouvoir exécutif, c'est, à coup sûr, une des raisons de servitude les plus puissantes sous lesquelles un peuple puisse être accablé ! (*Applaudissements*).

Or, quel que soit l'avenir, le régime soviétique méconnaît encore ces notions essentielles, raison déjà suffisante pour que le démocrate, même le plus avancé, ne puisse pas consentir à en supposer l'application possible dans son propre pays ! (*Applaudissements*).

Il y a une deuxième raison encore plus nette : toutes les libertés qu'un peuple souhaite dépendent d'une liberté essentielle qui les domine toutes, que nous exerçons à cette heure, et qui s'appelle la liberté de penser. (*Applaudissements*).

Il n'y a pas de nation libre, il n'y a pas de peuple libre, sans la liberté de penser. Aucun sophisme, aucune observation, même pouvant paraître judicieuse sur tant d'obstacles qui la gênent encore, comme, par exemple, l'influence de l'argent, ne vaut contre cette idée essentielle que les peuples doivent aller sans cesse en développant cette liberté première qui conditionne toutes les autres. Or, la Russie actuelle n'a pas la liberté de penser. Le régime soviétique qui s'est installé au pouvoir, qui s'y maintient, qui, dans mon opinion, tend à durer — et en politique, durer c'est se transformer ! — (*Hilarité*), refuse encore à ses adversaires le droit de se constituer en partis; c'est-à-dire qu'il refuse cette possession de force de volonté qui constitue le jeu naturel de toutes les sociétés libres. Les opposants sont réduits ou à se cacher, ou à entrer dans ces formations amorphes qu'on appelle le groupe des sans-parti, et les intellectuels, qui sont, dans un pays comme le nôtre, malgré tout, le couronnement d'un régime, qui sont son honneur, sa parure, ne jouissent là-bas d'aucune sorte de liberté. S'ils se permettent de critiquer le régime, non pas seulement dans des journaux — car il n'y a pas de journaux — mais dans des revues spéciales, revues économiques ou revues de commerce, ils sont punis, tantôt par la fusillade, tantôt par l'exil. Et cette liberté de penser que nous reconnaissons — parce que, d'ailleurs, nous avons le devoir de le faire — aux croyants des différentes religions, elle est nulle : les membres de l'église orthodoxe qui refusent de se soumettre au pouvoir politique sont fusillés ou exilés.

Qu'on ne me transforme donc ni en un communiste, ni en un soviétiste, ni, comme on l'a écrit si souvent, en un bolcheviste : les deux définitions que je viens de vous donner et les deux récits que je viens de faire sont assez formels, je pense, pour préciser mon point de vue et pour me permettre d'exprimer librement la suite de mes observations et de mon opinion. (*Applaudissements*).

Cependant, citoyens, parce qu'on revient d'un voyage comme celui que nous avons fait, plus attaché encore à sa propre théorie et à ses propres méthodes, est-ce une raison pour imiter les hommes de la majorité ? Et, confiant comme je le suis dans la liberté et, surtout, dans la vertu souveraine de l'analyse, est-ce une raison pour faire ce que l'on disait tout-à-l'heure, pour bloquer matériellement, moralement, politiquement, un pays, pour essayer de le réduire par la contrainte? Est-ce là de l'intelligence ? Est-ce là le rôle de la France ? Est-ce là le devoir d'une République comme la nôtre qui est, elle-même, issue d'une révolution et qui sait bien, par son propre exemple, que ce n'est pas du premier jour qu'on conquiert ces libertés dont je parlais tout-à-l'heure ?

Ce que je veux dire ici et ce qui, je crois, n'a pas encore été dit dans une assemblée et ce qui, peut-être, ne pourrait même pas être dit à la Chambre, c'est que la République Française, précisément, parce que, à mon avis, elle ne craint rien, parce que, à mon avis, elle doit être fortifiée par toutes les discussions, la République Française doit travailler à juger avec équité ce phénomène immense qu'a été hier la Révolution russe et, par suite, à devancer le jugement de l'Histoire qui, certainement, signalera ce mouvement comme l'un des plus puissants qu'aient jamais bouleversé, secoué, transformé la pauvre Humanité ! (*Applaudissements*).

La révolution des bolcheviki, comme on dit, a-t-elle été seulement cette crise de violences, cette épidémie de massacres, cette folie de meurtres dont on nous parle à chaque instant dans une certaine presse et dans certains partis qui sentent très bien qu'on leur ôte, pour ainsi dire, le pain de la bouche, si on leur enlève ce motif de haine qui a été le grand cri de ralliement aux élections dernières ! (*Vifs applaudissements*).

Sûr de moi-même, de mes opinions et du régime de mon pays, j'essaie de regarder ce grand fait librement et avant de le juger, je tente de le comprendre! (*Applaudissements*).

Si nous réduisons la révolution aux secousses des années 1917 à 1920, nous n'y comprendrons rien du tout. Dites-vous bien, tout d'abord, que cette crise bolchevique n'a été que le dernier terme d'un mouvement immense qui travaillait formidablement la Russie, non pas seulement depuis des années, mais on peut presque dire depuis des siècles, au moins depuis un siècle. Disons-nous bien, pour être justes ou pour tenter de l'être, que si la révolution russe a eu ce caractère, à certaines heures, atroce, c'est parce qu'elle a été faite par un peuple qui passait à la liberté, peut-être presque excessive, en venant d'un régime qui avait accumulé contre lui toutes les formes de la terreur et toutes les nuances de l'autorité. Il n'y avait dans ce régime ni opinion personnelle, ni liberté. Si, par exemple, la révolution, la première émeute de 1825, qui a été faite par ceux qu'on a appelés les Décembristes, a été si brutale, c'est qu'il n'y a pas eu de liberté d'opinion, d'institutions politiques, de presse, rien! Et pendant des années et des années, vous savez ce qui s'est passé : tout ce qui était libre était exilé et envoyé, soit en Europe Occidentale, soit en Sibérie! Et les hommes qui ont pris le pouvoir en octobre 1917 sont les héritiers de ces groupes presque innombrables d'hommes qui avaient passé leur vie dans les prisons et dont beaucoup avaient été tués par les ordres du Tsarisme.

Quand on veut se rendre compte de tout cela, quand on veut voir ce qu'a été la révolution de 1917, la juger avec quelque largeur d'esprit, il faut faire ce que nous avons fait: il faut aller à Pétrograd, au Musée de la Révolution; il faut, dans cette longue série de pièces, regarder tous les documents qui expliquent cette révolution. Il faut voir là les chaînes qui ont été portées pendant tant d'années par les condamnés. Il faut fouiller dans les dossiers immenses de cette police tsariste, qui avait des agences pour la représenter — on peut même dire des agences de corruption — dans tous les pays, même le nôtre. Il faut voir de quels procédés ont été victimes les hommes qui ont essayé de donner à ce pays le premier élément de la Liberté. Et ainsi, sans que j'aie besoin de développer cette idée, vous comprenez que, pour nous, Républicains, la Révolution russe, la Révolution de 1917 et des années suivantes, doit être considérée comme le dernier terme, comme l'aboutissant, la conclusion d'un mouvement formidable qui n'a été aussi violent que parce qu'il avait été longtemps retardé, parce qu'il n'avait pas été préparé comme le fut notre admirable Révolution, par l'œuvre libre, ou à peu près libre, de recherches, de pensée, de propagande et d'expression des idées que les uns et les autres pouvaient avoir à exprimer pour contribuer à la formation de l'opinion publique!

Il est certain que la Révolution russe d'octobre 1917 a commis d'atroces violences : ce n'est pas douteux; il est certain que, pendant des mois et des mois, non seulement le gouvernement qui était au pouvoir a usé d'une extrême rigueur, mais que les autorités locales, dans un pays aussi vaste, où les communications sont difficiles, ont elles-mêmes donné libre cours à leur esprit de violence et, quelquefois, de vengeance. Il est certain aussi que les particuliers ont exercé, dans bien des circonstances, des brutalités illégitimes. Mais là encore, essayons d'être justes; il faut voir les documents que nous avons vus pour se rendre compte du paroxysme auquel ce peuple était monté. Il faut voir que les violences ont été réciproques. Il faut se rappeler que l'Europe occidentale a dressé contre la Révolution les expéditions de Koltchak, de Wrangel, de Denikine. Il faut se rappeler que ces hordes commettaient elles mêmes les pires atrocités dans le pays qu'elles ravageaient. J'ai vu de mes yeux — et Daladier aussi — des arbres auxquels le général Youdenitch faisait pendre les prisonniers et j'ai pu compter de mes doigts, par la série de rainures marquées sur l'écorce de l'arbre, le nombre même des malheureux qui avaient été amenés là et qui avaient rendu le dernier soupir par ordre du général Youdenitch! Alors, puisque de part et d'autre il y a eu des violences, il faut au moins laisser à l'Histoire le temps de rétablir et de départager les responsabilités! *(Applaudissements.)*

En tout cas, je n'essaie pas, moi, de justifier les violences. Je dis seulement qu'il est étrange de voir que ceux qui les jugent avec le plus de sévérité sont des hommes comme Tardieu, disciple de Clemenceau, lequel Clemenceau vous a enseigné, autrefois, qu'une révolution était un bloc! Or, nous sommes beaucoup de Républicains qui avons toujours dit qu'il y a un certain nombre de faits dans la Révolution que nous n'approuvons pas, que la liberté individuelle est inviolable! Et il se trouve aujourd'hui que ce sont les héritiers de la doctrine du bloc révolutionnaire qui sont les plus sévères!

Nous disons, nous, que nous n'acceptons pas cette théorie, mais, quand on voudra juger, nous demandons que les responsabilités soient mesurées, partagées, qu'on donne à chacun sa mesure et qu'on ne mette pas d'un seul côté les révolutionnaires, pour considérer, d'un autre côté, les attentats réactionnaires comme ayant été dirigés au nom des plus purs, des plus sincères principes de l'Humanité. *(Vifs applaudissements.)*

Au reste, citoyens, la Révolution russe, c'est déjà le passé. Les révolutionnaires russes, ceux qui sont arrivés au pouvoir, les Lenine, les Trotsky, les Tchitcherine et beaucoup d'autres encore ont très vite abandonné ce communisme au nom duquel ils avaient fait la tentative de 1917. Et là encore, ce que je ne comprends pas, moi, partisan de l'analyse, moi qui crois que la meilleure arme contre les fantômes, c'est une lanterne, et que le meilleur procédé de lutter contre les utopies est de les discuter, ce que je ne comprends pas, je vous l'avoue, c'est qu'on s'acharne à vouloir empêcher les Français d'étudier cette Révolution russe dans ses faits, ses conséquences, alors que, précisément, l'examen qu'on en peut faire conduit à la démonstration de l'impossibilité du communisme et que la situation actuelle de la Russie démontre, précisément, la faillite du communisme, faillite d'ailleurs parfaitement reconnue par le chef de l'Etat russe. (*Applaudissements.*)

Les hommes qui ont fait la Révolution de 1917, qu'est-ce que c'était? C'étaient des Marxistes. Seulement, c'étaient des Marxistes qui n'avaient pas bien lu l'auteur dont ils se réclamaient. Partout, en Russie, j'ai vu, sur tous les murs, l'image de Marx et je disais bien souvent, en riant, au commissaire du peuple qui m'accompagnait : « Vous prétendez que vous avez supprimé toutes les religions, vous vous dites supérieurs à nous, Français, qui ne sommes que des Bourgeois et des Laïques... excusez-moi, mais je trouve que nous sommes parvenus à un stade plus avancé de l'Histoire de la pensée, car nous n'acceptons aucun dogme, quel qu'il soit, tandis que vous, vous avez remplacé le dogme de la religion orthodoxe par le dogme marxiste! Vous avez enlevé tel et tel saint et vous avez mis à la place les icones de Marx et de Engels.

Il riait, mais ne contestait pas.

D'ailleurs, s'ils avaient bien lu Marx, Marx que j'admire beaucoup, en ce qui me concerne, si on veut le considérer seulement comme il doit être considéré, c'est-à-dire comme un homme qui a observé de très près les conséquences du mouvement industriel en Europe, il y a environ quarante ans, Marx leur aurait annoncé d'avance leur échec; car il a souvent dit qu'une transformation, même socialiste, n'était possible que dans un Etat parvenu à un développement industriel que la Russie était loin de connaître.

Les Russes ont eu le mérite de s'en apercevoir et vous n'ignorez pas comment, au début de 1921, Lenine, dans un discours qui, à mon avis, est extrêmement important, qui marque une date dans l'histoire des idées politiques en Europe, Lenine a dit aux citoyens russes, aux membres des Soviets : « Nous nous sommes trompés, il faut le reconnaître. Nous avons fait fausse route; il n'y a qu'une chose à faire : le reconnaître et revenir en arrière. »

Ce sont ses propres expressions et, depuis cette époque, le spectacle auquel on assiste en Russie est le spectacle curieux d'une société qui réinvente tout ce que les sociétés, ailleurs, ont déjà inventé depuis longtemps. On voulait supprimer l'argent : on voulait remplacer la monnaie par des échanges ; aujourd'hui on rétablit partout l'argent, à ce point que le gouvernement russe, comme vous l'avez appris ces temps derniers, vient de créer, non pas une banque d'Etat, mais des billets de banque gagés sur une encaisse or et qui, d'ailleurs, à mon avis, seront prochainement une des valeurs monétaires les plus honorables sur le marché européen.

On avait voulu supprimer la propriété... oui, mais on avait compté sans les paysans, sans les paysans qui, vous le savez, ont sur le communisme des idées un peu particulières ! Je me rappelle, une fois, dans une tournée électorale en France, avoir entendu un paysan demander à un communiste combien, après le partage, il aurait lui, paysan. Le candidat, voulant paraître bien informé, jeta un chiffre dans la réunion. Ce chiffre, le paysan le recueillit au vol et déclara aussitôt : « Oui, avec ce que j'ai déjà, ce ne sera pas mal. » (*Hilarité*).

Cette opinion de ce paysan français est celle du paysan russe et elle le sera de plus en plus, parce qu'il faut faire cette réserve et cette distinction que le paysan russe réalisera peut-être moins vite son intérêt que le paysan français.

Etant donné qu'il y a un nombre considérable de paysans en Russie et que le nouveau gouvernement s'était annoncé comme devant être un gouvernement d'ouvriers et de paysans, il s'est vite aperçu qu'il devait donner satisfaction, avant tout, aux intérêt de la classe paysanne ; et, de plus en plus, il se passe en Russie un fait sensiblement analogue à celui qui s'est passé en France après la Révolution française. Le paysan possède la terre, la cultive personnellement. Il n'a encore que le droit de la transmettre ou de la louer dans certaines conditions ; mais je serais très étonné, pour ma part, si un jour ne devait pas venir — et peut-être assez prochain — où le gouvernement russe sera placé en face de cette alternative : ou bien donner au paysan russe l'entière propriété de sa terre, ou céder la place au gouvernement russe qui accepterait de faire cette réforme.

Dans un cas pareil, les gouvernements réfléchissent et, généralement, se résignent à faire ce qu'ils sentent que leurs successeurs feraient le lendemain. (*Applaudissements.*)

Donc, sans que je veuille insister, sans que j'aie envie de parler tour à tour de l'état de l'industrie, du commerce, de l'agriculture, ce que je puis vous dire de plus exact, qui soit de nature à fixer votre opinion, c'est que, après des déclarations aux termes desquelles la Russie devait organiser la révolution mondiale, après des manifestes enflammés, aux termes desquels le capitalisme devait être partout détruit, sur l'exemple de la Révolution russe, la Russie fait appel au capitalisme occidental pour se reconstituer. Ce que nous voyons partout s'accomplir, c'est un effort extrêmement intéressant, soit dans l'ordre agricole, soit dans l'ordre commercial, soit dans l'ordre industriel, pour remettre ce pays sur pied. Et permettez-moi de vous dire — car ce sera une des raisons essentielles des modestes conclusions que je vais vous proposer — : mettez-vous bien dans l'esprit, Citoyens, que ce pays sera bientôt l'un des plus riches qu'il y aura en Europe et l'un des moins chargés. Car si la Russie a encore deux ou trois bonnes récoltes — déjà la dernière n'a pas été mauvaise et le problème de la famine est en grande partie résolu — le Gouvernement russe ayant déjà rétabli, non pas seulement l'impôt en nature, mais l'impôt en argent, il y a tout lieu de croire que le budget russe s'équilibrera très facilement et que la Russie aura très vite des ressources pour développer son commerce, son industrie.

Je ne crains pas d'énoncer cette prévision, je suis bien sûr, pour ma part, qu'elle se réalisera, et plus tôt qu'on ne le croit. Je vous épargne les démonstrations, je les ai faites ailleurs et, par des chiffres, dans d'autres milieux, j'ai montré comment le budget s'équilibre et je voudrais vous proposer dès maintenant cette idée essentielle qui, dans mon esprit, ne fait l'objet d'aucune espèce de doute.

Je voudrais arriver le plus vite possible à des conclusions d'ordre politique et d'ordre pratique. Je voudrais que, de ce Congrès, sortît un ordre du jour sur la façon dont nous devons reprendre nos relations. Si nous avions le temps, il y a une question que j'aimerais à discuter devant vous : c'est la question de la paix de Brest-Litovsk, la question de savoir si, sur le chemin de la réconciliation, ne se dressent pas de tels obstacles qu'ils rendent toute tractation impossible, la question de sa-

voir si nous avons été réellement abandonnés de parti
pris.

Abandonnés, nous l'avons été; mais, là encore, je ne
prétends pas établir la justice : ce n'est pas une œuvre
qu'on puisse faire à la tribune ni à laquelle on puisse
procéder aussi rapidement. Je voudrais simplement vous
suggérer quelques sujets de méditation. Tout d'abord,
je dis que, là encore, il faut faire la part des faits. La
paix de Brest a été déterminée, avant tout, par l'abo-
minable état de décomposition de l'armée russe qui, à
la fin de 1917, était pourrie : le mot n'a rien d'excessif.
D'où venait cette pourriture? Quelle en a été la cause?
Comment la Révolution s'est-elle produite? Ce serait
une assez longue histoire à écrire. On verrait que les
divers régimes ont eu leur part de responsabilité. On
verrait le tsarisme, ces ministres du Tsar, dont quelques-uns étaient d'abominables germanophiles, d'atroces
traîtres et dont quelques-uns, on le sait maintenant par
les documents qui ont été publiés, ont rendu inefficace
l'effort de ces admirables Russes qui, après s'être vu
sacrifier par centaines de mille, n'ont évidemment pas
eu le ressort, le feu sacré du soldat français et ont fini
par se décourager. *(Applaudissements)*.

Ce serait une histoire importante à écrire; ce n'est
pas le moment de le faire.

Ce que je veux dire encore ici, quoi qu'on me fasse
dire demain, c'est qu'il apparaît bien, des déclarations
qui ont été faites, comme des récits concordants que
j'ai reçus de la bouche de M..., qu'il y a eu un moment
où le Gouvernement bolchevik, effrayé des responsabilités qu'il avait prises, peut-être, s'est adressé à la
France — je ne précise pas davantage — pour faire des
propositions de reprise des hostilités.

Vais-je conclure devant vous en mettant en cause, en
accusant ceux-ci ou ceux-là? Vais-je conclure que ces
offres avaient été telles qu'elles devaient être difficile-
ment acceptées? Mais non; j'ai connu pour ma part les
responsabilités du gouvernement; je me rends compte
des difficultés, des complications de toute sorte qui ont
pu influer sur des décisions, même sincères. Je dis seulement qu'il y a là une question à éclaircir; je dis qu'il
y a au ministère des Affaires Etrangères des documents

et que, pour se prononcer sur ce fait, comme sur tous les autres, il faut qu'on soit renseigné.

Je n'ajoute qu'une pensée, une pensée qu'on m'a reprochée, mais je ne pense pas que ce soient des Radicaux ou Radicaux-Socialistes : c'est que, moi, je me réjouis, lorsqu'au lieu de trouver des raisons de me confirmer dans la haine, comme on nous le propose à chaque instant, j'aperçois un moyen de provoquer le rapprochement, une atténuation, peut-être, à certaines responsabilités dans le passé, atténuation qui va permettre à deux grands peuples de se rapprocher comme c'est nécessaire, car la France et la Russie ne peuvent pas rester éternellement en face l'une de l'autre sans vouloir se rapprocher. (*Vifs applaudissements*).

J'arrive à mes conclusions. D'abord, il y a un point à traiter. Vous pensez bien qu'allant là-bas, après avoir discuté sur la paix de Brest-Litovsk, j'ai posé deux questions qui tiennent au cœur de la France : la question des dettes, et la question des propriétés françaises en Russie.

Comme, tout à l'heure, vous l'a dit Franklin-Bouillon, dans un langage où j'ai, avec plaisir, retrouvé mes propres idées, ce qui prouve qu'il y a bien un parti et des doctrines et que nous sommes, l'un et l'autre, fidèles à ce parti et à ces doctrines, nous n'entendons point, nous autres, Radicaux et Radicaux-Socialistes, sacrifier les intérêts de la France. Nous ne sommes pas des internationalistes, nous ne sommes pas des idéalistes; nous savons que nous avons des intérêts à défendre, soit en Allemagne, soit en Russie. Je les ai défendus de mon mieux; si Daladier est là, il peut m'être témoin que personne n'a parlé aux membres du Gouvernement russe sur tous les sujets qui tiennent au cœur des Français, particulièrement de nos griefs contre l'Allemagne, avec plus de liberté d'accent que moi. Je suis persuadé que si, au lieu de laisser les Russes en proie à la propagande allemande, on allait chez eux discuter avec eux, peu a peu on verrait se créer cette opinion favorable sans laquelle on ne peut rien et pour laquelle, en ce qui me concerne, j'ai travaillé de toutes les forces de mon cœur. (*Applaudissements.*)

Il y a même des faits sur lesquels il conviendrait d'insister si nous étions devant une autre assemblée.

Je dis simplement ceci : je n'étais chargé d'aucune mission officielle; je n'avais rien à traiter, ni rien à conclure; mais je dis, uniquement, que je n'ai pas entendu un seul membre du Gouvernement russe qui ait refusé de reconnaître pour son pays la nécessité de payer les dettes de l'ancienne Russie, les dettes qui, à l'heure actuelle, sont supportées par le peuple français et, souvent, par de fort petites gens. (*Applaudissements.*)

Que vaut ce témoignage? Quelle portée peut-on en tirer? Quelles négociations doit-il ouvrir? C'est une autre affaire.

A peine ai-je entendu un seul des nombreux membres du Gouvernement que j'ai consultés faire une distinction entre les petits porteurs et les gros porteurs. J'aurais pu lui faire remarquer que, s'agissant de titres au porteur, sa distinction n'était guère valable, mais ce n'était pas à moi de donner des arguments contre mon pays.

Sur la question de la propriété, de la restitution des biens, la discussion est plus difficile. Je veux croire — je veux croire — que jamais on n'a sacrifié le premier intérêt au deuxième pour la raison que le premier a été plus facile à régler que le second; en tout cas, je reconnais que sur le second point la discussion est plus difficile, puisque les Russes persistent à nier la propriété privée. J'entends encore le ministre des Finances nous dire : « Nous n'avons jamais nié la propriété privée, mais ce qu'ils affirment, c'est la nationalisation du sol, comme nous, nous affirmons la nationalisation du sous-sol.

Les systèmes juridiques étant différents, ne peut-on malgré tout, conclure des rapports et arriver à des solutions qui rendent à ces citoyens français au moins l'équivalent de ce qu'ils avaient avant ? Pour moi je pense qu'on le peut, et c'est bien, paraît-il l'opinion des Anglais, puisque l'un d'eux, dont le nom a été longtemps cité dans la presse a conclu là-bas de formidables accords qui auraient été signés sans l'incident des Dardanelles, sans les questions de politique extérieure qui ont surgi et qui ont tout bouleversé.

Je crois donc que ces deux questions sont solubles, mais solubles ailleurs que dans des conférences européennes; je crois qu'elles sont solubles dans des dis-

cussions où des Russes et des Français se trouveront
face à face et discuteront longuement, âprement. Je
pense, ensuite qu'on pourrait se mettre d'accord. Je n'ai
rencontré sur ces deux sujets, même sur le deuxième,
aucune mauvaise volonté, aucun refus obstiné et partout les conclusions qui m'ont été soumises ont été cel-
les-là même que je vais vous proposer.

De ce que je vous ai dit, je tire d'abord une conclusion. La conclusion politique, c'est que, décidément,
au moins dans l'état actuel des choses, le marxisme, le
communisme est impossible à réaliser, surtout dans les
pays à majorité paysanne. On peut même se demander
si ses applications violentes, à tout le moins prématurées
ne préparent pas des régressions infiniment graves...
(*Applaudissements*)... et un conservatisme infiniment
plus résistant que celui auquel on se serait heurté en
pratiquant les méthodes ordinaires de la démocratie.
J'ai vu partout, comme je vous le disais, le portrait de
Marx et cette idée me venait sans cesse : pourquoi ne
vois-je nulle part le portrait de Jean Jaurès? (*Applaudissements*).

C'était pourtant un grand Socialiste, un grand Républicain, un grand Démocrate? Oui, mais la Russie est
allée chercher ses dogmes économiques dans l'Allemagne révolutionnaire et elle a pensé que ces dogmes lui
conviendraient mieux que le vieux libéralisme français.

Ma conclusion politique, c'est que l'expérience donne
raison au vieux libéralisme français et bien qu'ils aient
été, en apparence, plus avancés que nous, je peux dire
combien dans ma pensée ces élèves de la philosophie
allemande, de la métaphysique allemande, de Marx et
de Engels sont restés, malgré leurs prétentions, en arrière, par rapport à cet homme, tout pénétré de doctrines
latines, de traditions françaises, tout pénétré d'esprit
de liberté, qui savait que le développement des nations
n'est possible qu'avec le développement des idées morales, des idées politiques, que le développement des
démocraties n'est possible qu'avec le développement
de l'esprit démocratique Je veux dire combien chaque
fois j'ai pensé que ces élèves des Allemands étaient
inférieurs à celui dont j'ai eu l'honneur d'être l'ami, au
disciple de Platon qui faisait comprendre dans tout le

pays que l'émancipation de la démocratie ne se ferait qu'à force de travail, dans un esprit de liberté, de générosité, de fraternité... (*Double salve d'applaudissements*).

Ma conclusion pratique, la voici : Pour la politique extérieure, citoyens, il y a un fait dont il faut vous rendre compte; il y a une idée qu'il est nécessaire de rendre sensible au peuple français, si nous voulons reprendre et développer nos relations avec le peuple russe. Quand on parle à ce peuple de ce que les nations appellent ses crimes pendant la guerre, de ce que l'on peut, peut-être, plus simplement appeler ses fautes, pour ne pas dramatiser, il vous répond : même si vous pensez pouvoir démontrer qu'à Brest-Litovsk nous vous avons trahis, n'avons-nous pas payé? Quel est le peuple qui, après la guerre, a payé plus durement que nous? On nous a pris la Finlande, l'Esthonie, avec le port de Reval! On nous a pris la Lithuanie, avec cet immense port de Riga, qui, aujourd'hui, n'a plus de vie; on nous a pris la Pologne, la Bessarabie! On nous a coupés de l'Occident! On nous a rejetés vers l'Orient! N'est-ce donc pas assez? Que voulez-vous donc de plus ?

Et alors, ajoutent-ils, nous n'avons plus, pour communiquer avec le reste du monde, qu'un port glacé une partie de l'année. Nous ne communiquons plus que par les détroits, par ce passage infiniment réduit qui nous donne accès vers les mers latines. Est-ce que la France n'aura pas l'intelligence et la générosité de penser que vous nous menez au désespoir, si, la question de la politique extérieure se posant, vous ne nous laissiez pas discuter avec vous la question d'Orient? D'autant plus que nous, Russes, nous avons les mêmes intérêts que vous, Français. D'autant plus que nous, Russes, nous ne demandons pas comme le Tsar l'avait demandé et obtenu, Constantinople; nous demandons la liberté des détroits.

Ils disent : c'est à Constantinople que peut se faire le rapprochement de la Russie et de la France.

Je vous dis sans crainte d'être démenti par les faits, pour reprendre une formule de Franklin-Bouillon, que s'il se trouvait un gouvernement en France qui dise aux Russes : nous vous entendrons librement à Constantinople, vous avez le droit de vous faire entendre. Je dis que, même dans les conseils internationalistes, communistes, partout, mais surtout dans le peuple. il y aurait un immense enthousiasme pour la France.

Comprenez-vous, dans ces conditions, que je sois ému, et que, ces paroles, je tienne à les dire ?

Voilà ma première conclusion. (*Applaudissements*).

Voici ma deuxième conclusion : Elle n'est pas moins raisonnable; d'ailleurs, je n'expose pas ma thèse personnelle.

On refuse au gouvernmeent des soviets la reconnaissance qu'on appelle *de jure*. J'avoue que pour ma part, je ne comprends pas très bien cette hésitation. car je voudrais bien savoir si, par hasard, quand nous avons reconnu *de jure* le gouvernement du Tsar. nous étions d'accord avec lui sur sa façon de comprendre la liberté? (*Applaudissements*).

Toute la question est de savoir si le gouvernement au pouvoir représente la volonté du Pays. Or, sur ce point, j'ai l'opinion de tous ceux que j'ai consultés là-bas : Italiens, Anglais, Américains, Français, Tchèques, Polonais : le gouvernement est stable et ne sera modifié que par des transformations intérieures. Je dis donc que, personnellement, je n'hésiterais pas pour la reconnaissance. Mais je reconnais que nous sommes encore loin de cette solution, qu'on a encore trop peur, et la peur, pour les peuples comme pour les hommes, est mauvaise conseillère. Je soutiens une thèse très simple. Je dis : voyons où nous en sommes, par la volonté du Bloc National qui nous dirige.

Comment! à Moscou, il y a une délégation anglaise, avec un chef extrêmement actif, qui connaît très bien les affaires russes, qui est là, défendant les intérêts anglais; il y a là un représentant italien; il y a un représentant tchèque; il y a une représentation polonaise; il y a une représentation de tous les pays ou à peu près. Les Américains sont installés comme chez eux. Il ne manque qu'un pays qui est en retard par rapport à ses propres alliés, à l'Italie monarchiste, à l'Angleterre impérialiste : c'est la France républicaine.

Est-ce que je suis paradoxal ? Je ne demande pas qu'on prenne une initiative qui serait peut-être le fait d'une politique hardie: je demande qu'il y ait là-bas une délégation commerciale; je demande que nos commerçants, que nos industriels puissent aller là-bas et y travailler sous le couvert et la protection du pavillon français. Voilà ma deuxième conclusion. Est-elle déraisonnable ? (*Applaudissements*).

Je demande à mon Parti de l'appuyer. D'ailleurs je soumettrai tout-à-l'heure un vœu dans ce sens.

Je finis. J'ai tâché de scruter le ciel. Ce que j'ai dit, vous pouvez le considérer comme l'image fidèle de la Vérité. Je termine en exprimant une pensée qui, je pense, sera accueillie par tous les Français qui sont, en même temps, des Républicains. Il n'y a rien de stupide, à mon sens, comme de vouloir ramener un peuple à ses propres idées par la contrainte ou par la gêne. C'est la sottise traditionnelle, la folie qu'on commet toujours, mais c'est une folie qui échoue chaque fois qu'on la tente.

Il y a, à l'heure actuelle, à l'orient de l'Europe, un peuple qui a tenté une grande expérience et qui reconnaît aujourd'hui qu'il ne l'a pas réussie. Assurément — je ne suis pas dupe — il n'a pas abandonné tout espoir de revenir à ses anciennes doctrines et de les faire prévaloir : il y a, paraît-il, deux nécessités dans l'action politique; on fait un premier essai et on recommence le lendemain. Mais ce que je sais, c'est que le peuple a besoin de vivre; il a besoin de travailler la terre; le simple paysan ne rendra pas ce qu'on lui a donné. Je sais qu'il faudra que les commerçants fassent des échanges, que ce peuple a soif, comme tous les peuples d'Europe, de repos et de paix, de liberté. Eh! bien, je voudrais que ce fût la France qui, la première, dans son propre intérêt, fît entendre cette parole d'apaisement et cherchât des formules de conciliation.

Au moment où je termine, je me rappelle une belle page d'un écrivain russe, Andréief, à la fin d'une légende, *La légende des sept pendus*, qui apparaît comme le résumé de la révolution. Au début de l'action, — celle-ci se passe dans la nuit, — on est allé dans un bois pour y faire mourir des hommes. On les pend, pendant que la nuit pèse encore sur la forêt... Malgré les supplications de leurs familles, malgré leur amour pour la vie, on les suspend à des arbres, comme on a fait si souvent pendant la Révolution et là, devant les familles tressaillantes, on les fait expirer. Puis, le cortège revient... les familles rentrent, les bourreaux rentrent... Et alors, la nuit cesse, et subitement, tout ce cortège en marche aperçoit cette chose étincelante : le Soleil qui se lève ! la lumière qui survient, la lumière qui donne à chacun le sentiment de sa responsabilité, de sa réalité ! Et toute la puissance de vie de ces hommes se tourne vers le soleil, mains jointes, en pleurant et en appelant vers eux la lumière !

Eh! bien, il en est ici de même : il y a là tout un peuple qui sort d'une nuit traversée de douleurs, de violences, de supplices, qui se tourne vers le soleil, qui demande la lumière ! Cette lumière, c'est la Liberté ! Nous qui la possédons, donnons-la lui ! C'est la tradition de la France, et c'est notre tradition ! (*Ovation prolongée. Longues acclamations*).

## DELEGATIONS AU COMITE EXECUTIF

LE PRÉSIDENT. — Citoyens, je donne la parole au citoyen Fabius de Champville pour une communication. Nous reviendrons ensuite sur le vote des conclusions.

Citoyen Fabius de CHAMPVILLE. — Citoyens, il s'agit de l'organisation de votre Parti. Je vous demande un moment de silence.

Nous avons procédé à l'examen des délégations données par les groupements et fédérations. Il ne s'est produit qu'une difficulté. On a réservé le département de la Gironde; pour le reste, tous les délégués sont à jour de leurs cotisations et ceux qui ont été réélus sont nommés délégués du Parti à partir de cette heure.

LE PRÉSIDENT. — Avant de donner la parole au citoyen Valensi qui me l'a demandée, je mets aux voix les conclusions proposées par le citoyen Fabius de Champville en ce qui concerne les délégués du Parti.

(*Les conclusions du citoyen Fabius de Champville sont adoptées à l'unanimité*).

La parole est au citoyen Théodore Valensi.

## LA QUESTION DU PROCHE ORIENT

Citoyen Théodore VALENSI. — Citoyens, quelques-uns

de mes amis et moi, comme tous les membres de cette assemblée, je crois, nous avons été enthousiasmés et réconfortés à la fois par le splendide et substantiel discours du citoyen Franklin-Bouillon. Je viens demander à ce dernier, après le très intéressant exposé du citoyen Ripault ,de vouloir bien préciser la situation de la France, dont il a été le porte-drapeau, dans tous les pays qu'il a traversés et où il a obtenu des résultats splendides qui font le plus grand honneur au citoyen républicain qu'il est.

Le Président. — Je remercie beaucoup le citoyen Valensi de sa proposition, si insidieuse qu'elle soit... (*Rires*)... mais je fais appel au sens politique de cette assemblée. Rien ne me serait plus agréable, et je crois, en effet, qu'il serait très utile, de pouvoir vous dire en quelques mots la situation en Orient.

Mais réfléchissez! Notre ami Herriot a eu la grande et bonne fortune, de pouvoir aller là-bas en isolé, sans mandat, sans aucune responsabilité, pour étudier un problème dont la situation est encore éloignée. Moi j'ai eu la bonne ou la mauvaise fortune d'être chargé d'une mission d'une extrême gravité qui n'est même pas terminée. Comment voulez-vous qu'à la veille de la conférence qui va s'ouvrir, celui qui a agi au nom de votre pays prenne la responsabilité de prononcer des paroles que trop de gens seraient heureux de mal interpréter ? (*Applaudissements*). Je fais appel à vous. Hier encore, vous avez eu cet exemple que j'ai dû refuser d'aller à Lausanne, parce que, je le répète ici, la France, par son intervention, a évité des complications, mais suscité de terribles jalousies. Je le déclare nettement : c'est l'intervention seule de la France qui a empêché la guerre. (*Applaudissements*).

Quand l'homme qui a pu obtenir ce résultat est mêlé à la politique, quand il a déjà été l'objet des attaques les plus violentes, ne voyez-vous pas le danger qu'il y aurait demain, si quelque incident se produisait à Lausanne ? On ne manquerait pas de dire que le parti Radical et Radical-Socialiste a rendu un arrangement impossible ! Nous ne donnerons pas à nos adversaires cette satisfaction.

Je puis dire, cependant, que les difficultés ne sont pas finies, qu'elles seront considérables, que ce ne sera pas trop de la sagesse de tous pour les éviter.

Je me résume : nous ne voulons qu'une chose : défendre la cause de la paix et établir le régime de la justice. C'est ce que nous avons fait, ce que nous ferons demain et j'espère que toutes les puissances démocratiques auront la même volonté. Lorsque ce résultat sera obtenu, c'est moi-même qui viendrai vous trouver et vous dirai, en toute sincérité, quel a été le rôle de notre Pays dans cette grave crise. Jusque-là, je m'en remets à votre sens politique pour me dispenser de toute explication. (*Applaudissements*).

Le Président. — La parole est au citoyen Gavaudan.

Citoyen Gavaudan. — Je rappelle aux congressistes francs-maçons, qu'ils seront reçus fraternellement ce soir, 9, rue Piscatoris, par les Loges de Marseille.

Le Président. — Les acclamations de la salle ont montré tout-à-l'heure que nous étions unanimes à adopter les conclusions du citoyen Herriot; vos acclamations tiennent lieu de vote. (*Assentiment général*).

Nous abordons maintenant le second point de l'ordre du jour, le problème financier. Je donne la parole au camarade Renard, Rapporteur.

# RAPPORT DE M. RENARD

## SUR LA SITUATION FINANCIERE

Citoyen Renard, *Rapporteur*. — Citoyens, le rapport n'a pas d'autre but que de vous permettre, à tous, de vous rendre compte de la gravité de la situation financière. Je voudrais, en ce moment, non pas le développer, mais essayer d'en tirer des conclusions au point de vue des responsabilité que, dès à présent, chaque parti doit prendre.

L'an dernier, à pareille époque, lors de la discussion financière qui s'est déroulée à la Chambre, nous avons, Herriot et moi, fait prévoir que, dès 1923, le budget serait en déficit de 14 milliards et demi. Nous ajoutions que si la politique d'emprunts à jet continu se poursuivait encore pendant quelques années, ce serait, vers 1928 ou 1929, un déficit budgétaire de plus de 30 milliards qui, ajouté aux charges communales et départementales, obligerait de demander aux contribuables des impôts pour une somme totale de 35 milliards, ce qui est, incontestablement, très supérieur aux forces contributives de ce Pays. Voilà ce que nous avons dit.

À ce moment, on nous a accusés de vouloir jeter dans le Pays le trouble, la peur ! On nous a dit : vous commettez des erreurs ! Aujourd'hui, ce n'est pas nous qui les commettons et le rapport du rapporteur général Bokanowski qui n'est pas de notre Parti, aussi bien, d'ailleurs, que les déclarations du rapporteur général de la Commission des Finances prouvent que nous étions, non pas des pessimistes, mais des optimistes, puisque M. Bokanowski dit dans son rapport que ce n'est pas en 1929 que nous arriverons à un déficit de 30 milliards, mais en 1926 et le rapporteur général de la Commission des Finances fixe le déficit de cette année à plus de 6 milliards et demi.

Nous avons le droit de prendre acte de ce que, quand nous avons dénoncé le péril financier, on n'a pas voulu nous écouter et nous avons le droit de faire remonter la responsabilité de la situation à ceux qui n'ont pas voulu nous écouter. (*Applaudissements*).

Citoyens, le déficit que vous connaissez et pour lequel le Gouvernement nous propose de recourir à l'emprunt nous conduit fatalement à une situation telle que c'est la catastrophe à bref délai.

Que nous a dit le Ministre des Finances, dans une des dernières séances de la Chambre ? Il nous a dit qu'il espérait combler le déficit par une plus-value sur l'impôt sur le revenu, sur l'impôt sur le chiffre d'affaires et, en dernier lieu, sur la contribution des régions libérées, lorsqu'elles seront réparées et qu'elles interviendront dans les ressources budgétaires.

Le Ministre des Finances espère que l'impôt sur le revenu rapportera davantage qu'il ne rapporte; nous sommes aussi de cet avis, mais il n'a pas pris les mesures nécessaires pour qu'il en soit ainsi. M. de Lasteyrie reconnaît lui-même que les fraudes qui se commettent en ce moment en matière d'impôt sur le revenu et d'impôt successoral sont scandaleuses et qu'il y a trop de

mauvais citoyens qui oublient de remplir leur devoir fiscal. Partant de cette idée, il avait proposé d'inscrire
dans la loi de Finances des articles qui devaient mettre
fin aux fraudes qui concernent les valeurs mobilières au
porteur. Aussitôt connues, ces intentions ont suscité les
craintes extrêmement vives de ses amis et il les a aban-
données. Et alors, je me demande comment il peut espérer qu'un simple impôt sur le revenu rendra un milliard et demi de plus à bref délai si, précisément, il ne
bouche pas les nombreuses fissures qui font que cet impôt ne rend pas ce qu'il doit rapporter ?

Il a déclaré à la Chambre de Commerce de Paris que,
pour remplacer ces articles qui devaient mettre fin aux
pertes fiscales, il aurait recours aux signes extérieurs,
et ainsi nous avons vu réapparaître ces fameux signes
extérieurs dont, si longtemps, nous avions entendu parler quand il s'agissait des vieilles contributions directes.

Les signes extérieurs, nous n'en sommes pas les ennemis, mais de quelle façon et pour quel motif on peut
y recourir, je vous l'ai dit. Il est certain que les signes
extérieurs peuvent servir pour obliger les citoyens qui
n'ont pas fait de déclaration de revenu à la faire. Il est
incontestable qu'à un contribuable qui aurait une auto-
mobile ou qui paierait un loyer de plusieurs milliers de
francs et qui n'aurait pas fait de déclaration, le fisc aurait le droit de dire : vous n'avez pas fait de déclaration,
vous avez tort ! Mais venir dire que les signes extérieurs
serviront a fixer le revenu, c'est un leurre. Il n'est pas
douteux que les signes extérieurs ne serviront à rien
pour découvrir les fraudes qui se commettent sur les
valeurs au porteur. Celà ne peut pas être maintenu. Je
demande simplement comment le Ministre des Finances,
tant que nous n'aurons pas pris les mesures nécessaires
pour réprimer les fraudes, peut envisager la possibilité
de recueillir très rapidement un milliard ou deux de
plus par l'impôt sur le revenu. Il est certain que si on
ne prend pas ces précautions, non seulement on ne peut
pas espérer avoir de plus-value, mais nous pouvons
penser, au contraire, que les fraudes augmenteront, car
le devoir fiscal n'est pas compris dans la masse du pays
et, au lieu de faire ces déclarations devant la Chambre
de Commerce de Paris, le Ministre aurait mieux fait de
rappeler tout le monde à son devoir fiscal qui est le

premier devoir des Français, si nous voulons éviter la catastrophe. (*Applaudissements*).

Citoyens, lorsque nous avons dit à la majorité de la Chambre : « Si vous ne voulez pas prendre dès maintenant les mesures nécessaires pour empêcher de glisser davantage dans le gouffre où nous avançons, vous pouvez être certains que, d'ici quelques années, la situation sera irrémédiable », est-ce que la majorité nous a écoutés ?

.Je voudrais citer trois faits qui prouvent que la volonté de la majorité de la Chambre, du Bloc National, est de ne pas ouvrir les yeux et de ne pas prendre les mesures nécessaires. Le premier fait, le voici :

Lorsqu'au mois d'avril 1920 nous avons discuté le cahier des nouveaux impôts qui étaient indispensables pour pouvoir apporter au budget les ressources nécessaires, il y avait dans ce cahier d'impôts un projet de taxe sur les enrichissements excessifs pendant la guerre. Cette mesure avait été proposée par le Gouvernement et elle était contenue dans ce cahier d'impôts. C'était une mesure, à notre avis, juste, nécessaire, qui devait procurer des ressources assez intéressantes au budget. Nous avons été 198 pour la voter; La majorité a refusé d'examiner même cette mesure.

Lorsque, l'année dernière, nous avons déposé un ordre du jour demandant purement et simplement d'examiner toute mesure qui serait susceptible d'améliorer la situation financière et, parmi ces mesures, un appel aux fortunes acquises, sous une forme quelconque, 400 et quelques voix contre 200 ont refusé de nous suivre.

Plus récemment encore, il y a quelques jours, à la suite de la discusssion financière à la Chambre, discussion extrêmement intéressante, où chaque orateur a apporté des suggestions qui pouvaient être utilement étudiées, dont pas une, incontestablement, ne remédiait de façon définitive et unique au péril mais qui, tout de même étaient de nature à y parer partiellement et pouvaient former les éléments d'une loi des Finances générale qui pourrait être établie dès maintenant, quand nous avons demandé au ministre des Finances de s'inspirer de toutes ces suggestions qui, toutes, contenaient des propositions intéressantes, quand nous avons demandé à la Chambre d'imposer au Ministre des Finances de nous apporter des propositions en vue de rétablir l'équilibre du budget, nous avons été battus par la même majorité.

Nous avons donc le droit de dire que si la situation financière ne s'améliore pas, si, au contraire, elle s'aggrave de jour en jour, c'est parce que la majorité de la Chambre refuse systématiquement d'étudier et d'appliquer les mesures qui nous aideraient à sortir de la situation presque désespérée où nous sommes.

Voilà ce que je tiens à dire parce que ce sont des faits réels qui permettront d'établir les responsabilités quand viendra la consultation du suffrage universel. (*Applaudissements*).

De cette volonté systématique de ne pas vouloir étudier, dès maintenat, toutes ces mesures, se dégage la volonté que nous devinons, de la majorité du Bloc National, de laisser à la prochaine Chambre toute la responsabilité de la situation financière, presque désespérée, où nous serons.

Voilà ce qu'il faut bien établir, non pas seulement par des paroles, mais par des faits précis, par des chiffres et le rapport que je vous ai soumis n'a pas d'autre but que de vous permettre de vous rendre compte de cette situation.

Le Ministre des Finances nous a dit : je ne peux pas vous apporter de bilan financier, parce que toute la politique financière est suspendue à la politique des réparations. C'est vrai. Mais est-ce que cette politique des réparations s'est améliorée ? Est-ce que cette question des réparations dues par l'Allemagne s'est améliorée depuis un an ? Je crois, au contraire, qu'elle s'est singulièrement aggravée et qu'aujourd'hui l'Allemagne, étant presque en état de faillite ouverte, nous ne pouvons pas dire que, d'ici quelques années, nous recueillerons des ressources qui nous permettront d'alléger notre trésorerie. Par conséquent, venir dire que la question des réparations conditionne notre situation financière, c'est exact, mais nous devons nous rendre compte des réalités et dire que, dans les années qui vont venir, — et c'est un point sur lequel j'insiste — nous ne pouvons compter que sur nous pour nous relever et pour empêcher que notre situation ne s'aggrave de telle façon qu'elle ne devienne irrémédiable.

Par conséquent, si nous ne faisons pas les efforts nécessaires, si nous n'avons pas le courage de dire la vérité à ce pays, de lui faire comprendre que de lui seul peut venir son salut, que, plus tard, dans quelques années, notre situation s'améliorera, mais que, pour l'instant, nous n'avons rien à attendre d'autres que de nous, les emprunts continueront et grèveront le budget de telle sorte qu'à un moment nous serons obligés de dire : nous ne pouvons pas payer. Qui en souffrira ? la République.

On pourrait nous dire : qu'est-ce que vous proposez? Nous avons d'abord donné un moyen. Nous ne disons pas que c'est une solution qui, à elle seule, peut résoudre la question; nous disons qu'il faudrait avoir un plan général de finances qui devrait être appliqué de façon régulière et que ce plan général devrait s'inspirer de l'ensemble des paroles qui ont été dites à la Chambre, de leur coordination et qu'ainsi on pourrait arriver à nous relever de la situation dans laquelle nous sommes.

Est-ce que nous sommes des pessimistes quand nous disons cela? Je crois, au contraire, que les pessimistes sont ceux qui disent : nous ne voulons pas la vérité, nous aimons mieux attendre... nous espérons un miracle quelconque.

Nous estimons qu'il vaut mieux exposer au Pays les graves difficultés financières qui, bientôt, deviendront insurmontables. Car, de même que nous avons dit que le budget de 1922 serait en déficit, nous pouvons affirmer que le budget de 1923 sera en déficit, nous pouvons affirmer que le budget de 1924 sera en déficit de 6 milliards et que les budgets suivants seront en déficit dans les mêmes proportions. Et nous disons alors : tout de même, quel est le but que vous voulez atteindre ? Où voulez-vous arriver ? Voulez-vous arriver à ce que l'Etat puisse faire face à ses engagements et prendre les précautions nécessaires ?

Si la majorité de la Chambre veut rejeter sur la Chambre prochaine le poids de la responsabilité d'une situation financière tellement aggravée qu'elle serait au-dessus des forces nationales, nous avons le droit de dire au Pays : voilà où nous mène cette politique que l'on veut continuer jusqu'aux prochaines élections; ce n'est pas au parti républicain qu'en revient la responsabilité, mais au Bloc National. *(Applaudissements)*.

On nous a dit, l'autre jour : vous avez voté avec nous les impôts. Quand nous avons voté l'impôt sur le chiffre d'affaires, nous disions : l'impôt sur la consommation doit passer quand tous les impôts directs auront été épuisés au maximum; mais comme nous avons conscience des difficultés financières que ce pays éprouvait à la suite de la guerre, nous n'avons pas hésité à voter. Mais on n'a pas voté la taxe sur les enrichissements. On n'a donc pas le droit de nous reprocher de n'avoir pas voulu faire les sacrifices nécessaires, mais, par contre, nous avons le droit de dire aux membres de la majorité : vous, vous n'avez pas voulu les faire! et au moment où on vous a ouvert les yeux, où on vous a dit : si vous continuez à vous abstenir de toute mesure, vous arriverez à une situation irrémédiable, vous n'avez rien voulu faire.

Voilà ce qui est prouvé par les faits et le Pays aura à juger.

Quant à nous, nous continuerons, à la Chambre à dénoncer le péril financier, à faire tous les efforts pour qu'on prenne les mesures nécessaires, et ainsi nous croyons faire notre devoir; en tout cas, nous pourrons dire au Pays, quand le moment sera venu : voyez où sont les responsabilités !

Le Pays jugera ! *(Applaudissements)*.

Le Président. — La parole est au camarade Schmidt pour donner les conclusions du rapport.

Citoyen Bauzin. — Je vous demande pardon, mais il a été convenu ce matin que la question serait traitée dans l'ordre suivant : le citoyen Renard exposerait la situation financière; je traiterais ensuite la question du prélèvement sur le capital et le citoyen Schmidt présenterait les conclusions d'ensemble.

Le Président. — Dans ces conditions, je donne la parole au citoyen Bauzin, pour la question du prélèvement sur le capital.

# LE PRELEVEMENT SUR LE CAPITAL

Citoyen BAUZIN. — Citoyens, je n'ai pas l'intention de retenir longtemps votre attention, bien que le problème en vaille la peine. Lorsque j'ai accepté de rapporter devant vous la question du prélèvement sur le capital, dont j'ai été chargé à la suite de la constitution de la Commission spéciale dont j'ai reçu mission de présider les travaux, je sentais, d'une part, que je risquais de heurter des intérêts, des préjugés et, par surcroît, d'irriter, peut-être, des résistances souterraines au sein même de notre parti, où certains peuvent apercevoir des dangers dans la réalisation éventuelle de cette réforme au point de vue du combat électoral.

Sur ce terrain, je voudrais me borner à vous dire les raisons fondamentales qui font que notre Parti a le devoir — avec un intérêt primordial à le faire — de se prononcer sur le principe d'une façon catégorique, courageuse, parce que, tout-à-l'heure, devant les électeurs, la campagne n'en sera pas moins menée sur ce terrain. On vous accusera de vouloir réaliser une réforme importante, sans que vous mettiez en mesure, je ne dis pas nos élus sortants, mais nos délégués, nos militants, de répondre aux insinuations, aux perfidies qui seront lancées contre notre Parti.

Il ne s'agit pas, en voulant exiger un prélèvement sur le capital, de faire un acte d'agression contre le capital; il ne s'agit pas de le concevoir comme certains partis extrémistes pourraient avoir le désir de le faire ou pourraient avoir eu le désir de le faire. Le parti Radical et Radical-Socialiste, qui a le souci de la conservation de la fortune publique, et qui désirerait voir évoluer les choses dans l'ordre naturel, ne veut pas massacrer les capitalistes. Il faut, quand il envisage le prélèvement sur le capital dans un but exclusif d'amortissement partiel de la dette publique, il faut qu'il dise à l'opinion pourquoi, dans son programme de demain, dans sa doctrine de tout-à-l'heure, s'il avait le pouvoir, il tenterait de restaurer les finances publiques, en dehors d'autres procédés, par un prélèvement exceptionnel, extraordinaire, unique, sur le capital. (*Applaudissements*).

Il faut que vous le disiez ou que vous rejettiez ce système; mais vous ne pouvez pas rester dans l'incertitude et dans une nonchalante expectative, gardant une opinion secrète que vous ne pourriez ni défendre, ni avouer. Ces faiblesses politiques ne sont pas faites pour servir une cause. Quand on détient le portefeuille des Finances, il est évidemment plus facile de réaliser certaines réformes moins hardies pour faire le simulacre de restaurer provisoirement les finances, mais notre Parti, qui cherche en ce moment la revanche à laquelle il a droit, doit, en ce qui concerne son programme entier, intégral, sur le terrain financier, exposer les grandes vues d'ensemble qu'il a pour assainir les finances publiques.

Je rends hommage aux efforts qui ont été accomplis jusqu'ici par notre Président Herriot qui, dans tous les débats financiers, en même temps que le citoyen Renard, n'a jamais manqué d'exprimer des vues personnelles qui sont parfaites dans leur esprit. Mais un grand Parti comme le nôtre ne doit pas se contenter de vues isolées, éparpillées; il faut qu'à un moment donné — et nous sommes à ce moment — il exprime une vue d'ensemble et qu'il ait une opinion unique, parce qu'alors vous pourrez organiser la propagande nécessaire, donner à vos militants des armes pour exposer la pensée du Parti et ne pas laisser vos organes fédératifs désemparés devant les insinuations qui viendraient troubler l'esprit des ruraux et une grande partie de la classe laborieuse. (*Applaudissements*).

Voilà pourquoi le Comité Exécutif, depuis deux ans, s'est saisi de la question et a décidé qu'il convenait d'examiner et étudier à fond, non pas un système spécial, non pas simplement une théorie d'emprunt forcé, mais de voir s'il était possible d'installer dans notre programme la question très délicate, très importante, d'un prélèvement personnel. A la suite de divers ordres du jour qui avaient été votés, on a décidé qu'une Commission serait chargée d'étudier ce problème et de l'envisager particulièrement.

Je viens aujourd'hui vous apporter les résolutions de cette Commission. Je ne vous demande pas, au nom de cette Commission, de résoudre le problème d'une façon complète en levant la main. Nos collègues Gavaudan et

Payen, eux aussi, ont fait un effort pour mettre un système sur pied; le Comité Exécutif a essayé de mettre debout un avant-projet : ce sont des documents qui peuvent servir à nos élus, à nos représentants au Parlement. En vous les apportant, nous vous apportons un ordre du jour qui résume notre pensée, mais je me borne à vous demander de dire : nous entendons que vous preniez en considération les modalités envisagées et nous entendons qu'elles soient étudiées par ceux qui ont compétence pour les mener, législativement, à bonne fin.

Les membres de la Commission qui m'ont prêté leur concours, notamment, au secrétariat, les citoyens Jean-Barberis et Numa Cavalier, ont très consciencieusement travaillé et ont apporté un large concours individuel. Cette Commission a fait tout un travail que je remets au Bureau du Congrès et qui fera l'objet au point de vue technique, de débats ultérieurs approfondis ailleurs qu'au Congrès. Pour ma part, je viens vous dire ceci : comme l'a très bien dit Renard, la situation financière est grave; il est incontestable qu'elle ne peut que s'aggraver. Si demain vous donniez au Parti Radical et Radical-Socialiste la responsabilité effective des finances publiques, est-ce que vous apporteriez à ce pays un programme nouveau ? Les critiques contre ce qu'ont pu faire vos prédécesseurs, c'est très utile au point de vue électoral, cela peut consolider des situations acquises pour nos élus, c'est une besogne de politique momentanée. Mais, à un moment donné, il faut réaliser : votre budget traînera un poids lourd, ce sont les arrérages des emprunts de guerre, c'est-à-dire un fardeau écrasant. Dans ces conditions, vous devez, vous Radicaux et Radicaux-Socialistes, dire : si nous voulons amortir la dette publique, parmi les procédés à envisager, il en est un que nous entendons pratiquer, avec le souci de ne pas persécuter les gens, de ne pas froisser les susceptibilités, de ne pas gêner l'action électorale de nos élus, mais nous pouvons affirmer que c'est un moyen exceptionnel qui ne se reproduira pas, c'est-à-dire une sorte de crédit extraordinaire inscrit au crédit de l'Etat, le jour où la loi serait promulguée, et qui donnerait sur l'ensemble des fortunes privées une sorte d'hypothèque dont un certain montant serait versé immédiatement dans vos caisses, les autres paiements étant échelonnés sur une série très courte d'années.

Tous les techniciens qui ont étudié cette question sont arrivés à cette conception que tous les autres systèmes d'emprunts forcés ne peuvent pas liquider une situation financière, que le prélèvement, seul, a une réelle efficacité.

Voilà le principe sur lequel je viens vous demander de vous prononcer, au nom de la Commission.

Je pense que le Congrès saisira l'importance de ce débat que j'écourte pour ma part, tout en restant à la disposition de ceux de mes collègues qui auraient des explications à me demander. Je ne veux pas m'étendre en ce moment, mais je dis qu'il y a un devoir pour les capitaux à consentir ce sacrifice et je dis que c'est un devoir pour le Parti Radical et Radical-Socialiste d'accepter la responsabilité de le dire de suite.

Il faut donc que le Congrès accepte aujourd'hui de prendre en considération les documents que je dépose sur le Bureau. Dans le travail d'ensemble que le citoyen Schmidt est appelé à exposer, sur toute la situation financière, et qui comporte, évidemment, d'autres développements, sera encarté un paragraphe spécial indiquant que nous entendons bien recommander le problème à tous nos amis, à tous les militants. Le capital sera atteint, sans doute, mais dans l'intérêt de la consolidation de la fortune publique et, par conséquent, de la prospérité du pays. (*Applaudissements*).

Je me permets de vous dire, en un mot, ce que je pense : c'est que l'effort de travail auquel cette nation est condamnée désormais est, comme Franklin-Bouillon lui-même l'a dit, au début de cette réunion, un effort de travail ardent qui ne cessera plus maintenant : un peuple de rentiers ne peut pas continuer à exister; l'esprit du rentier, ce n'est pas une méthode économique, cela ne peut pas constituer l'esprit d'une nation. Le travail, seul, est appelé à réparer le désordre financier. Prélever une contribution sur le capital est un moyen momentané, peut-être de troubler les possédants, mais cela dans l'intérêt de la consolidation des richesses nationales,, car vous savez que les biens des citoyens privés, peuvent être atteints sans que la richesse publique soit atteinte; au contraire : la fortune publique est fortifiée

et, à son tour, la vitalité du crédit public a une répercussion sur les biens des particuliers; c'est une vitalité
nouvelle dans le pays tout entier.

Après les quelques observations sommaires que je
viens de présenter, je vous demande donc, au nom des
aspirations de notre grand Parti, de ne pas négliger ce
point de vue. Je dépose sur le bureau le texte de l'avant-
projet législatif élaboré par la Commission, et je répète
ici le mot célèbre de Saint-Just : Osez et vous serez
certainement récompensés ! (*Vifs applaudissements*).

Le Président. — La parole est au citoyen Gavaudan.

Citoyen Gavaudan. — Je ne retiendrai pas longtemps
votre attention. Si j'ai demandé la parole, c'est surtout
pour rendre hommage au travail considérable qui a été
fourni par un de nos vieux militants, le citoyen Payen,
sur la question angoissante du prélèvement sur le capital.

Auteur autrefois d'un projet de retraites ouvrières,
le citoyen Payen a traité aujourd'hui, dans toute son
ampleur, la question du prélèvement sur le capital.

Le projet Payen a été fait sien par la Fédération des
Bouches-du-Rhône; nous l'avons soumis à la Commission
qui l'a étudié et, d'accord avec les citoyens Renard et
Schmidt, il est convenu que le rapport et l'avant-projet
du citoyen Bauzin et du citoyen Payen seront étudiés
par nos Parlementaires, mis au point, qu'ils s'en inspireront et présenteront un projet de loi sur le prélèvement sur le capital.

Je demanderai à nos amis parlementaires de se presser, parce que la situation est grave : nous sommes à la
veille d'une faillite. Il faut que le Parti Radical et Radical-Socialiste ait le courage de dire que le prélèvement
sur le capital est le seul moyen d'éviter la faillite. Prenons nos responsabilités, quelles qu'elles soient. Ce sera
notre honneur de demain, d'avoir osé dire à ceux qui
possèdent : il faut lâcher une partie de vos capitaux
pour sauver la France elle-même. Si nous hésitons, si
nous reculons, d'autres partis, plus courageux que nous,
peut-être, prendront nos projets, s'en inspireront, les feront aboutir et auront devant le pays l'honneur d'avoir
fait une réforme qu'il ne tient qu'à nous d'accomplir.

Ayant rendu cet hommage au citoyen Payen, je dé-

clare que nous sommes entièrement d'accord avec nos
amis et que l'ordre du jour qui va être présenté par le
citoyen Schmidt est conforme à nos désirs. Il ne nous
reste, par conséquent qu'à souhaiter que nos parlementaires ne l'enterrent pas, mais s'en inspirent, se mettent
à la besogne dès demain et le fassent aboutir. (*Applaudissements*).

## LES CONCLUSIONS DU DEBAT
## SUR LES QUESTIONS FINANCIERES

Le Président. — La parole est au citoyen Schmidt
pour conclure.

Citoyen Schmidt, *Rapporteur*. — Citoyens, je vous
apporte les conclusions de la Commission tout entière.

Ces temps derniers pour restaurer la situation financière, nous avons examiné avec beaucoup d'attention les
projets relatifs au prélèvement sur le capital, non seulement les projets Payen et Bauzin, auxquels nous devons rendre un hommage mérité, mais aussi le projet
Renard qui a été exposé.

Le prélèvement sur le capital est la ressource extrême,
celle dont essayerons au dernier moment. Il y a, à
l'heure actuelle, un redressement total à faire. Le Parti
Radical et Radical-Socialiste veut vous donner un ordre
du jour aussi complet que possible indiquant toute sa
pensée. Il estime que si, demain, il était au pouvoir, il
aurait à appliquer les idées que je vais essayer de vous
énumérer :

*Le Congrès demande :*

1° *Le rétablissement énergique et immédiat de l'ordre
dans les services comptables, dans le contrôle des dépenses publiques afin d'aboutir à des économies importantes et sérieuses et de permettre une évaluation réelle
de nos dettes, bilan, comptes et budgets et une considérable augmentation des recettes;*

2° *Le financement international de notre créance sur
l'Allemagne pour hâter le paiement en espèces et en
nature des réparations;*

*3° La dette flottante dont l'évaluation varie entre 85 milliards et 165 milliards qu'il faut amortir au plus vite pour empêcher la catastrophe financière par des moyens dont suit une énumération sinon limitative du moins précise :*

*a) Meilleure organisation des monopoles et services publics par leur industrialisation ;*

*b) Lutte contre l'évasion fiscale sur les taxes successorales et l'impôt général sur le revenu en atteignant les valeurs au porteur par une modification de la législation sur les valeurs nominatives ;*

*c) Surveillance des placements à l'étranger drainant une grosse part de l'épargne française;*

*d) Révision des douanes et traités de commerce nouveaux avec l'étranger ;*

*e) Répression impitoyable du dérèglement souvent artificiel des changes, cause importante de vie chère et dû en partie à des spéculations éhontées;*

*f) Relations coloniales améliorées et augmentées des ressources à attendre de la France d'outre mer ;*

*4° Le prélèvement éventuel, exceptionnel et unique sur la fortune acquise envisagé comme moyen de salut suprême qui doit être étudié par le Parleemnt dans le but exclusif d'amortir la dette en utilisant les projets Renard, Bauzin et Payen, dont le Congrès a approuvé les principes.*

*Le Congrès demande en outre la révision de l'impôt des salaires en tenant compte des charges de famille, celle de l'impôt sur le chiffre d'affaires en soulageant les classes laborieuses des ouvriers et des petits commerçants atteints par ces contributions.*

Je ne veux pas insister sur le paragraphe 1 ; les récents débats vous ont montré la gabegie profonde qui existe dans les services comptables : 6 milliards d'erreurs dans les bons de la Défense Nationale ! Le chiffre encore inconnu du coût de l'expédition Wrangel, de l'expédition de Syrie, quelques sondages rapidement faits par la Commission des Comptes faisant apparaître un désordre total dans les trésoreries, dont 58 seulement sont à jour sur 90 ! faisant découvrir au ministère de la Guerre un bureau de prisonniers de guerre fonctionnant avec les mêmes effectifs d'officiers que pendant la guerre. Donc, une gabegie énorme. Et, aussi, désordre dans les rentrées : les rôles publiés trop tard et avec des erreurs telles qu'à l'heure présente les tribunaux administratifs sont encombrés par des masses de réclamations. Impossibilité de connaître exactement notre bilan. Le déficit est évalué par M. de Lasteyrie à 3 milliards pour cette année ; M. Bokanowski vient après et nous dit que le déficit est de 5 milliards ! M. Tronchet, au Sénat, vient déclarer que le déficit réel est de 7 milliards !

Voilà dans quelle ignorance de la situation nous sommes. On nous demande de voter un budget qui pour la première fois depuis que nous sommes en République se présente en déficit.

Voilà le plan d'ensemble que j'ai à vous proposer au nom de la Commission.

Le Président. — J'ai le devoir de féliciter en votre nom nos différents rapporteurs qui se sont inspirés de la passion qui nous anime tous de dire la vérité au pays.

Vous avez entendu les conclusions de la Commission, je ne les relis pas.

Un Congressiste. — Je voudrais que l'on insérât dans ces conclusions une demande formelle d'économies.

Le Président. — C'est dit dans le 1er paragraphe : « ...dans le contrôle des dépenses publiques afin d'aboutir à des économies importantes et sérieuses. »

Citoyen Schmidt. — Vous demanderez des économies, quand vous aurez redressé les finances.

Un Congressiste. — On ne fera des économies sérieuses que quand on sera décidé à faire une politique qui ne soit pas une politique militariste, parce que c'est le budget de la guerre qui, à l'heure actuelle, pèse le plus lourdement sur nos dépenses.

Le Président. — Ces observations devraient être présentées en commission. Vous avez un texte sur lequel la Commission s'est mise d'accord, la sagesse nous commande de le voter. N'entrons pas dans le détail, votons la résolution sur l'esprit de laquelle nous sommes tous d'accord. (*Assentiment général.*)

(Les conclusions sont adoptées à l'unanimité.)

# LA RECONSTITUTION
## DES REGIONS LIBEREES

La parole est au citoyen Doucedame, pour son rapport sur les réparations et la reconstitution des régions dévastées.

Citoyen DOUCEDAME, *rapporteur*. — Le problème des réparations a préoccupé tout particulièrement votre deuxième Commission.

Vous savez que depuis mai 1921 les accords de Londres ont fixé définitivement la dette de l'Allemagne à notre égard : mais cependant, les versements en espèces qui ont été faits depuis cette date sont absolument dérisoires et nous pouvons dire que le règlement n'a pas encore reçu un commencement d'exécution. Le Gouvernement allemand a naturellement agi, en beaucoup de circonstances comme un débiteur qui cherche toujours des procédés obliques pour ne pas payer sa dette. Je reconnais que le Gouvernement allemand ne s'est pas comporté avec ce minimum d'honnêteté qu'il aurait dû apporter vis-à-vis du Gouvernement français, après avoir reconnu qu'il devait participer à la réparation des dommages causés aux personnes et aux biens de ce pays.

Il faut reconnaître aussi que le parti démocratique allemand n'a pas eu le courage d'imposer au capital allemand un prélèvement, ni d'empêcher cette évasion fiscale qui, à l'heure actuelle, est véritablement scandaleuse et qui tend à la faillite de l'Etat, alors que l'on peut donner chaque jour les preuves de l'argent que possèdent les capitalistes allemands dans les banques étrangères.

Pour toutes ces raisons, je dis que le Gouvernement français aurait dû, depuis longtemps, sachant que son débiteur montrait une certaine mauvaise foi à acquitter sa dette, accepter une méthode rationnelle pour assurer au moins la reconstruction des pays dévastés.

Quand on examine l'œuvre accomplie par les divers gouvernements français depuis le traité de Versailles, on est forcé de reconnaître que ces divers gouvernements n'ont su pratiquer qu'une politique de force inopérante — la preuve en est établie — et n'ont su qu'attirer la haine sur notre pays, sans aucun bénéfice réel. Il fallait aller résolument vers cette méthode rationnelle de reconstruction, qui consistait à demander à l'Allemagne, puisqu'elle faisait montre de mauvaise foi, de collaborer à notre relèvement, parce qu'elle ne pouvait faire baisser sa principale richesse, c'est-à-dire l'apport de ses nombreux matériaux et de sa main-d'œuvre qualifiée.

Voilà la thèse que les représentants du parti radical et radical-socialiste et du parti socialiste, dans les départements dévastés, ont soutenue depuis 1919. Depuis 1919, nous avons indiqué à ce pays dans quelles conditions on pourrrait arriver à réduire la dette de l'Allemagne et dans quelles conditions on pourrait arriver à une reconstruction rapide des pays détruits. On n'a pas voulu écouter nos doléances, parce qu'il y avait en jeu des intérêts privés, parce que les entrepreneurs, les gros industriels de France sont arrivés en 1919 dans nos pays dévastés avec la volonté certaine de s'y comporter comme dans un nouveau Madagascar et d'y réaliser les bénéfices excessifs qu'ils avaient connus pendant la guerre ! (*Applaudissements.*)

Nous sommes cependant arrivés, par l'appui de ce parti et des partis de gauche, à soulever l'opinion publique, à faire taire certaines questions de sentiment mal placé et à démontrer qu'il fallait aller vers ces méthodes, puisque les années s'écoulent et que nous ne touchons rien !

C'est ainsi que nous avons pu permettre, par notre action, à M. Loucheur, en octobre 1921, de signer les accords de Wiesbaden avec Rathenau. Il est regrettable que ces accords de Wiesbaden n'aient pas été appliqués. On n'a pas voulu les appliquer et on a cherché toutes sortes de procédés obliques, dilatoires, pour en retarder l'application. On est arrivé ensuite à ratifier ces accords, qui permettaient au peuple français de recevoir des matériaux allemands ; on a transformé cela en contrats privés ; on a fait les accords que vous connaissez, qui permettaient toutes sortes de transactions commerciales et, il faut le dire, toutes sortes de spéculations privées.

Nous sommes arrivés à un moment où il faut, tout de même, réaliser la reconstruction par la méthode rationnelle, car il n'y a pas moyen d'agir d'une autre façon. A ce moment, nous avons vu que le ministre français, le 23 juillet, avait décidé que le tarif douanier minimum serait appliqué pour les prestations en nature ; quelques jours avant, le 20 juillet, un décret permettait la mise en mouvement des accords dont je viens de parler, mais aussitôt nous avons vu que l'action que nous avions menée dans l'intérêt des pays dévastés avait été détournée de son but et que ces méthodes rationnelles que nous voulions, dans l'intérêt des sinistrés, on cherchait à les appliquer dans l'intérêt des financiers français et allemands. (*Applaudissements.*)

Il y a eu ensuite un accord sur lequel on s'est expliqué : l'accord de Lubersac-Hugo Stinnes. De Lubersac, c'est le représentant des grands banquiers ; il représente, en quelque sorte, au point de vue social, le parti réactionnaire. Hugo Stinnes, je n'ai pas besoin de m'expliquer longuement sur son compte : c'est l'homme qui, à Spa et ailleurs, a fait montre de sentiments anti-français. Voilà les deux hommes qui ont essayé, au profit de leurs organisations respectives, de réaliser la prestation en nature que nous avions préconisée.

Quand nous avons connu cette situation, nous avons repris les conversations, au Comité des Régions dévastées, que nous avions amorcées, il y a un an, avec la Fédération de construction allemande et nous avons eu la bonne fortune, il y a quinze jours, de signer un accord qui est un accord d'organismes sociaux et non un accord d'hommes d'affaires tels que de Lubersac, car de Lubersac, interrogé, a répondu : j'ai fait une affaire ! A ces accords d'hommes d'affaires, nous avons opposé, dans l'intérêt de notre pays, un accord émanant d'organismes sociaux ne cherchant pas à faire des bénéfices, à réaliser des dividendes, mais cherchant simplement à restaurer ces pays dévastés. Car il faut reconstituer les régions dévastées en établissant, par là-même, de meilleurs rapports économiques entre les peuples : comme le disait le citoyen Herriot, les accords économiques sont de plus en plus nécessaires entre les peuples. Or, nous pensons que ces accords, tels que nous voulons les réaliser, permettront de meilleurs rapports entre la France et l'Allemagne et augmenteront la sécurité de la paix entre les deux peuples. (*Vifs applaudissements.*)

Voici la résolution que je vous demande de voter :

« *Le Congrès,*

« *Constatant que trois années et demie après la signature du traité de Versailles, la France n'a pour ainsi dire rien touché de l'Allemagne au titre des réparations :*

» *Rappelant l'ordre du jour voté en octobre 1921 par le Congrès de Lyon, favorable à la collaboration en nature de l'Allemagne pour la reconstruction des pays détruits pendant la guerre ;*

» *Emet le vœu :*

« *1°. — Que le Gouvernement, négligeant certains intérêts particuliers, pratique enfin, à propos des prestations en nature, un politique de réalisation très nette et très agissante ;*

» *2°. — Que le Gouvernement en ce qui concerne les contrats privés entre sinistrés français et fournisseurs allemands, se déclare favorable aux accords émanant d'organismes sociaux, accords excluant toutes sources de bénéfices économiques entre les deux Etats et pour la sécurité de la paix entre les deux peuples.* »

## FIXATION DE L'ORDRE DU JOUR

Le Président. — Les applaudissements de la salle tout entière montrent qu'elle approuve les conclusions du citoyen Doucedame. Je les mets aux voix.

(Les conclusions sont adoptées à l'unanimité.)

L'ordre du jour appellerait la discussion sur la politique intérieure, mais je crois qu'en raison de l'heure tardive, il convient de renvoyer cette question à demain. Nous ne pourrions engager un débat aussi complet que celui que comporte cette importante question. Si vous le voulez bien, nous mettrons cette question en tête de l'ordre du jour de la séance de demain matin. (*Assentiment général.*) Personne n'y fait objection ?... Il en est ainsi décidé.

Le citoyen Herriot m'a demandé la parole pour une question de détail ; je la lui donne.

## NOTION SUR LES PROCES CAILLAUX ET MALVY

Citoyen HERRIOT. — Citoyens, j'ai reçu de la Commission des Affaires politiques un mandat précis que j'entends exécuter.

Il s'agit d'une question spécialement délicate qui a été posée par deux ordres du jour, l'un de la Fédération des Bouches-du-Rhône, l'autre de la Fédération de la Seine-Inférieure. Ces ordres du jour sont relatifs aux procès Malvy-Caillaux. Ils ont fait l'objet, à la Commission, d'une discussion très longue, très minutieuse, j'en prends à témoin les membres de la Commission qui sont dans la salle.

Après un très long échange de vues, l'unanimité s'est facilement établie sur un ordre du jour qui devait vous être présenté et devait, à son tour, réunir l'unanimité du parti sur des considérations dont personne ne peut contester la légitimité, c'est-à-dire des considérations de droit.

L'ordre du jour a été rédigé ; je pense que, lorsque je l'aurai lu, il recueillera la même unanimité qu'hier au sein de la Commission.

Je n'ai pas besoin d'insister sur l'intérêt qu'il y a, après une séance qui a eu le caractère de celle-ci, à ne pas compliquer une discussion au sujet de laquelle ceux d'entre nous qui font partie de la Commission ont mûrement pesé les termes de leur décision.

« *Le Congrès de Marseille, considérant que le Congrès de Lyon a demandé la publication des procès-verbaux des affaires Caillaux et Malvy ;*

» *Considérant que cette publication n'a pas été obtenue ;*

» *Considérant qu'il y a lieu d'inférer de ce fait que les procès Caillaux et Malvy sont des procès occultes et d'opinion ;*

» *Considérant que la tradition républicaine s'est toujours prononcée contre les procès d'opinion ;*

» *Constate que les affaires Caillaux et Malvy ont été des affaires politiques et déclare qu'il y a lieu de ne pas laisser prescrire les droits des personnes condamnées par une juridiction exceptionnelle et en grande partie secrète. »* (Vifs applaudissements.)

LE PRÉSIDENT. — Ainsi que le citoyen Herriot l'a demandé, il convient que le vote de cet ordre du jour ait lieu sans discussion et à l'unanimité, pour bien manifester les sentiments de l'Assemblée.

Je le mets donc aux voix.

(L'ordre du jour est adopté à l'unanimité au milieu des applaudissements.

## DECISION SUR L'AFFAIRE DE LA GIRONDE

LE PRÉSIDENT. — Je donne la parole au citoyen Fabius de Champville pour vous donner les conclusions de la Commission qui s'est occupée de l'incident de la Gironde.

Citoyen FABIUS DE CHAMPVILLE. — Citoyens, vous avez entendu, quand on a lu les noms des délégués, que la Gironde était restée réservée, jusqu'à ce que la Commission ait pris une décision. La Commission que vous avez désignée pour suivre cette affaire a émis l'ordre du jour suivant qu'elle vous demande de ratifier sans discussion.

« *La Commission, après avoir examiné la situation du parti dans le département de la Gironde, décide qu'il n'y a lieu de retenir aucune des allégations et imputations produites de part et d'autre.*

» *En conséquence, déclare clos, en ce qui la concerne, les incidents de la Gironde et annule la décision prise par défaut contre l'une des parties ;*

» *Fait confiance aux présidents des deux groupements pour organiser dans le délai maximum de deux mois une réunion composée des membres de tous les Comités existants à ce jour, en vue d'assurer l'unité de Fédération et d'action radicale et radicale-socialiste dans la Gironde ;*

*» Charge le Bureau du Comité Exécutif de régler, d'accord avec le Bureau qui sortira de la dite réunion, la question des délégations au Comité Exécutif. ».*

Le Président. — Je mets aux voix les conclusions de la Commission.

*(Les conclusions de la Commission sont adoptées à l'unanimité).*

Citoyen Fabius de Champville. — Vive la République !

## ORDRE DU JOUR

Le Président. — On me fait observer que la question de la politique intérieure ne pourra pas être discutée utilement à la séance de demain matin, en raison du nombre restreint de délégués qui viennent aux séances de la matinée. Si l'Assemblée n'y voit pas d'inconvénient, on mettra cette question importante à la séance de l'après-midi. Il n'y a pas d'opposition ?... Il en est ainsi décidé.

L'ordre du jour de la séance du matin sera celui qui figure au *Bulletin.*

La séance est levée; prochaine séance ici demain matin à 9 heures.

*(La séance est levée à 18 h. 30).*

QUATRIEME SEANCE

## Séance du samedi 18 novembre, matin

La séance est ouverte à 9 h. 30 sous la présidence du citoyen Pasquet, sénateur des Bouches-du-Rhône, assisté des citoyens Justin Godart, Lamoureux, députés, Castang, conseiller général du Gard, Albert Milhaud, etc.

# DISCOURS DU CITOYEN PASQUET

# PRESIDENT

Mon excellent ami Gavaudan, l'actif et dévoué Président de la Fédération départementale, vous a souhaité la bienvenue en termes éloquents et particulièrement heureux lors de l'ouverture du Congrès. Je veux simplement, puisque l'occasion m'en est offerte, vous dire, en ma qualité de Président du Conseil général de ce beau département, ma joie que Marseille, quelquefois boudeuse et capricieuse comme une jolie femme, vous ait réservé pour la durée totale de votre séjour, son plus gracieux sourire : le soleil, et revêtu sa plus belle parure : son ciel azuré. J'ai un autre sujet de satisfaction : c'est la parfaite tenue, la belle ordonnance de notre Congrès.

Nos travaux se poursuivent avec infiniment de méthode et avec grand profit pour nos idées et pour notre doctrine. J'ai quelque scrupule à en retarder la reprise au début de cette dernière journée de Congrès. Aussi bien, après les discours de Peytral, de Franklin-Bouillon, après l'exposé lumineux, éblouissant d'Herriot, ne reste-t-il rien à dire; mais un Congrès doit être autre chose qu'une manifestation oratoire. Il ne suffit pas d'établir un bilan politique, il faut examiner ce bilan dans ses conséquences.

Avec cette ardeur éloquente que vous lui connaissez, Franklin-Bouillon a posé le problème d'une façon saisissante. Faillite et action a-t-il dit, voilà bien les termes du problème. Consentons-nous la faillite, préparons-

nous l'action ? Allons-nous, tels des diplomates, porter
d'Assemblée en Assemblée notre éloquence agitée, ou
bien, soucieux du rôle et des obligations que nous dicte
notre Parti, — car les Partis existent toujours, quoi qu'on
en dise; — apporterons-nous à nos militants des possibilités d'action et de propagande en vue de la bataille
électorale prochaine.

A l'heure présente, le Pays est las des incertitudes de
la Diplomatie et des défaillances de la Paix. Il perçoit
toute la gravité de la situation dans laquelle nous nous
débattons, au-dehors comme au-dedans et il entend sortir de cette période périlleuse et troublée.

Sans être trop pessimiste, il faut bien avouer que nos
charges financières pèsent lourdement sur nos épaules.
Notre budget, en déficit, l'atteste aux yeux de quiconque
ne veut pas se payer de mots, comme d'ailleurs, s'avère
insuffisante la politique financière du Gouvernement qui
compte sur l'œuvre du temps, alors que les exigences
de notre trésorerie sont immédiates. Sans doute, des
réductions de dépenses sont enregistrées, mais pourquoi
ne touche-t-on pas au budget militaire qui reste démesurément grossi depuis l'armistice ? Pourquoi s'en
prend-on aux monopoles que guettent, que convoitent
certains groupements financiers ? Que penser de cette
campagne contre la taxe sur le **chiffre d'affaires, qui est**
une véritable torpille contre l'impôt sur le revenu ?
Cette campagne, elle est menée par ceux-là mêmes qui
ont inventé la taxe sur le chiffre d'affaires par peur du
régime fiscal que le Parti Radical a fait adopter dans la
dernière législature. (*Applaudissements*).

Nous avons voulu, nous, plus de justice fiscale. Notre
but n'est pas encore atteint. En réalité, par un singulier
anachronisme, l'assujetti respectueux de la loi est seul
susceptible d'être contrôlé; celui qui, avec moins de
scrupule se met en rébellion cachée contre elle, échappe
aux investigations du fisc. Il faut de toute nécessité, ren-
forcer le contrôle, édicter des sanctions sévères. Ce n'est
pas la Chambre actuelle qui se prêtera à la réalisation
de telles mesures.

A l'extérieur, les difficultés s'accroissent au fur et à
mesure que les conférences se succèdent. De la main-
mise au collet, au coup de clairon d'hier, en passant
par les imprécations de Bar-le-Duc, nous avons connu

toute la gamme des vaines menaces, menaces d'autant plus décevantes qu'elles aboutissent à tous les renoncements, et, cependant, dans cette Europe nouvelle qui se cherche en notre absence, est-ce que vraiment, nous allons, longtemps encore, ne pas écouter la voix véhémente d'Herriot et de Daladier, nous suppliant de reprendre partout nos postes d'affaires et nos flambeaux d'avant-guerre ? (*Applaudissements.*)

Bruxelles après Gênes, soit. Le Pays s'est prononcé pour la paix ; il la désire ardemment et il demande, avec une insistance chaque jour plus raisonnée que cesse l'incertitude fiévreuse dans laquelle il vit depuis la signature du traité de Versailles. Je ne crois pas, pour ma part, que son désir se trouve satisfait par l'occupation purement économique de la Ruhr. C'est plutôt par le règlement conjugué des réparations et des dettes interalliées ; ces problèmes, ballottés de conférence en conférence, où se heurtent, sans profit pour leur Pays respectif, les hommes d'Etat les plus avisés, ne seront résolus définitivement que s'ils sont déférés par les Gouvernements eux-mêmes à la Société des Nations qui est, on l'a dit ailleurs, l'organisme protecteur des peuples contre l'impuissance de leurs dirigeants. C'est aussi, par une collaboration économique franco-allemande. (*Très bien.*)

Cette éventualité, il faudra bien nous résoudre à l'envisager, si nous voulons recouvrer notre créance déjà si réduite. Mais un rapprochement, si désirable qu'il soit, n'est possible que s'il repose sur des garanties précises et sur des gages positifs, car nous entendons recevoir la juste réparation de nos dommages. (*Applaudissements.*)

Du point de vue intérieur, où en sommes-nous ? Regardez. Ici, lassitude des chefs de gouvernement qui sont toujours à la remorque d'une majorité qui s'entrechoque et qui se désagrège ; étonnement irrité de l'opinion publique qui ne se sent pas dirigée ; là, désaveu du Pays qui, à la suite de récentes consultations électorales, ne se reconnaît plus dans la majorité qui le gouverne. Jamais, à mon sens, l'heure n'a été plus grave. Nous sommes en pleine crise à l'intérieur comme au dehors. Nous assistons au réveil de l'opinion publique, un moment grisée par la victoire, longtemps ignorante des obstacles qui s'opposent encore à l'instauration de la Paix définitive. Nous constatons la carence d'une Chambre née d'un malentendu et qui se débat dans l'incohérence parce que, sans idée, sans courage fiscal, sans vue d'avenir, déjà hantée par le souci de sa réélection dont elle commence à douter, incapable même de faire confiance entière à un Gouvernement parce qu'elle se défie d'elle-même. D'instinct, c'est vers le Pays qu'il faudrait tourner nos regards, si, déjà notre Parti ne lui avait signalé l'erreur d'hier et la nécessité pour demain d'un redressement, non pas au profit seulement d'un Parti, mais dans l'intérêt de la France elle-même. C'est au corps électoral qu'il faut demander d'apprécier, de juger, de décider. Il le fera avec son robuste bon sens, dans l'ardeur de sa foi républicaine et patriotique, et je veux croire que les élections de 1924 marqueront le retour du Pays aux saines traditions des Gauches républicaines.

Citoyens, par la propogande incessante, par une action continue, active, uniquement orientée, comme le disait Herriot dans son discours d'ouverture : Vers la Patrie et vers la République, préparons l'Avenir ! (*Très vifs applaudissements.*)

Le Président. — La parole est au citoyen Lamoureux sur la politique agricole.

## RAPPORT SUR LA POLITIQUE AGRICOLE

Citoyen Lamoureux. — Citoyens, je m'excuse tout d'abord d'occuper si souvent la scène; mais, pour une fois, ce n'est pas de ma faute. Nos amis Queuille et Donon avaient accepté de venir traiter devant vous deux questions agricoles. Queuille devait vous parler de la mutualité agricole et Donon des engrais et des moyens d'accroître la production agricole.

Au dernier moment, des obligations les ont retenus à Paris et ils ont été contraints de s'excuser auprès du Congrès de ne pouvoir remplir leur engagement. C'est dans ces conditions qu'au pied levé on m'a demandé de me substituer à eux et de venir vous parler des questions qu'ils devaient vous exposer.

Je n'ai pas la prétention de penser un instant que je

pourrai les faire oublier, je vais simplement, dans un exposé aussi bref que possible, m'efforcer de traiter les deux questions portées à notre ordre du jour.

Ces deux questions, je vous le rappelle, sont celles de la mutualité agricole d'une part, des engrais et des moyens d'accroître la production agricole d'autre part.

Je vous parlerai, tout d'abord, de la mutualité agricole. Quand on veut se poser le problème de la mutualité agricole, on doit reconnatîre qu'il comprend deux parties : l'une, l'assurance mutuelle, l'autre, le crédit agricole.

Prenons l'assurance mutuelle. Citoyens, vous savez qu'il n'y a peut-être pas une profession qui, plus que la profession agricole, soit expcsée aux risques les plus graves, les plus divers et les plus nombreux : risque d'incendie, mortalité du bétail, grêle, gelée, humidité, etc...

Il semble que la nature, comme à plaisir, se soit plu à accumuler sur la tête des agriculteurs, pour rendre leur situation plus précaire, les risques de toute nature que l'on peut imaginer.

On a reproché aux agriculteurs — et je considère que c'est injuste — de manquer de prévoyance pour essayer de se prémunir contre les risques inhérents à leur profession. En ce qui me concerne, je répète que c'est une injustice : l'agriculteur n'est pas imprévoyant. C'est tellement vrai qu'il s'assure contre le risque d'incendie dont il est menacé et que l'on peut dire, en fait, qu'il n'y a presque pas d'agriculteur qui ne soit assuré contre ce risque.

Si l'agriculteur n'a pas davantage pratiqué l'assurance contre les autres risques, cela tient à une double raison que je vais préciser.

D'une part, les Compagnies d'assurance ont l'habitude de prendre aux agriculteurs, pour les assurer, des primes assez élevées, et, si l'agriculteur voulait s'assurer contre la totalité des risques qui l'assaillent, il serait obligé de payer une somme qui finirait par absorber la presque totalité de ses bénéfices agricoles.

D'autre part, les Compagnies d'assurance ont bien souvent abusé de la bonne foi des agriculteurs : après les avoir assurés contre des risques déterminés et leur avoir fait payer des primes importantes, quand le sinis-

tre s'est produit et qu'elles ont été obligées de faire face
au risque, elles se sont défilées, elles ont trompé la
confiance de leurs assurés.

Il en est résulté que l'agriculteur, qui est prudent et
qui n'aime pas être trompé, a refusé de façon générale
par la suite de pratiquer les assurances. Cette situation n'a pas été inconnue du législateur. Le Parti Radical qui, pendant vingt-cinq années, a participé au pouvoir, s'est posé cette question des assurances agricoles et
a cherché le moyen d'encourager l'agriculteur dans la
voie de l'assurance mutuelle.

Il a estimé, en effet — avec raison — que bien souvent l'agriculteur, frappé d'une calamité inattendue et
ruiné par cette calamité, abandonnait une profession qui,
à l'usage, s'est révélée assez précaire... Aussi, pour pousser l'agriculteur à l'assurance, il a encouragé l'assurance
mutuelle, il a consenti à son profit deux avantages considérables.

Le premier consiste à dispenser les sociétés d'assurance mutuelle de l'obligation de payer l'impôt auquel
sont soumises les Compagnies d'assurances privées, impôt qui se répercute sur les primes payées par les assurés.

Le second a consisté à accorder des subventions extrêmement importantes proportionnées, d'une part à l'é-
tendue du risque couvert; d'autre part, au montant des
réassurances, aux sociétés pratiquant l'assurance mutuelle.

Ainsi, par le jeu des assurances mutuelles qui ont
fonctionné dans certains pays, les agriculteurs ont pu
s'assurer contre tous les risques que l'on peut imaginer
à des conditions plus avantageuses qu'avec les Compagnies privées.

D'abord, on a pu assurer dans les sociétés mutuelles à
meilleur compte que dans les Compagnies privées pour
deux raisons :

En premier lieu, les sociétés d'assurance mutuelle sont
dispensées de l'impôt et elles bénéficient de subventions
qui n'ont jamais été accordées aux Compagnies privées.

Puis, les sociétés mutuelles n'ont pas les mêmes frais
généraux que les Compagnies privées : les sociétés privées sont obligées de rémunérer un nombreux état-
major représenté par les agents chargés de placer les

assurances et par le Conseil d'administration, alors qu'en réalité les sociétés d'assurance mutuelle ne rémunèrent personne puisque tous ceux qui leur offrent leur concours le font à titre gracieux; les sociétés privées sont obligées, ensuite de distribuer des dividendes à leurs actionnaires et, de ce chef, de rémunérer un capital qui peut être très important, alors que les sociétés mutuelles ignorent cette obligation.

C'est ainsi que, dans la mesure où elles ont été créées, les sociétés mutuelles ont pu fonctionner de la façon la plus heureuse, parce qu'elles ont permis de payer moins cher et parce qu'elles ont donné plus de sécurité aux assurés. Aussi, comme conclusion de ce premier examen, je viens engager mes amis, militants et parlementaires, à travailler le plus possible à la diffusion des sociétés d'assurance mutuelle. Ceci dans un double intérêt qui ne saurait leur échapper : 1° en agissant ainsi, ils serviront les intérêts agricoles, par conséquent ceux du pays; 2° il y a là un instrument de propagande qui peut être intéressant pour la diffusion de nos idées.

J'aborde maintenant la question du crédit agricole. Vous savez que, pendant longtemps, l'agriculteur a été malheureux : il gagnait peu d'argent, il économisait peu ou rien, bien souvent il était gêné parce que les disponibilités d'argent dont il aurait eu besoin lui manquaient. Il arrivait, par exemple, au moment où il devait payer son fermage ou acheter des semences, à manquer des disponibilités d'argent nécessaires. Pour s'en procurer, il vendait ses récoltes, son bétail quel que soit le cours, sans avoir la posibilité d'attendre un cours plus favorable, c'est-à-dire dans des conditions désastreuses ou peu avantageuses.

Ces difficultés ont empêché longtemps l'agriculteur de commercialiser sa profession, il s'est trouvé dans l'impossibilité de réaliser les bénéfices auxquels il pouvait prétendre. Il avait, sans doute la possibilité de recourir à deux moyens, mais ces moyens étaient également fâcheux : le premier était de recourir à un emprunt, mais il ne pouvait emprunter qu'à des taux usuraires; le second était de recourir aux bons offices de son propriétaire ou de son fermier-général (qui est tout naturellement le banquier de l'agriculteur).

Mais, lorsque l'agriculteur adoptait ce dernier moyen,

il aliénait une partie importante de sa liberté et se mettait sous la dépendance totale ou de son créancier ou de son propriétaire.

La République et le Parti Radical et Radical-Socialiste, pendant les longues années où il a été au pouvoir, se sont rendu compte de cette situation et sont venus au secours de l'agriculteur. Ils lui ont dit : « Tu as besoin d'argent pour pouvoir réaliser les bénéfices que tu es en droit d'attendre. Cet argent, je te l'apporte, et dans de bonnes conditions ».

On a donc créé le crédit agricole qui se manifeste par le double mécanisme que je vais vous exposer : le mécanisme de crédit à court terme et celui du crédit à long terme.

Le crédit à court terme, comme son nom l'indique, est un crédit mis à la disposition de l'agriculteur pour un temps très court : six mois ou un an, dans des conditions d'intérêt assez modestes, et qui a pour but de permettre de faire face à des besoins d'argent immédiats, par exemple, pour payer le fermage ou acheter des engrais.

Le crédit à long terme, au contraire, est consenti à l'agriculteur pour de longues années : cinq ans, dix ans, quinze ans. C'est un crédit qui peut être important, qui pouvait atteindre, avant la guerre, 12,000 francs et qui était consenti, avant la guerre, à un taux extrêmement bas, puisque, dans la majorité des cas, il ne dépassait pas 2 pour cent.

Ce crédit avait une destination différente de l'autre; il avait pour but de permettre à l'agriculteur de se procurer les moyens d'acquérir une maison, un champ, de transformer ou d'améliorer sa ferme et de réaliser ainsi des placements en quelque sorte matériels qui avaient pour but de rendre plus facile l'exercice de sa profession.

Ce crédit, dans la mesure où il a pu être institué, a rendu de très grands services. Je dois indiquer que notre ami Queuille, dont je regrette l'absence ici, a fait créer à la Chambre en 1918 une institution particulière de crédit agricole à long terme qui a pour but de venir au secours des mutilés qui font de la rééducation physique et qui, nés à la campagne, ont la volonté d'y rester. Les institutions de crédit à long terme qui ont été organisées pour les mutilés commencent à fonctionner depuis deux ans, et j'ai su, par des renseignements du Ministère de l'Agriculture, qu'elles ont pleinement, dans la mesure où elles ont été appliquées, rempli le rôle qui leur était assigné.

Il n'est pas très difficile de créer et faire jouer dans un département le crédit agricole et je voudrais vous donner rapidement, pour les besoins de notre propagande, les moyens de poursuivre cette campagne et de la mener à bonne fin.

Quand vous voulez realiser une institution de crédit agricole dans un département, il vous suffit, si vous avez autour de vous quelques bonnes volontés, de réunir les éléments d'un petit capital qui peut être de 1,000, 2,000, 5,000 francs, etc. Vous établissez ce capital en actions de 50 ou 100 francs; vous placez ces actions, et, quand elles sont placées, la caisse de crédit départementale est créée et peut commencer à fonctionner.

Si vous voulez que cette caisse de crédit agricole se développe davantage, si vous voulez la rapprocher de l'agriculteur pour lui permettre de jouer d'une façon plus utile son rôle social, vous créez au-dessous de ces institutions de crédit agricole départementales des caisses de crédit qui peuvent être communales, si la densité de la population et l'habitude qu'elle a de recourir à ces institutions le permettent.

Vous les créez de la même façon : vous constituez un capital, vous placez les actions comme je vous l'ai dit : puis, vous faites souscrire une partie du capital social de la caisse départementale; vous provoquez si possible une augmentation du capital social de cette caisse. Vous lui donnez ainsi la possibilité d'obtenir des avances plus importantes de l'État qui pourront être mises à la disposition des agriculteurs.

Vous voyez que le mécanisme est simple et facile à réaliser. A telles enseignes, que dans beaucoup de départements il fonctionne à l'heure actuelle de la façon la plus heureuse.

Je voudrais maintenant — et c'est un point que je considère comme très important pour le Parti — examiner devant vous ce que doivent faire les Parlementaires au point de vue du crédit agricole.

Le crédit agricole, tel qu'il a été constitué et tel qu'il joue actuellement, est sans doute intéressant en ce sens

qu'il permet à un agriculteur qui possède déjà quelque
chose, qui peut donner une garantie matérielle, d'emprunter l'argent dont il peut avoir besoin. Cependant,
je considère que ce n'est pas encore suffisant. Il n'atteint pas son véritable but social : le but du crédit agricole — et c'est en cela que notre politique sociale doit
arriver à remplir sa destination — devrait être de permettre à celui qui n'a rien, au journalier agricole, à
celui qui n'est pas retenu à la terre par la propriété et
qui, plus que l'autre, est sollicité d'aller à la ville, de
pouvoir emprunter, même s'il ne peut pas donner des
garanties matérielles, à condition qu'il donne des garanties morales : garanties de santé, d'honnêteté et de
travail. Il est facile, par les personnes auprès desquelles il vit et qui sont susceptibles de donner des renseignements, d'apprécier cette valeur morale.

Le crédit agricole doit permettre à celui-là d'emprunter pour se livrer à une exploitation et arriver ainsi à
la propriété. C'est en cela que le programme du Parti
Radical et Radical-Socialiste s'oppose au programme
du Parti Communiste; j'estime que, sur ce point, notre
programme est posé sur un terrain extrêmement solide et qu'il peut vous servir utilement pour votre propagande.

Le Parti Communiste dit : « Nous voulons prendre
la propriété, qu'il s'agisse de la propriété foncière, de
la propriété des mines, des usines, etc..., pour la confondre entre les mains dé l'Etat. Nous voulons faire
de tous ceux qui possèdent des fonctionnaires travail-
lant pour le compte de l'Etat.

Le Parti Radical et Radical-Socialiste, lui, est partisan essentiel de la propriété individuelle. Il ne veut
pas toucher à la propriété de ceux qui ont quelque chose, mais il veut permettre à ceux qui n'ont rien d'acquérir quelque chose. Et c'est sur ce terrain, par cette
politique que je viens de définir, que le Parti Radical et
Radical-Socialiste peut mettre en évidence son programme agricole, comme son programme industriel que
Jean Montigny défendra.

Je crois qu'il y a dans cette voie du crédit agricole
ainsi socialisé quelque chose d'extrêmement utile à faire pour notre Parti. C'est pour cela que j'ai signé, il y
a un an, avec M. Boret, une proposition de loi qui a

pour but de développer le crédit agricole et de lui permèttre de jouer, au point de vue social, le rôle que je viens de définir.

Je vais maintenant, voulant aller vite, aborder la deuxième partie de la question que j'avais à traiter, celle qui incombait à M. Donon : Quels sont les moyens par lesquels on peut espérer accroître la production agricole ?

Quand on examine les statistiques se rapportant à la production, au pourcentage des productions des différents pays européens et qu'on recherche la place de la France, on est humilié en se rendant compte qu'elle occupe seulement le 4e ou le 5e rang, alors qu'elle devrait être au 1er. En effet, elle jouit du sol le plus fertile de l'Europe, elle bénéficie d'un heureux équilibre des climats et des saisons, elle possède des engrais supérieurs en qualité et en quantité à ceux que peuvent posséder les autres puissances et elle a une population agricole, extrêmement laborieuse, intelligente, accessible à tous les progrès. C'est si vrai que, depuis vingt-cinq ans, des progrès immenses ont été faits dans la production agricole et dans l'élevage.

Quelle est donc la raison pour laquelle notre agriculture n'occupe pas, dans la production européenne et mondiale, la place qu'elle devrait occuper ? Je considère que la faute en est à l'insuffisance de nos efforts au point de vue de l'éducation agricole et que tous les résultats médiocres auxquels nous sommes parvenus sont dûs à cette préparation insuffisante.

Je voudrais essayer ici de poser le problème et de dire quels sont les moyens essentiels par lesquels on peut prétendre poursuivre le développement de la production agricole. Voici le premier : il consiste à développer l'enseignement agricole; non pas l'enseignement scientifique que l'on donne dans les Ecoles d'agriculture comme Grignon, où l'on fabrique en séries des ingénieurs agronomes, lesquels n'ont rien de moins pressé que de faire des agriculteurs et se transforment en publicistes, en avocats, en députés et quelquefois en ministres; je voudrais, au contraire, que l'on cherchât à avoir des écoles rapprochées de l'agriculture, comme les écoles agricoles post-scolaires que l'on commence à organiser.

C'est dans ce sentiment qu'en 1920, avec notre collègue Queuille, je me suis attaché et j'ai réussi à faire voter un crédit de 7 millions, 500,000 francs en vue de fournir au Ministre de l'Agriculture les crédits nécessaires pour subventionner ces écoles, qui sont encore en formation, mais qui ont déjà rendu les plus grands services : voila un vœu que je propose à nos amis parlementaires.

Si l'on veut développer la production agricole, il faut faire également un effort dans le sens de l'utilisation des engrais. Les agriculteurs n'utilisent pas la totalité des engrais qui devraient être incorporés au sol, parce que ces engrais sont généralement très chers, et, dans la mesure où ils les utilisent, ils n'utilisent pas toujours ceux qui conviennent le mieux au sol et à la culture. J'estime donc qu'il y a encore un gros effort à faire pour l'éducation de l'agriculteur afin de lui apprendre à employer intelligemment les engrais et en quantité suffisante.

Je considère que nos efforts doivent porter, tout d'abord, sur la réduction du prix des engrais. En ce qui me concerne personnellement, j'ai déjà porté la question au Parlement. En collaboration avec le Ministre de l'Agriculture, j'ai recherché les frais généraux des fabricants, leurs bénéfices ; puis, j'ai établi la proportion suivant laquelle, tout en laissant aux fabricants un bénéfice normal, on pourrait réduire le prix des engrais et j'ai, en définitive, obtenu de M. Lefebvre du Prey que le prix des engrais phosphatés fût réduit en deux étapes : en mai 1921, il a été abaissé de 32 à 25 francs ; 2e étape : en juillet 1921, il a été abaissé de 25 à 18 francs.

Mais, il y a autre chose à faire. Les moyens dont nous nous sommes servis sont des moyens empiriques, au point de vue de l'abaissement du prix des engrais ; ce qu'il faut faire est différent. Ce qu'il faut faire, c'est obtenir que l'agriculture soit représentée dans une proportion suffisante dans les Sociétés qui sont et vont être chargées d'exploiter et de fabriquer les engrais. C'est une idée que nous avons réussi à faire triompher, *en particulier, dans le projet d'amodiation des potasses d'Alsace :* nous avons fait décider que trente pour cent des actions seraient représentées au sein du Conseil d'Administration afin de pouvoir exercer la pression nécessaire pour obtenir une réduction du prix des engrais au profit des agriculteurs.

*Ce que nous avons fait pour les potasses, il faut que demain nous le fassions, au moment de l'amodiation des gisements de phosphate qui ont été inventés en Tunisie et en Algérie et même, si ce n'est pas trop tard, au Maroc.* Il faut qu'au moment où nous allons organiser l'exploitation et la fabrication de l'azote industriel, nous réservions une part importante à l'agriculture dans la constitution de ces Sociétés. C'est par ce moyen, moyen rationnel plus intéressant que les moyens empiriques auxquels nous avons eu recours jusqu''à ce jour, que nous pourrons arriver à faire quelque chose d'utile. C'est à cette politique que je veux convier le Congrès et mes collègues du Parti Radical et Radical-Socialiste.

Il faut que nous nous occupions aussi du problème de la main-d'œuvre agricole. Ce problème, avant la guerre, était déjà grave ; il y avait, dans certaines régions, des déficits de main-d'œuvre si importants que la très grande proportion suivant laquelle l'agriculture employait les instruments aratoires perfectionnés n'arrivait pas à les combler.

Or, ce déficit a été aggravé, depuis la guerre : d'abord, de toutes les pertes sanglantes subies par l'agriculture qui sont supérieures à celles qui ont frappé n'importe quelle autre classe de la Société (*Applaudissements*) ; ensuite, par le fait même que la journée de huit heures, au point de vue de la disponibilité de la main-d'œuvre, a eu un retentissement sur la main-d'œuvre agricole.

Pour résoudre ce problème, qui est délicat, j'ai imaginé de déposer une proposition de loi l'année dernière qui verra, j'espère, un jour le feu de la tribune. Je vais vous en indiquer rapidement le mécanisme. Il s'agirait, pour le Gouvernement, de créer un Office national de la Main-d'œuvre agricole à double échelon :

1° Nous créerions des organismes qui seraient à proximité des frontières et qui fonctionneraient de telle sorte que, dans le cadre des accords internationaux, nous puissions nous assurer dans des conditions convenables le recours à la main-d'œuvre étrangère.

2° Il faudrait que nous ayons dans tous les départements des organismes chargés de chercher les besoins de main-d'œuvre par région, par nature de culture, pour dresser ce que j'appellerai « la carte géographique des besoins agricoles en main-d'œuvre. »

Ensuite, en rapprochant les deux organismes, celui qui fait connaître les besoins en main-d'œuvre et celui qui est à proximité des frontières et recherche les possibilités de se procurer la main-d'œuvre, nous pourrions arriver à des résultats pratiques.

Je ne vois pas d'autre solution au problème. C'est un problème qu'il faut absolument solutionner parce que, dans beaucoup de régions, le champ de la production est réduit par suite de l'impossibilité où se trouvent certains agriculteurs de procéder à la totalité des ensemencements.

Il est enfin un quatrième et dernier point sur lequel je voudrais attirer l'attention du Congrès. Je crois que nous devons chercher le moyen d'abaisser les frais généraux dans l'agriculture. Les frais généraux qui incombent à l'agriculteur ont, en effet, augmenté dans une proportion considérable du fait de la guerre, et, quand on reproche aux agriculteurs d'avoir gagné de l'argent, on oublie volontiers cette augmentation des frais généraux.

Il y a quelque chose à faire dans le sens de la réduction des tarifs de transports qui, pour certains produits agricoles sont véritablement prohibitifs (je prends un exemple pratique : les pommes de terre). Il faudrait également un abaissement des tarifs de transports pour les engrais, les semences. C'est un point vers lequel il est bon que les parlementaires orientent leurs efforts. Je crois qu'il y a quelque chose à faire aussi au sujet de l'impôt sur le chiffre d'affaires qui pèse sur les engrais, sur les blés et qui a un retentissement sur la diminution du profit que peuvent tirer les agriculteurs de la vente de leurs produits.

Il reste un problème que je veux aussi poser devant vous. Il y a lieu, je crois, de maintenir momentanément le système de protection du prix de vente des produits agricoles qui joue en France depuis quelques mois déjà, ce d'une façon plus active depuis que M. Chéron est au pouvoir. On a protégé l'industrie française; de même, je considère qu'il faut protéger momentanément, en y mettant la souplesse voulue, en prenant les précautions nécessaires, l'agriculture française.

Dites-vous bien que, si l'on veut que l'agriculteur, qui travaille dans des conditions plus pénibles, surtout étant donné le problème de la main-d'œuvre, que n'importe quelle autre classe de la société, produise, il faut qu'on lui donne les moyens de gagner largement sa vie. Il le mérite à tous égards. Nous ne pourrons y parvenir qu'à condition de lui assurer, au moins momentanément, avec les conditions de prudence nécessaires, les moyens de pouvoir vendre les produits de son sol à un prix rémunérateur.

Telles sont, Citoyens, les conclusions que je voulais soumettre à l'examen du Congrès. J'ai voulu dans cet exposé, que j'ai essayé de faire clair et simple, vous présenter des problèmes qui sont des problèmes d'actualité vers lequels l'activité de notre Parti, des militants, des parlementaires peut s'orienter favorablement. Je vous ai apporté des solutions; certaines sont des solutions pratiques, immédiates que, tout de suite, vous pouvez réaliser par votre propagande à travers le pays; d'autres sont des solutions d'ordre général qui dépendent de l'accord et de la bonne volonté des parlementaires. Je connais assez ceux de mes collègues qui avec moi font partie du groupe parlementaire pour pouvoir compter sur eux.

Je suis convaincu que, dans cet effort de propagande et de travail au profit des agriculteurs, la bonne volonté des militants et des parlementaires se conjuguera heureusement : c'est l'impression que j'emporterai avec moi en quittant le Congrès de Marseille. (*Vifs applaudissements.*)

Le Président. — Je remercie le citoyen Lamoureux de son intéressante et remarquable communication.

Je donne la parole au citoyen Grisoni.

## POUR LA VITICULTURE

Citoyen Grisoni. — J'ai demandé la parole pour présenter un vœu dont l'auteur est Maurice Lévy.

Mes chers collègues, nos camarades de la Marne m'ont prié de lire, au nom de Maurice Lévy, le vœu suivant, qui sera adopté, je l'espère, à l'unanimité, et qui intéressera, non seulement nos collègues de la Champagne, de la Gironde, de la Bourgogne et du Saumurois : il s'agit des Grands Crus de France :

« *Le Congrès, considérant que les vins de grands crus sont un élément important et essentiel de la vie économique et sociale ;*

» *Considérant que la crise viticole actuelle est le fait de taxes successives à l'intérieur, de mesures protectionnistes ou prohibitionnistes à l'extérieur,*

» *Demande instamment au Gouvernement :*

» *a) De soumettre dans le plus bref délai possible au Parlement sa proposition d'abrogation de la taxe de luxe sur les vins ;*

» *b) De défendre énergiquement les intérêts de la viticulture dans les négociations commerciales en cours ou projetées ;*

» *c) D'assurer la répression toujours plus rigoureuse des fraudes ;*

» *d) De développer par tous les moyens la propagande viticole à l'étranger et de rechercher avec les gouvernements amis les solutions douanières susceptibles de donner une impulsion nouvelle à l'exportation de nos grands vins ».*

Le Président. — Quelqu'un fait-il objection à ce vœu ? Personne ne demande la parole, je la mets aux voix.

(Le vœu est adopté.)

La parole est au citoyen Ducos sur la question de l'enseignement.

# LA RÉORGANISATION DÉMOCRATIQUE

## DE L'ENSEIGNEMENT

Citoyen Ducos. — Citoyens, sur la question de l'enseignement, les deux buts du Parti Radical et Radical-

Socialiste sont de maintenir les conquêtes laïques et de réaliser de nouvelles conquêtes démocratiques dans les institutions de l'enseignement.

Voyons d'abord la question de la laïcité. L'esprit laïque a été imprimé à l'enseignement dès sa fondation, dès la Révolution française; mais, il ne s'est dégagé que peu à peu dans toute sa clarté. En effet, la Constituante a voté un certain nombre de motions sur la création de l'enseignement public ; il en est une que vous vous rappelez certainement et qui est celle-ci :

« Il sera créé un enseignement public, commun à tous les citoyens et gratuit pour les parties d'enseignement qui nous sont nécessaires à tous ».

La question de l'enseignement ne figure pas dans la Déclaration des Droits de l'Homme et du Citoyen; mais, elle était si bien dans tous les esprits que c'était pour répondre à la pensée commune, à la pensée la plus caractéristique peut-être de la Révolution, que tous les grands hommes de la Constituante se sont principalement préoccupés de savoir quel serait le meilleur moyen d'éducation que l'on pourrait instituer. Et, vous savez également qu'à la veille de sa mort, dans son testament politique, Mirabeau s'est préoccupé au premier chef de cette question et a écrit :

« Ceux qui veulent empêcher le paysan d'apprendre à lire et à écrire, veulent se faire, en quelque sorte, un patrimoine de son ignorance : nous savons pour quels motifs. Eh bien ! qu'on le sache. La lumière vient du moral, et, qui que vous soyez, homme privé ou homme public, sachez que, chaque fois que vous dissipez une idée malsaine, chaque fois que vous dissipez les ténèbres et que vous répandez dans le peuple une idée claire, vous contribuez au bonheur de l'espèce humaine, et c'est la seule façon de contribuer au vôtre en particulier. »

Mais, c'est surtout la Convention nationale qui a dégagé l'esprit laïque. En effet, la Convention nationale ne s'est pas contentée de la conception de Mirabeau qui entendait préconiser l'enseignement pour assurer l'intérêt général; elle est allée beaucoup plus loin et elle a considéré le droit à l'enseignement comme un droit imprescriptible pour tous les citoyens auxquels il devait s'adresser. C'est la Convention qui a dégagé, dans des formules que nous devons toujours nous rappeler, l'esprit laïque qu'elle entendait donner à cet enseignement. Elle a dit notamment :

« Tant qu'il y aura des hommes qui, au lieu de forger par eux-mêmes leur opinion particulière, tireront leur opinion de l'expérience et de la science d'autrui, c'est en vain que toutes les chaînes auront été brisées; il y aura toujours deux catégories d'hommes : la catégorie de ceux qui croient et celle de ceux qui raisonnent, celle des maîtres et celle des esclaves. » (*Vifs applaudissements*).

Ainsi, cette Convention nationale, la plus grande éducatrice qui ait jamais existé, a recherché un idéal profond et sublime; elle ne s'est pas contentée de délivrer les hommes des chaînes de l'Ancien Régime, elle a cherché avant tout à les libérer dans leur esprit et dans leur intelligence, et c'est, rappelez-vous, l'œuvre la plus difficile à défendre que nous ait léguée la Révolution française. C'est celle qu'il sera le plus difficile de consommer, celle pour laquelle nous aurons toujours à lutter parce que l'œuvre de laïcité rencontrera toujours devant elle, pour lutter, avec des armes terribles, la superstition, la sottise de croire sur parole et sans démonstration qui est toujours en hostilité avec la raison qui, elle, ne saurait s'éclairer qu'à la lumière de l'évidence. (*Applaudissements*).

C'est en vain, en effet, que l'œuvre de la Révolution a été terminée; c'est en vain que la 3e République a construit dans toutes les communes des écoles; nous avons toujours en face de nous les mêmes ennemis, et, non seulement ils continuent d'opposer à notre enseignement populaire un enseignement de caste, mais encore on ne cesse d'insulter, de calomnier et de saboter l'école laïque. Je ne veux pas m'arrêter aux insultes qu'on lance contre elle, je ne veux prendre que quelques arguments qui valent la peine d'être discutés, arguments qu'on a répandus non seulement dans le public, mais dont certains hommes de la droite se sont faits, même à la Chambre et au Sénat, les porte-paroles autorisés.

Tout d'abord, que reproche-t-on à l'enseignement laïque ? On lui dit qu'il manque de largeur d'esprit, de générosité, qu'il est, en quelque sorte, incapable d'alimenter la vie de l'âme, qu'il n'ouvre la voie qu'aux décevantes pensées.

L'enseignement laïque est aussi capable de cultiver le cœur et l'imagination que l'intelligence. Certes, c'est surtout à l'intelligence qu'il s'adresse parce qu'il part de ce principe que l'essence de l'âme c'est la raison, que limiter la volonté, enchaîner la raison, c'est mutiler l'être humain et le mettre dans l'impossibilité volontairement et criminellement d'accomplir, dans l'emploi de sa force essentielle, son œuvre sublime, sa destinée de révélateur, et le priver, par là-même de la beauté de l'univers. (*Applaudissements.*)

Qui pourrait dire les progrès qui auraient été accomplis, jusqu'à quelle profondeur la lumière de la science aurait fait reculer les esprits d'obscurité dans le gouffre mystérieux de l'immense inconnu si les superstitions engendrées au cours des siècles par les fourberies de quelques-uns, faisant naître et exploitant la peur des masses ignorantes, n'avaient accru le nombre et exalté le courage de ceux qui ont voulu toujours étouffer la science et l'intelligence humaines ? (*Applaudissements*).

C'est donc à la lumière de la science que l'enseignement doit s'éclairer et c'est à la source de la raison qu'il doit s'abreuver.

Mais, comme je vous le disais, il ne néglige pas les autres facultés de l'âme. Il s'adresse au cœur et à l'imagination, d'autant plus que ces deux facultés sont surtout intéressées par ce qui est vrai.

Permettez-moi à cet égard de vous rappeler une anecdote que vous connaissez tous sans doute. Vous savez qu'une fois un pasteur qui était l'ami intime du savant Heller alla trouver son ami et lui dit : « Depuis quelque temps, j'ai beau faire des sermons sur l'origine du monde, les beautés de l'univers telles que les présente la Bible, mes auditeurs sont distraits. Les uns dorment, les autres sortent au milieu du sermon ». Heller lui dit alors · « Laissez-là le monde de la Bible, le monde de la fable et parlez à vos auditeurs du monde réel tel que la science nous l'a montré », et, en même temps, il lui fit en quelque sorte un raccourci des nouvelles découvertes de la science : il lui montra que nous étions à des milliards de kilomètres de distance des étoiles, il lui parla de l'importance de ces soleils immensément plus grands que le nôtre. Le pasteur revint dans son église et fit un nouveau sermon sur les questions qu'avait traitées Heller. Il retourna ensuite devant le philosophe et lui dit : « Malheureux, qu'avez-vous fait ? Figurez-vous que tous mes auditeurs ont manqué au respect dû aux saints lieux et m'ont applaudi ».

Ceci tenait à ce que les hommes qui l'écoutaient avaient trouvé qu'il y avait beaucoup plus d'imagination, de philosophie et de poésie dans le monde des savants que dans celui des philosophes. (*Applaudissements.*)

Eh bien ! au-delà du monde exploré par la science, il est permis à l'imagination de se donner carrière. En effet, il n'y a qu'un terme qui fixe une part à la raison et à l'imagination, c'est que la raison veut que l'imagination ne s'exerce que là où le domaine de la raison et de la science finit.

Permettez-moi de vous citer, pour vous démontrer cette idée et la rendre sensible à vos yeux, une image qui se trouve rapportée dans le livre de notre maître Ferdinand Buisson. Dans la contemplation, au cours d'une nuit claire, de l'immense ciel étoilé, un homme des temps mythologiques voyait dans le firmament constellé des milliers de divinités qui, par leur scintillement, faisaient connaître leurs sentiments de sympathie ou d'affinité à l'égard des hommes. Aujourd'hui, l'homme voit dans le firmament constellé le vol mystérieux, éclatant des splendeurs paradisiaques. Et l'homme moderne, le libre penseur (en entendant par ce mot le penseur libre) que voit-il dans ce firmament ? Il voit aussi une divinité la plus grande, la science, qui est capable de déterminer le nombre et la grandeur de tous ces astres.

Mais, l'homme moderne se contente-t-il de cela ? Se contente-t-il d'admirer le merveilleux mystère qui plane dans les régions supra-terrestres ? Non, il se pose, lui aussi, certaines questions. Il se demande s'il y a un rapport entre ces admirables étoiles, s'il y a une unité dans le monde. Il se pose sans doute des questions qu'il ne peut résoudre, mais, à la différence des dog-

mes, des croyances religieuses, elles ne sont jamais en
contradistion avec la science des découvertes.

Est-ce que ces considérations, ces sentiments sont
bannis de l'enseignement laïque ? Non, il les emploie
et nous cherchons à en imbiber l'esprit de nos auditeurs.

Hier, précisément, à la Commission de la politique
générale, j'ai suivi une intervention du citoyen Gros
qui traitait cette question et je songeais que l'enseignement laïque cherche, au contraire, à faire pénétrer les
esprits dans les opinions les plus diverses, dans tous
les systèmes religieux ou philosophiques et qu'en tout
cas l'enseignement laïque avait préparé tous les esprits libres, philosophiques et surtout le livre où toutes
ces questions de cœur et d'imagination sont traitées
de la façon la plus douloureuse ou la plus agréable,
avec le plus profond pessimisme ou optimisme : le
livre éternel de la pensée française à travers les siècles. (*Vifs applaudissements*).

Il est donc inutile d'insister davantage pour démontrer que cette première objection est particulièrement
fausse. L'enseignement s'adresse surtout à l'intelligence,
mais il s'adresse également au cœur et à l'imagination :
il s'attache, en un mot, au développement de l'homme
complet.

La seconde objection est la plus grave : on nous dit
que l'enseignement laïque est incapable d'avoir une
morale. Est-ce que réellement nous n'avons pas une
morale, cette morale dont parle si souvent et si élo-
quemment Ferdinand Buisson ?

Vous avez pu lire dans les journaux que, lors de la
discussion de la réforme de l'enseignement, Daudet et
quelques autres ont prétendu que cette morale était
contestable parce qu'elle nous venait des philosophes
allemands, parce que c'était la morale kantienne. C'est
une grave erreur. C'est méconnaître l'histoire des
idées philosophiques. Non, cette morale éternelle est
celle de la conscience, de la perfectibilité de la conscience humaine, elle est essentiellement française.

Elle s'est développée dans la pléiade de nos auteurs
français, Montaigne, Molière, La Fontaine; c'est surtout chez eux qu'elle trouve son expression, comme
dans Jean-Jacques Rousseau, l'auteur de la théorie qui

est à la base du Code. Cette morale qui ne cherche sa récompense que dans la satisfaction du devoir accompli, est une morale essentiellement française et qui vaut toutes les autres. (*Applaudissements*).

En tout cas, citoyens, si l'on pouvait douter — et je crois qu'on ne le peut pas — si l'on en venait à se demander si la morale laïque peut faire jaillir de l'âme des sources d'abnégation et d'esprit de sacrifice, j'estime que la guerre a suffisamment répondu par l'affirmative, que les enfants de nos écoles laïques ont aussi bien fait leur devoir que les autres, que les anciens élèves de l'école laïque se sont montrés dignes de tant de milliers de leurs maîtres tombés au Champ d'Honneur ! (*Applaudissements*).

Où veut-on en venir ? Car ce sont les conclusions qu'il vous faut examiner. On veut dire qu'il n'y a qu'une morale, la morale religieuse et qu'il n'y a qu'un éducateur, le prêtre. En partant de ce principe, on veut introduire le prêtre à l'école, aujourd'hui, pour y enseigner la morale, demain le latin et le grec.

Citoyens, nous n'acceptons pas que l'on nous accuse d'être des sectaires. Nous sommes, au contraire, tolérants ; nous sommes de ceux qui estiment que toutes les opinions sont respectables pourvu qu'elles soient sincères, mais nous sommes aussi de ceux qui pensent que la liberté doit être pour tout le monde, que l'instituteur doit rester le maître dans son école et le curé dans son église. (*Applaudissements*). z

Par conséquent, nous ne voulons pas de l'introduction de l'autorité religieuse dans les écoles de l'Etat, et, c'est pour cette raison que nous avons protesté vigoureusement lorsque nous avons vu un évêque s'introduire dans l'administration d'un lycée de l'Etat. Vous connaissez le fait : il s'agit du cas d'un professeur du collège de Quimper, M. Auffret ; sous prétexte qu'il avait été prêtre autrefois et qu'il avait déplu à l'évêque de Quimper, celui-ci voulait obliger le Ministre à changer ce professeur et le Ministre a eu la faiblesse d'obtempérer.

Une première fois, il a fait pression sur M. Auffret pour qu'il demandât son changement, les choses se sont arrangées. Mais j'estime que c'est trop, que nous devons garder l'enseignement laïque indépendant, laisser les évêques retirer leurs aumôniers comme ils le veulent; nous ne devons pas céder devant leurs objurgations. Le geste de M. Bérard a été contraire, non seulement aux traditions de la 3e République, mais même de certains Ministres, comme Victor Duruy qui pourtant était ministre de l'Empire. (*Applaudissements*).

Un autre moyen de favoriser les écoles libres consiste à supprimer les postes d'instituteurs dans beaucoup de communes où il y a peu d'élèves, mais où il y a une école libre en face de l'école laïque. Vous voyez alors ce qui se passe dans certains pays, comme la Bretagne, où les instituteurs avaient eu toutes les peines du monde à établir un classe et avoir une clientèle. Je pense que, si l'on doit faire des économies, ce n'est pas là qu'on doit supprimer les instituteurs.

Au contraire, supposons un village où il y avait jusque-là un instituteur et une institutrice. Il n'y a plus que 250 habitants et la population scolaire ne compte que 15 à 20 élèves; dans ces conditions, à mon avis, on peut parfaitement transformer le poste double en poste mixte : voilà une économie utilisable et qui n'est pas contraire à l'esprit laïque. Mais, ce qu'il ne faut faire, c'est supprimer un poste d'enseignement laïque dans une commune où l'enseignement libre est organisé, comme en Bretagne et dans certaines régions éloignées.

En second lieu, ce qu'il faut éviter, c'est que, dans une classe, sous prétexte que le chiffre des élèves est inférieur à 15, on arrive à supprimer purement et simplement le poste d'instituteur ou d'institutrice. Généralement ces élèves, qui sont éloignés de 3 ou 4 kilomètres de l'école voisine, ne peuvent plus recevoir l'instruction; cela est contraire au principe même de la République qui veut que l'enseignement soit gratuit et que les écoles soient à la portée de tous les jeunes Français qui veulent s'instruire. (*Applaudissements*).

Enfin, dans un même ordre d'idées, la guerre se fait actuellement sous toutes les formes contre l'école laïque. Ainsi, je suis de ceux qui disent que l'argent de l'Etat ne doit aller qu'aux écoles de l'Etat (*Applaudissements*), et je considère qu'un parti comme le Parti Radical et Radical-Socialiste doit s'élever de toutes ses forces contre la campagne scolaire qui est faite au Parlement, aussi bien que dans tout le pays.

Il s'est constitué à la Chambre un groupe d'études scolaires où sont tous les réactionnaires qui veulent mener le combat de la R. P. scolaire. De grandes conférences s'organisent dans le pays : nous en avons eu une à Toulouse présidée par le général de Castelnau — ils font même marcher les généraux —. J'estime que nous devons condamner la R. P. scolaire sous toutes ses formes et je dois dire que, pour ma part, je soumettrai un vœu dans ce sens. Je suis aussi contraire à la R. P. en question qu'à la R. P. dans la répartition des caisses scolaires : en effet, je vois dans les caisses scolaires tout simplement des institutions scolaires et non des institutions humanitaires.

Dans ces conditions, à mon avis, nous devons être contre toute formule tendant à la constitution de la R. P. et pour la séparation intégrale des Eglises et de l'Etat. par conséquent de l'enseignement laïque avec les autres enseignements. (*Applaudissements*).

Les conséquences de la R. P. en matière scolaire seraient très graves. J'ai parlé de la loi de séparation des Eglises et de l'Etat; cette loi est en jeu dans la question actuelle. Car, un Etat qui favorise une école confessionnelle refuse de rester neutre et reconnaît officiellement une religion dont il subventionne l'enseignement.Ce serait la seconde fois que la loi de séparation des Eglises et de l'Etat serait violée. La première fois elle l'a été avec la reprise des relations avec le Vatican; la seconde serait avec la R. P. Nous devons donc nous montrer intransigeants et protéger l'enseignement laïque pour sauvegarder le principe de la séparation des Eglises et de l'Etat. (*Applaudissements*).

Citoyens, je vous prie de m'écouter parce que je vais entrer dans la partie positive de mon très court exposé. Nous ne voulons pas seulement défendre les conquêtes de la laïcité, nous voulons aussi assurer le conquêtes scolaires et nous voulons réformer démocratiquement l'enseignement public.

Nous voulons d'abord le réorganiser, car actuellement il y règne le plus grand désordre. Les enseignements se superposent; il n'y a pas de liaison entre eux; il n'y a pas d'escalier dans la maison, pour employer la belle image d'Herriot : il faut donc réorganiser tout cela. Il serait trop long de vous exposer tous les détails de la réforme que nous préconisons à la Chambre, mais je vais vous en tracer les grandes lignes.

Nous voulons, tout d'abord, un Ministère de l'éducation nationale sous lequel se rangent tous les enseignements quels qu'ils soient. Je ne vois pas pourquoi on sépare les enseignements; par cette séparation, on arrive à ceci que, dans une même ville, il y a des doubles emplois : un professeur de français pour les uns et un professeur de français pour les autres, alors que chacun de ces professeurs a cinq ou six élèves. C'est un gaspillage d'argent et d'efforts. Il faut donc établir l'unité entre toutes les formes d'enseignement.

Il convient, ensuite, d'organiser l'enseignement public de la façon suivante : d'abord, à la base, l'enseignement unique ou enseignement du premier degré (je ne dis pas « enseignement secondaire ») qui comprendra quatre branches :

1° La branche d'enseignement général qui correspondra à l'enseignement secondaire proprement dit;

2° La branche technique ou professionnelle;

3° La branche de l'enseignement complémentaire;

4° La branche de l'enseignement post-scolaire.

Et au-dessus de l'édifice, comme couronnement, l'enseignement supérieur, mais un enseignement supérieur où pourront donner accès tous les autres enseignements généraux. Il faut que l'enseignement supérieur reçoive tous ceux qui se distinguent dans les autres enseignements, aussi bien dans l'enseignement général que dans l'enseignement professionnel. Si dans ces branches il se révèle une intelligence d'élite, il faut qu'elle puisse se développer. L'enseignement supérieur n'est pas fait pour une élite, mais pour permettre à toutes les élites de se développer. (*Applaudissements*).

Cependant, il ne suffit pas d'organiser...

Citoyens, vous voyez que je ne fais qu'esquisser le plan de la réforme. Aussi, je vous prie de me prêter attention.

Il faut, en second lieu, organiser démocratiquement cet enseignement. Aujourd'hui, comment passe-t-on d'une branche à l'autre d'enseignement ? Uniquement d'après la fortune et d'après la situation sociale. Il ne faut pas qu'il en soit ainsi. Il faut que l'on passe de l'enseignement primaire à une des quatre branches du second degré et d'une de ces branches à l'enseignement supérieur, non pas d'après la fortune et d'après la situation sociale, mais uniquement d'après le travail et les aptitudes de l'élève. (*Applaudissements*).

Ce que nous voulons, en effet, c'est que la France aille chercher au fond des masses populaires toutes les intelligences susceptibles d'être développées, c'est que, pourvu qu'un garçon soit intelligent, il puisse arriver aux plus hautes fonctions de la République, que ce soit le fils d'un ouvrier, d'un paysan ou d'un bourgeois. (*Applaudissements*).

Pour cela, il est absolument indispensable que nous ayons à la base l'école unique. Il est honteux de voir en ce moment que l'Etat entretient deux écoles primaires, l'une pour les enfants du peuple, l'autre, les classes élémentaires, pour les fils de bourgeois.

Quelles sont les objections que l'on a pu faire à ce projet ?

On a dit : « L'école du peuple ne convient pas aux fils de la bourgeoisie ». Mais, si l'on trouve que l'école du peuple est mal aménagée ou qu'elle est sale, on n'a qu'à la mieux aménager et à la rendre propre; alors, elle sera bonne pour les fils d'ouvriers et pour les fils de bourgeois.

On a dit aussi : « Il ne faut pas que les fils de la bourgeoisie aient de mauvaises fréquentations ». J'estime que les fils peuvent s'asseoir sur les mêmes bancs, quand les pères se sont battus dans les mêmes tranchées. (*Applaudissements*).

En réalité, il n'y a aucune objection valable. Mais nous ne pouvons faire la sélection dont je parlais tout à l'heure que si nous avons à la base cette école unique. Voilà la réorganisation démocratique que nous préconisons et que préconisent tous les partis qui sont véritablement de gauche. Voilà la réforme intégrale, complète, que les Républicains veulent organiser.

Mais, en attendant, il faut faire des réformes partielles et chaque fois que l'on fait une réforme par-

tielle, il faut qu'elle soit conforme à l'idéal que je
viens d'indiquer.

C'est parce que, loin d'être conforme à cet idéal, il
en est le contre-pied, que nous avons combattu à la
Chambre le projet Bérard, qui est l'opposé de toutes les
réformes démocratiques. (*Applaudissements*).

Ce n'est pas ici le lieu de discuter les questions
d'enseignement proprement dit, de savoir s'il faut faire
du latin ou du grec ou ne pas en faire; mais il est de
mon devoir de faire ressortir les conséquences qu'aurait
le projet Bérard au point de vue démocratique : il serait
néfaste. En effet, si le projet Bérard était mis en exécution, il ferait sortir des Lycées et Collèges, non pas
une catégorie scolaire, mais une catégorie sociale ! Il
ne cherche qu'à favoriser une classe : la bourgeoisie qui,
voyant de plus en plus nombreux entrer les éléments populaires dans les carrières administratives et libérales,
veut conserver un privilège et veut en écarter les éléments populaires pour se réserver ce privilège scolaire :
elle veut dresser, autour des fonctions administratives la
muraille de Chine du latin ! (*Applaudissements*).

Le Ministre nous répond : cette muraille de Chine, les
enfants du Peuple pourront la franchir comme les
autres : l'enseignement du latin ne coûtera pas un cen-
time de plus que l'autre.

C'est une belle erreur. Il y a d'abord quantité de jeunes gens qui ne peuvent pas franchir la barrière : les
jeunes primaires, qui ne peuvent aller que fort tard au
Lycée, en 4ᵐᵉ ou en 3ᵐᵉ, sont exclus, parce qu'ils se heur-
teraient à cette barière du latin; ensuite, il y a beausoup
de familles modestes qui ne veulent pas livrer la jeunesse entière de leurs fils à une éducation purement de
luxe, mais qui, tout en voulant faire faire de l'enseignement général à leurs enfants veulent, en même
temps, qu'ils acquièrent des connaissances utiles qui,
en cas d'échec ou d'impossibilité de faire l'enseignement supérieur, pourront les empêcher d'être des inutiles dans la vie et de devenir des déclassés.

Voilà pourquoi cet enseignement est essentiellement
antidémocratique. Mais il y a d'autres raisons sur lesquelles je ne veux pas insister. A quel moment cet enseignement revêt-il ce caractère ? A un moment où le
peuple réclame avec le plus d'intensité des réformes

démocratiques dans l'enseignement, où, après la tourmente de la guerre, se trouvent des régimes démocratiques qui ne tendent à rien moins qu'à permettre au fils du peuple de courir sa chance, de voir un jour s'épanouir les facultés intellectuelles dont la Nature a pu garnir son esprit. C'est pour cela que nous sommes opposés à cette réforme. D'autre part, au point de vue universitaire, elle viderait aux trois-quarts nos lycées et nos collèges, si bien que, lorsque ces établissements seraient réduits à l'état squelettique, on les supprimerait dans les petites villes et il n'y aurait plus d'établissements de l'État en face des écoles libres.

Voilà des considérations essentielles, pour lesquelles j'avais posé à la Chambre une interpellation que j'ai soutenue et à la suite de laquelle Herriot a prononcé un de ses plus admirables discours. (*Applaudissements*).

Je veux terminer en disant un mot sur le personnel enseignant. Je vous proposerai tout-à-l'heure de ratifier une motion tendant à donner à tous les membres du personnel enseignant le droit de se syndiquer, car j'estime que, par l'application de la loi de 84, tous les fonctionnaires ont le droit de se syndiquer professionnellement et j'estime que s'il y a des fonctionnaires particulièrement intéressants à cet égard, ce sont les instituteurs qui, devant donner l'exemple au point de vue civique, ne doivent pas être réduits à l'état de citoyens diminués. Il faut se souvenir que lorsqu'il y avait danger à se dire républicains, lorsque la République était à ses débuts, c'est sur les instituteurs, sur la propagande des instituteurs que les vieux républicains se sont appuyés. Il serait indigne du Parti Radical et Radical-Socialiste de les abandonner maintenant : nous ne le ferons pas et chaque fois que l'occasion s'en présentera à la Chambre, nous soutiendrons les instituteurs, nous les libèrerons de cette servitude qu'on tend à faire peser sur eux. (*Applaudissements*). On a signalé des cas où tel ou tel instituteur avait reçu une remontrance ou son changement, parce qu'il avait assisté à une réunion publique. Remarquez qu'il ne s'agit pas ici uniquement de nos instituteurs : je défendrais aussi bien un instituteur réactionnaire ou un instituteur communiste. Il s'agit d'instaurer ici le droit des fonctionnaires qui ne doivent pas cesser d'être des citoyens parce qu'ils sont les serviteurs de l'Etat. C'est à cause de cela que la question de l'indépendance de l'enseignement ne vous échappe pas.

Aujourd'hui, soyez certains que tout le monde sait comme nous que l'esprit laïque est à la base de la République et de la démocratie : c'est pour cela qu'on cherche de toutes les manières à favoriser l'enseignement libre congréganiste et à détruire l'enseignement laïque. Eh bien ! qu'on sache que nous le défendrons jusqu'au bout. Nous voulons une université libre dans l'enseignement laïque, républicain et démocratique ! (*Applaudissements*).

Citoyens, je vous soumettrai les conclusions suivantes :

*Le 19ᵉ Congrès du Parti Radical et Radical-Socialiste;*
*Sur la question de l'enseignement, tient tout d'abord à rappeler son attachement à l'idée de laïcité. Il proteste énergiquement contre toutes les atteintes qui lui sont portées et contre son sabotage méthodiquement organisé. Il combattra toutes les initiatives qui tendraient à établir la R. P. scolaire.*

*Il s'élève contre la suppression de nombreux postes d'instituteurs, suppression qui a le plus souvent pour conséquence de favoriser l'enseignement libre.*

*Il s'élève également contre les brimades dont sont l'objet les membres du corps enseignant et réclame pour eux le droit syndical plein et entier avec tous les avantages contenus dans la loi de 1884.*

*Mais si le Parti Radical et Radical-Socialiste entend garder intacte la conquête de la laïcité, il veut aussi entreprendre celle de l'égalité.*

*À cet effet, il réclame la création d'un grand Ministère de l'Education Nationale qui aurait pour mission :*

*1° D'organiser rationnellement l'enseignement en établissant à la base l'école unique, plus haut l'enseignement du second degré comprenant quatre grandes branches : celle de l'enseignement secondaire proprement dit, la branche technique, la branche complémentaire, la branche post-scolaire et, au sommet, comme couronnement, l'enseignement supérieur.*

*Des facilités de communication seront établies entre les quatre branches de l'enseignement du 2ᵉ degré et l'on pourra accéder de chacune d'elles à l'enseignement supérieur dont la mission est de parfaire la formation de toutes les élites;*

*2° D'organiser démocratiquement l'enseignement en établissant le passage du premier degré à telle ou telle branche du 2ᵉ degré ou, s'il y a lieu, à telle ou telle partie de l'enseignement supérieur, sur les aptitudes naturelles et le travail de chacun et non point sur sa fortune et sa situation sociale. »*

. Le Président. — Je remercie le citoyen Ducos du remarquable rapport qu'il vient de présenter avec tant d'éloquence.

Personne ne s'étant fait inscrire pour prendre la parole, je mets aux voix les conclusions que vous venez d'entendre.

*(Les conclusions sont adoptées à l'unanimité).*

Je donne la parole au citoyen Jacques Kayser.

Citoyen Kayser. — Je m'excuse de prendre la parole, mais je serai très bref. Je voudrais simplement remercier les citoyens Ducos et Herriot de leur intervention à la Chambre. Si j'ai demandé la parole, c'est qu'en partant de Paris un certain nombre de mes camarades étudiants m'avaient chargé de dire ici quel était leur attachement à la cause que défendent les Radicaux et Radicaux-Socialistes, en ce moment, à la Chambre et d'affirmer également leur désapprobation du projet Bérard.

M. Bérard a voulu rétrécir à nouveau le cadre de nos travaux. A la faculté de Droit, par un simple décret, il vient de supprimer l'enseignement obligatoire du droit international public qui nous permettait de jeter un regard sur l'extérieur, et de la législation industrielle, qui nous permettait de nous rendre compte de la structure sociale du Pays. Nous avons le devoir de protester contre ce fait.

Je voudrais ajouter encore un mot : nous sommes étonnés que le projet Bérard puisse être promulgué sans un vote du Parlement. Nous nous sommes demandé s'il ne serait pas possible que, pour l'enseignement secondaire et pour l'enseignement supérieur, comme cela est établi pour l'enseignement primaire, le vote d'une loi soit nécessaire lorsqu'il s'agit d'une modification fondamentale des programmes.

Il nous semble tout à fait étonnant, puisque l'éducation est, en somme, un des principaux devoirs de l'Etat, qu'un Ministre, par sa seule puissance, puisse bouleverser l'ordre établi. On exige des lois pour le vote des crédits, exigez donc des lois pour les modifications du programme d'enseignement. (*Applaudissements*.)

## LES REFORMES SOCIALES
## LA LOI DE HUIT HEURES

LE PRÉSIDENT. — La parole est au citoyen Justin Godart, pour son rapport sur la loi de 8 heures.

Citoyen Justin GODART, *Rapporteur*. — Dans le remarquable rapport que notre collègue Jean Montigny a rédigé sur le Parti Radical et Radical-Socialiste en face du problème social et du projet de loi sur les Assurances sociales, vous avez vu que Jean Montigny m'a laissé le soin de rapporter au Congrès quelques explications sur la loi de 8 heures dont j'ai été le rapporteur à la Chambre. Je m'acquitte volontiers de la tâche que m'a laissée Jean Montigny, tâche que, d'ailleurs, j'en suis sûr, il aurait fort bien remplie.

Citoyens, vous savez que la Chambre du Bloc National s'est proclamée, dès le début, une Chambre sociale et qu'elle a indiqué que si elle n'entrait pas profondément dans la discussion des problèmes politiques, elle entendait donner toute son initiative à la solution des problèmes sociaux.

Or il n'est pas douteux que, depuis que cette Chambre est réunie, aucune loi sociale importante n'a été votée ou seulement examinée et qu'au contraire, toute une campagne, soutenue par le Bloc National, a été dirigée contre les lois républicaines, sociales, acquises, notamment contre la loi de 8 heures. (*Applaudissements*).

Citoyens, c'est pour que notre Parti prenne position et c'est pour vous permettre de réfuter les arguments portés contre la loi de 8 heures que je vais faire le très rapide exposé qui suit.

Quel a été le but du législateur de l'ancienne législature en votant la loi établissant la journée de 8 heures ? Il ne faut pas le perdre de vue, car, somme toute,

on juge une loi aux résultats qui ont pu être obtenus
grâce à elle et qu'elle a voulu qu'on puisse obtenir.

La loi de 8 heures a été votée après la guerre, pour
faire, en quelque sorte, la part du travail dans la victoire.
La loi de 8 heures a été votée pour donner aux travailleurs les loisirs nécessaires afin qu'ils puissent s'attacher plus étroitement à leur tâche de père de famille, à
leur œuvre de citoyen. Ce qu'a voulu la loi de 8 heures,
c'est réaliser la vieille formule des travailleurs du monde entier, la formule des Trois-Huit, formule qui tend
à diviser la journée de 24 heures en trois tranches, l'une
consacrée au travail, l'autre au repos et l'autre aux loisirs et à l'éducation.

La loi de 8 heures a-t-elle fait faillite sur ce point et
est-on fondé à dire que les 8 heures consacrées aux loisirs n'ont pas été employées convenablement par les
travailleurs ?

Vous savez que c'est un argument assez aisément ac-
cueilli dans certains milieux que de dire que les 8 heures en question ont surtout bénéficié aux mastroquets et
ont été surtout un moyen de développer l'alcoolisme. J'ai
trouvé et je trouve toujours, pour ma part, assez misé-
rable cet argument. Nous n'allons pas entrer dans l'examen de l'emploi des loisirs d'autres catégories sociales,
mais d'après les enquêtes qui ont été faites, et dont une
très sérieuse, très importante, est en cours de publication dans le *Bulletin Officiel du Travail*, nous pouvons
juger l'effort qui a été fait par les travailleurs pour employer leurs loisirs. Or, cet effort a été tel que le dési-
rait la loi du 23 avril 1919 : partout se sont multipliés
les cours et les conférences, partout se sont multipliés
les jardins ouvriers, partout on a créé, pour les travailleurs et par les travailleurs, dans les syndicats, dans les
unions coopératives, dans les œuvres postscolaires, les
moyens de permettre à chaque ouvrier, après le labeur
quotidien, de se donner au labeur intellectuel, à l'organisation démocratique. Et nous pouvons affirmer que sur
ce point — et c'est le point essentiel — la loi de 8 heures
a donné les résultats qu'en attendait le législateur.

Pour arriver à donner au travailleur les 8 heures de
loisir qui lui permettent d'être un citoyen, de coopérer
ainsi à la marche de la société et aux progrès démocratiques, quels moyens le législateur de 1919 a-t-il em-

ployés ? Je vais les souligner, parce que c'est là un point essentiel auquel, nous, démocrates, nous devons nous attacher.

La loi de 8 heures a proclamé un principe : la journée de 8 heures, la semaine de 48 heures, ou la répartition de la journée de 8 heures et de la semaine de 48 heures sur des périodes plus longues : dans le mois ou même dans l'année. Elle n'a dit que cela. En second lieu elle a posé le principe que cette journée de 8 heures jouirait de modalités infinies et qui peuvent en fait se modeler sur toutes les nécessités de chaque industrie et de chaque commerce. La loi dit : cette journée de 8 heures, je l'établirai dans chaque commerce et dans chaque industrie, par la collaboration du capital et du travail.

Voilà le principe démocratique essentiel que nous avons fait triompher dans la loi d'avril 1919. Et, n'en doutez point : c'est parce qu'il y a à la base de la loi de 8 heures, le principe de la collaboration légale du travail à la réglementation du travail qu'à l'heure actuelle tous les réacteurs sociaux la battent en brèche, parce que, pour eux, il n'y a qu'un principe : le principe d'autorité, auquel nous avons substitué, par la loi de 8 heures, le principe fécond de la collaboration.

Citoyens, voici comment ce principe de la collaboration est formulé dans la loi.

La loi doit être appliquée, dans chaque commerce et dans chaque industrie par un règlement d'administration publique. Or la loi dit ceci : ces règlements sont pris, soit d'office, soit à la demande d'une ou de plusieurs organisations patronales ou ouvrières, nationales ou régionales intéressées. Dans l'un et l'autre cas, les organisations patronales et ouvrières devront être consultées ; elles devront donner leur avis dans le délai d'un mois. Ces règlements devront se référer, dans le cas où il en existera, aux accords internationaux entre les organisations patronales et ouvrières, nationales ou régionales intéressées.

Citoyens, voilà le grand progrès qui a été réalisé. Nous ne devons pas laisser atténuer ce progrès et nous ne devons pas laisser amoindrir le principe démocratique de la collaboration entre le capital et le travail.

Malheureusement, non seulement les grandes organisations patronales, non seulement les grandes fédérations capitalistes cherchent à porter atteinte à ce principe de la collaboration, mais le Gouvernement, lui-même, a donné l'exemple et c'est ce contre quoi nous devons nous élever et c'est ce qu'en quelques mots je vais démontrer.

Vous savez que, récemment, un décret, dit décret Rio, puis, ensuite, le décret dit décret Le Trocquer, ont apporté à la réglementation du travail, à la journée de 8 heures, pour le premier chez les inscrits maritimes, pour le second chez les cheminots, des modifications profondes qui, ainsi que je l'ai démontré au groupe Républicain de défense des Cheminots de la Chambre, ainsi que je le montrerai prochainement à la tribune de la Chambre, sont évidemment et nettement illégales.

Pourquoi ? Parce que la loi dit que les règlements d'administration publique portant application de la journée de 8 heures doivent être précédés de la consultation des organisations patronales et ouvrières. Bien mieux, le Conseil d'Etat, lorsqu'il s'est agi de prendre le premier règlement d'administration publique, a formulé un avis sur la procédure à suivre et il a dit que, non seulement on devait consulter les organisations patronales et ouvrières, mais qu'en vertu du 3ᵉ paragraphe de l'article 3, on devait s'efforcer de faire passer entre les patrons et les ouvriers de l'industrie intéressée des accords collectifs, des contrats collectifs qui, ensuite, seraient visés dans le décret portant règlement d'adminstration publique.

Or, pour les inscrits maritimes, le premier décret que le décret Rio a modifié, avait été précédé de cette procédure : il y avait eu, entre les inscrits maritimes et les armateurs, consultation et accord. Lorsqu'on a voulu modifier ce décret et prendre le second, il y a eu consultation, mais cela n'est pas suffisant aux yeux de la loi et suivant la volonté du Conseil d'Etat. Il y a eu consultation, mais il n'y a pas eu tentative de rapprochement dans ces commissions paritaires dont les inscrits maritimes demandaient si énergiquement la réunion, et je dis que, puisque cela n'a pas été fait, le décret Rio a violé la loi ! (*Vifs applaudissements*).

Je dis, en second lieu, que le décret Le Trocquer, pour les Cheminots, a violé la loi et dans des conditions encore plus profondes et encore plus révélatrices du désir du retour à un principe d'autorité dans les relations entre le capital et le travail.

Vous savez que lorsque la loi d'avril 1919 a été votée, immédiatement le ministre des Travaux publics a réuni les commissions paritaires des employeurs et des employés des chemins de fer, Il l'a fait, en répondant au vœu de la loi jusque dans son plus infime détail, puisque la loi prévoit que, même dans une même industrie, il peut y avoir, suivant les catégories professionnelles, des règlements de travail différents : ainsi, dans les chemins de fer, où les catégories professionnelles sont si variées, on a réuni 43 commissions paritaires. Ces 43 commisions, en 1919, ont pris 43 conclusions pour l'application de la journée de 8 heures dans chaque catégorie. C'est sous leur régime qu'on a vécu jusqu'à tout récemment.

On pouvait, certes, et on le peut toujours, — la loi le permet — modifier le règlement, suivant certaines conclusions qui constituaient les accords collectifs prévus par la loi. Mais on ne devait modifier les conditions du travail qu'en suivant la même procédure des commissions paritaires préalables. Or, sans abroger les conventions existantes, sans réunir les commissions paritaires d'abord, brutalement, le Ministre a pris un décret modifiant de fond en comble la pratique de la journée de 8 heures dans les chemins de fer.

Je dis que, pour cette raison, ce décret, qui est à l'heure actuelle entrepris d'illégalité devant le Conseil d'Etat, je dis que ce décret Le Trocquer est un décret illégal et qu'en tous cas nous devons protester contre la méthode inaugurée par le gouvernement, soit dans le décret Rio, soit dans le décret Le Trocquer, d'abroger des accords collectifs, des conventions passées entre patrons et ouvriers afin de substituer à cette collaboration féconde, qu'a voulue la loi de 8 heures, l'autoritarisme patronal brutal. (*Vifs applaudissements*).

D'ailleurs, les résultats que nous avons voulu obtenir par la loi d'avril 1919, c'est-à-dire non seulement établissement des salaires moyens mais aussi les accords entre patrons et ouvriers ayant comme conséquence un meilleur rendement, un labeur plus confiant, est-ce qu'ils n'ont pas été obtenus ?

En 1919, 537 conventions collectives sont intervenues;

en 1920 340 conventions collectives sont intervenues.
Nous sommes donc en droit de dire qu'encore sur ce
point, la loi de 1919 n'a pas fait faillite, loin de là et
qu'elle a rapproché, pour le plus grand bien de la pro-
ductivité et du rendement les deux éléments de la production : le capital et le travail. (*Applaudissements*).

Citoyens, vous voyez la première manœuvre contre le
principe de la loi, pour la substitution du principe d'autorité au principe de collaboration. Il en est une autre
qui cherche à ruiner la loi de 8 heures en détail. Vous
connaissez la formule qui est à l'heure actuelle le programme de bataille des fédérations patronales qui sont
conduites par un certain nombre de meneurs politiciens
agressifs et violents, et d'ailleurs grassement rémunérés.

Quand j'entends, à l'occasion d'un pauvre conflit qui
s'élève au sein d'un petit syndicat ouvrier, les politiciens dire : « Ils se laissent conduire comme des mou-
tons par des meneurs qui profitent d'eux. » je regarde
de l'autre côté, et je m'aperçois que les plus puissants
syndicats patronaux, les plus arrogantes fédérations patronales, sont, elles aussi, menées par quelques-uns qui
ne font qu'une besogne de politiciens et qui travaillent
uniquement pour leur profit personnel. (*Applaudissements*).

Donc, ils ont trouvé cette formule : la loi de 8 heures, nous l'acceptons, mais nous voulons des dérogations.

Nous répondons : la loi de 8 heures a prévu toutes les
dérogations; seulement, elle les subordonne à l'accord
entre patrons et ouvriers.

Cela ne va pas à ces messieurs, vous pensez bien !
Et ils disent : accordez-nous des dérogations forfaitaires. Vous savez la formule actuelle : 300 heures de dérogations pendant sept années. C'est-à-dire, ni plus ni
moins, que le rétablissement de la journée de 9 heures
pendant sept années.

M. Le Trocquer a essayé de faire triompher cette
thèse patronale dans son décret contre les Cheminots,
et il avait fixé la durée des dérogations par surcroît
extraordinaire de travail à 300 heures par an et il avait
ajouté : 300 heures qui ne seront pas payées. Heureusement que veillaient et M. Peyronnet, notre Ministre
du Travail, et le Conseil d'Etat et, si on a accordé aux

Compagnies de chemins de fer 300 heures forfaitaires
de dérogations — ce qui est illégal, car la loi subordonne les dérogations aux nécessités évidentes d'un
surcroît extraordinaire de travail, c'est-à-dire aux nécessités saisonnières —, le Conseil d'Etat a dit : les
heures de dérogations seront payées. Cela a passé dans
le décret et il n'est pas indifférent de savoir que cette
application de la loi, à l'encontre de la volonté de la
loi, cette violation de la loi faite par M. Le Trocquer
lui-même a fait que les cheminots verront entrer dans
leurs poches 210 millions de salaires dont on voulait
purement et simplement les frustrer en rétablissant la
journée de 9 heures.

Il y a un autre argument qu'a fait valoir contre la
loi de 8 heures M. le marquis de Dion...

Une voix. — Il travaille beaucoup, lui !

Citoyen Justin Godart. — Je ne veux pas faire de
questions de personnes, mais je dis que c'est une injure gratuite et grossière appuyée sur des calculs aussi
extravagants les uns que les autres. M. le marquis de
Dion en a fait qui sont camouflés et majorés; M. Josse
en a fait d'autres qui sont insensés; un sénateur en a
apporté à la tribune du Sénat qui sont véritablement
pitoyables. Il a osé dire : cette loi de 8 heures est une
des causes du renchérissement de la vie. Pourquoi?
Parce que, autrefois, quand l'ouvrier sortait de l'usine, il
renfrait chez lui pour dîner. Aujourd'hui, il sort plus
tôt, alors il rentre chez lui et il mange, puis il remange
une seconde fois le soir. (*Rires et exclamations.*) Je
vous assure, citoyens, que cet exposé pitoyable a été
fait sérieusement à la tribune du Sénat par M. Chapuis,
et il a démontré que c'était une cause du renchérissement de la vie.

Je dis que la loi de 8 heures n'est pas une loi de
paresse pour le travailleur, parce que la loi de 8 heures n'est pas, comme on a essayé de le dire, une loi
de présence : c'est une loi de 8 heures de travail effectif. Partout où on a appliqué cette loi, dans les sociétés coopératives de production et chez les patrons
intelligents, on s'est aperçu qu'on pouvait aboutir aux
mêmes résultats de rendement qu'autrefois. Il y a dans
beaucoup d'industries un déséquilibre, mais un désé-

quilibre entre la journée de 8 heures pour le travail et la journée maintenue à un rythme supérieur pour le capital et l'organisation. Là où tout le monde s'est mis au rythme des 8 heures, où le capital a fait l'effort nécessaire pour améliorer l'outillage, où l'organisation du commerce, de la prise des commandes et de l'écoulement des produits s'est mise au rythme des 8 heures, nous avons eu des industries prospères qui ne se plaignent pas de la journée de 8 heures. Mais là où, au contraire, le capital n'a pas voulu faire son devoir vers les 8 heures, c'est-à-dire améliorer son outillage, là où il y a eu déséquilibre, je prétends qu'il n'y a pas là un résultat de la loi de 8 heures, mais de la paresse intéressée du capital. (*Vifs applaudissements.*) ments).

Nous devons donc soutenir la loi de 8 heures comme un grand progrès démocratique.

Je sais bien — à la Chambre déjà on nous a lancé ce mot comme une insulte et dans tous les grands discours patronaux on nous fait le même grief — je sais bien qu'on nous dit : « Vous êtes des mystiques. C'est une conception mystique de la société que vous soutenez. Vous êtes des idéalistes. »

J'accepte, pour ma part, ces qualificatifs, parce qu'il me suffit de voir l'histoire du monde et l'histoire de la vie, pour m'apercevoir qu'on n'a jamais fait grand' chose qu'avec l'idéalisme et que si nous nous en tenions purement et simplement au mercantilisme qui sévit à l'heure actuelle et qui est l'idéal du Bloc National, c'en serait fini de la France, de la Révolution et de la Pensée. (*Applaudissements répétés.*)

C'est pour cette raison que je vous demande de voter l'ordre du jour suivant :

*Le Congrès du Parti Radical et Radical-Socialiste, en présence de la faillite du Bloc National et de la campagne dirigée par lui contre les lois sociales, notamment contre celle qui a établi la loi de 8 heures;*

*Considérant que cette loi contient les dispositions et dérogations qui lui permettent de s'adapter à toutes les modalités et à toutes les nécessités de la production ;*

*Considérant que ce qu'on veut atteindre en elle c'est*

*son double principe démocratique : la collaboration à la réglementation du travail du travail lui-même organisé dans ses Syndicats et les loisirs donnés au peuple pour son instruction ;*

*Blâme le Gouvernement d'avoir méconnu ces principes dans ses décrets illégaux pris contre les inscrits maritimes et les cheminots sans la réunion préalable des Commissions paritaires ;*

*Invite ses élus à s'opposer à toute abrogation ou atténuation de la loi de huit heures qui, appliquée dans son esprit et dans sa lettre, permet de demander au travail de donner pleinement sa part d'efforts à l'œuvre de reconstitution nationale.*

Le Président. — Je mets aux voix l'ordre du jour dont lecture vient d'être donnée.

(Adopté à l'unanimité.)

## LA REINTEGRATION DES CHEMINOTS

Je donne connaissance au Congrès de l'ordre du jour suivant qui vient d'être remis au Bureau par la Fédération de la Dordogne :

*Considérant que dans le mouvement gréviste de 1920 les cheminots militants furent frappés inexorablement, laissant ainsi dans une profonde détresse des femmes et des enfants, propose, dans une idée de justice et d'apaisement, le vœu suivant :*

*Le Congrès Radical et Radical-Socialiste, réuni à Marseille, demande que tous les cheminots, à l'exclusion des chefs, soient réintégrés dans leur emploi dans le plus bref délai.*

Citoyen Gastaud. — Je demande la parole !

Le Président. — La parole est au citoyen Gastaud.

Citoyen Gastaud. — Je crois que nous serons tous unanimes à adopter l'ordre du jour présenté par nos amis de la Dordogne, mais je vois dans leur texte une phrase qui me paraît de nature à laisser la porte ouverte à toutes sortes de difficultés et à tous les arbitraires. Je demande qu'on supprime la phrase :

« A l'exclusion des chefs. »

Il ne nous appartient pas de discerner quels furent les bons et les mauvais dans cette lutte. (*Approbation générale.*)

Le Président. — La Fédération de la Dordogne déclare accepter cette modification. Dans ces conditions je mets l'ordre du jour aux voix.

(Adopté à l'unanimité.)

La parole est au citoyen Cellier.

## LES DECRETS RIO ET LE TROCQUER

Citoyen Cellier. — Je suis mandaté par mes collègues pour apporter une précision au discours du citoyen Justin Godart. Evidemment, dans le centre, nous ne pouvons pas parler du décret Rio, parce que nous n'avons pas d'exemple de son application, mais, par contre, nous pouvons parler du décret Le Trocquer et de ses effets.

Voici une circulaire qui a été adressée à tous les chefs de gare du département de la Charente et notamment à celui de Cognac, par l'inspecteur Pédezert :

« Gares 4e, 3e, 2e et 1re classes.

» Cognac, le 4 octobre 1922.

» Monsieur le Chef de gare de Cognac,

» Je vous prie d'établir dans les conditions ci-après les tableaux de présence des agents assurant le service permanent.

» Service en deux dix heures

» Service de jour : 10 heures de service — comptant comme 8 h. 30 de travail effectif — et deux heures de coupure pour le déjeuner.

» Amplitude 12 heures.

(L'agent dispose librement du temps prévu comme coupure.)

» Service de nuit : 12 heures de service (comptant **pour 8 h. 30 de travail effectif**) coupées par 2 heures de repos dans le temps où les circulations de trains le permettent, l'agent restant à son poste.

Autres agents :

» Durée de service : 12 heures (travail effectif 8 h. 30 pour tous les agents assurant un service intermittent : télégraphe, billets, guichets, etc...)

Amplitude : 14 heures, § a et b du décret du 1er septembre 1922, Ordre général 606) coupure de 2 heures.

» Service applicable le 15 octobre 1922. »

Tout-à-l'heure, le citoyen Justin Godart nous disait que le décret Le Trocquer était illégal. Il est non seulement illégal mais dangereux, parce que si l'on supprime des agents ou si on ne donne pas aux agents le temps nécessaire pour la surveillance et l'entretien des voies, on s'expose à des accidents. Je n'en veux pour preuve que la dernière catastrophe de Chatel.

En rentrant dans nos départements, nous serons sous l'empire de ce décret Le Trocquer qui peut être la cause de nombreux accidents de chemins de fer dont nous subirons les conséquences.

Voici d'ailleurs ce que je lis dans un journal, au sujet de cette circulaire et du dernier accident dont je viens de parler :

« Sur ce point, la responsabilité de M. Le Trocquer est entière. C'est sur son ordre que des compressions du personnel ont été faites au-delà des limites permises. C'est sur son ordre que la sécurité se trouve compromise, par son décret qui a pour résultat la suppression d'un grand nombre d'agents dans tous les services particuliers des gares. C'est en sabotant la journée de 8 heures que le Ministre prend la lourde responsabilité de laisser toute une nuit un agent seul dans une gare de l'importance de Chatel. »

Je demande au Congrès qu'on ajoute aux conclusions de Justin Godart le vœu suivant :

« Le Congrès, considérant que la loi de 8 heures a été manifestement violée par les décrets Rio et Le Trocquer ;

» Qu'il appartient à l'Etat patron, plus qu'à n'importe quel autre de respecter les lois établies par le Parlement ;

» Invite les membres parlementaires appartenant au Parti Radical et Radical-Socialiste à protester énergiquement contre cette violation de la loi qui s'est manifestée plus spécialement à l'égard des cheminots. »

Le Président. — Je ne crois pas qu'il y ait quelque chose à ajouter au vœu du citoyen Justin Godart, que celui du citoyen Cellier ne fait que confirmer. (*Approbation générale*).

Dans ces conditions, si personne n'y fait opposition, nous nous contenterons du vœu Godart.... Personne ne demandant la parole, il en est ainsi décidé.

La séance est levée et la discussion continuera cet après-midi à 15 heures.

(La séance est levée à midi.)

## CINQUIEME SEANCE

### Séance du Samedi 18 Novembre, après-midi

La séance est ouverte à 15 heures, sous la présidence du citoyen RENARD, député, président du groupe parlementaire de la Chambre, assisté des citoyens FERNAND MERLIN, RICHARD, SERRE, sénateurs, FERDINAND BUISSON, MARGAINE, ACCAMBRAY, députés, FABIUS DE CHAMPVILLE, BLUMENTHAL, LAFON, NICOLAS ESTIER, ULYSSE FABRE, EMILE LAURENT.

LE PRÉSIDENT. — Citoyens, la séance est ouverte. Je vous remercie, au nom du Bureau, de l'honneur que vous avez bien voulu nous faire. En ce qui me concerne, je m'efforcerai de diriger les débats avec la plus grande impartialité. Nous avons un ordre du jour très chargé, je ne veux pas commencer par vous infliger un discours, et je donne la parole au citoyen Fernand MERLIN qui va vous donner connaissance de son rapport sur la natalité, question extrêmement importante.

## LA NATALITE
## ET LA REPOPULATION DE LA FRANCE

Le citoyen FERNAND MERLIN, *rapporteur*. — Citoyens, je n'ai pas l'intention de prononcer un discours; je me bornerai simplement à donner au Congrès quelques explications, à analyser quelques statistiques sur le problème exceptionnellement grave, le Président l'a très bien dit, de la dépopulation et de la natalité en France. Cette question, revient devant les Congrès, dans les réunions politiques ou économiques ; ce problème de notre situation démographique est posé partout où l'on réfléchit, car c'est l'avenir même de notre pays et de ses institutions qui est en cause.

Il faut insister sur ce point : le dépeuplement de la France est intimement lié à nos destinées, il les commande. Il n'est pas indifférent à une Assemblée comme la nôtre, à une réunion d'hommes politiques, de savoir dans quelles conditions la situation de la France envisagée au point de vue de la population se présente, dans l'ordre intérieur, et dans l'ordre international.

Si des mesures, énergiques et suffisantes, ne sont pas prises, s'il n'y a pas de la part du peuple, de la démocratie une volonté plus ardente de vivre, la France est appelée à disparaître. On l'a dit, hélas ! depuis longtemps déjà, nous pouvons le répéter sans exagération : ce pays de la civilisation et de la liberté est, en même temps, le pays où la mort exerce le plus de ravages et où la natalité est la plus faible du monde.

Spectacle troublant, angoissant entre tous : à une époque où les conditions de l'existence s'améliorent, où la culture et le sol sont plus productifs que partout ailleurs, notre pays voit disparaître ses éléments mêmes, ses enfants qui, pendant une guerre de cinq années, ont laissé tant de pages éternelles dans l'Histoire du monde.

Pourquoi ce phénomène unique, non seulement en Europe, dans l'Univers entier, alors que des frontières fictives, les montagnes, les fleuves, les mers ne sont plus des frontières, nous séparant des autres nations ? Nous sommes entourés de peuples jeunes et prolifiques qui, depuis l'Angleterre jusqu'à l'Italie, en passant par la Belgique et la Hollande — et surtout l'Allemagne, se présentent à nous avec le spectacle d'une vitalité considérable comparée à la nôtre. Nous recherchons et nous connaissons aujourd'hui les raisons, physiques et morales, de cette disparition de la race française. Les grandes villes, Paris, Lyon, Marseille, font encore illusion: mais allez à quelques kilomètres de ces centres et vous verrez les conditions réelles de la France; les campagnes, le sol, s'étiolent faute de bras. Nous le savons actuellement, pour les actes les plus simples, nous ne trouvons plus de main-d'œuvre. On pourrait multiplier les exemples sur le terrain économique, commercial, industriel, financier. Ce dernier point de vue est capital: nous n'aurons de bonnes finances que le jour où la population sera suffisante pour payer les impôts: dans l'ordre militaire, peut-être le plus grave de tous, la remarque est plus grave encore.

Il faut avoir, dans ce pays, un minimum de population, sinon c'est la déchéance irrémédiable.

Voilà, brutalement, dans ses grandes lignes, ce qui apparaît comme la vérité, pénible à proclamer, que tous doivent connaître.

C'est donc un mal français ce fléau de la dépopulation; n'hésitons pas à le dire. Mal de civilisation, répète-t-on, et de progrès. Est-ce véritablement un progrès celui qui entraîne les peuples à leur chute et à leur mort. Avons-nous, en France, des causes spéciales de stérilité ? Je ne les vois pas. La stérilité physiologique, n'est pas supérieure à celle des autres peuples. La stérilité due à des causes spéciales, sociales, conséquences de la guerre, apparaît davantage; c'est sur ce point que je me permets d'appeler l'attention du Congrès, de nos amis qui, dans les assemblées départementales, municipales, au Parlement, dans des milieux plus modestes, dans leur sphère personnelle, sont susceptibles d'exercer une action utile. Par l'effort de tous, par l'action commune, nous parerons à ce danger national. Ce ne sont pas les mesures législatives, le pouvoir, le Gouvernement, qui nous sauveront, c'est l'ensemble des citoyens, leur volonté qui naîtra de leurs réflexions et de leur angoisse.

En France, on meurt beaucoup, parce que nous nous défendons mal contre ces ennemis invisibles, cependant très connus, qui continuent, sourdement, chaque jour, à exercer leurs ravages, maladies populaires, misères physiologiques qui se nomment tuberculose, taudis, alcoolisme, mortalité infantile, maladies vénériennes.

Oui, ayons le courage de le reconnaître, dans le pays de Pasteur, nous sommes ravagés par la tuberculose, les intoxications qui se produisent sous l'influence de toxiques souvent venus de l'étranger, alors que nos produits nationaux mal défendus, luttent avec peine contre d'abominables boissons spiritueuses; la mortalité infantile, dans certains départements, atteint, pour les premières années, 40, 50, 60 o/o. Ces enfants que la Loi doit protéger, à qui l'on doit assistance, sont mal surveillés. Enfin, des plaies sociales, comme les affections vénériennes et, particulièrement, la syphilis qui, depuis la guerre, exerce, dans les villes et les cam-

pagnes, des désastres comparables à ceux de la tuberculose, et ce mal mystérieux du cancer, qui, chaque
année, fait plus de 40,000 victimes.

Mes chers amis, le tableau est sévère mais juste, notre état pathologique est inquiétant.

Cette question de la dépopulation était étudiée avant
1914, on se demandait quelles mesures étaient susceptibles de combattre le mal. Aujourd'hui, les misères
sociales, les conséquences de la guerre se sont accu-
mulées à tel point que, pour les petits ménages et les
ménages moyens, la natalité devient un problème difficile à résoudre. La venue d'un ou de plusieurs enfants est une charge telle qu'on hésite à en avoir; on
aime les enfants, mais les enfants sont trop chers.

Autre cause de la faiblesse de la natalité, celle-là,
elle est à la charge des pouvoirs publics : c'est la ra-
reté des logements. Le taudis sera donc éternel ! nous
le voyons encore à la ville et à la campagne et nous
constatons aussi ce spectacle pénible entre tous, en
1922, alors que le Gouvernement et les deux Chambres ont voté une loi définitive sur les loyers, tous les
jours, des familles sont jetées à la rue, parce qu'un propriétaire double ou triple les loyers et qu'il n'est pas
possible, légalement, de s'opposer à ces pratiques. Un
logement doit rapporter, quels que soient les gens qui
l'occupent; le droit d'expulsion est trop largement admis. Raisonnement logique du propriétaire, insuffisant,
on l'avouera, pour la vie sociale.

Ces deux causes - ajoutez le désordre économique —
permettent de le dire : les familles qui ne se repro-
duisent pas, qui n'ont pas de descendance, ont une excuse
valable, tenant aux conditions créées ou aggravées par
la guerre.

Il y a encore les causes morales, sur lesquelles je
n'ai pas l'intention de m'étendre. Qui ne les connaît ?

Je ne ferai pas ici de psychologie, je ne chercherai
pas à sonder les cœurs et les consciences. Je rappelle
seulement ce qui fut maintes fois proclamé : les individus dont le calcul égoïste est basé sur la stérilité
volontaire, ne sont pas dans la vérité, le besoin de luxe
et de jouissance qui les guident, les conduit au contre-
sens de la vie normale. Un grand parti comme le nôtre, parti national et social, vraiment digne de ce nom,

parti de Républicains qui a aussi un sens élevé de ses devoirs envers le Pays, n'hésite pas à les indiquer comme une doctrine de Démocratie.

Les causes morales sont liées au développement de la population. Et nous revenons à notre interrogation ? Pourquoi la crise existe-t-elle pour la France et pas ailleurs ?

Pourquoi ? La vie chère, la crise du logement, les conditions de la vie, les maladies sociales, tout ce lot de misères existe dans les autres pays. Croyez-vous qu'en Angleterre on vive plus facilement qu'en France ? Croyez-vous qu'en Allemagne, il n'y ait pas des conditions plus pénibles que dans notre pays ? Il en est de même en Italie, dans ce pays qui n'a ni blé, ni charbon, ni les denrées nécessaires pour nourrir sa population et qui, cependant, a un trop plein tel qu'hier Mussolini posait une question inverse, cherchant des lieux d'émigration pour la population italienne.

Dans cette antinomie ethnique de deux pleuples voisins, appartenant à la même race, aux mêmes origines, il y a un facteur troublant que le progrès ou la civilisation ne suffisent pas à expliquer.

Il serait bon que, dans une enquête comparative, qui n'a pas encore été menée, et qui devrait l'être, on indiquât les raisons décisives de notre infériorité numérique. Connaissant ces causes, nous aurions à rechercher les remèdes spécifiques.

Excusez-moi, citoyens, de développer une thèse, délicate à exprimer et à entendre; nous ne sommes pas ici pour prononcer des paroles banales et de simples discours; nous sommes venus pour réfléchir et rechercher ensemble les remèdes nécessaires à ce grand mal qu'est la dépopulation de la France. (*Applaudissements.*)

Je ne voudrais pas vous laisser sous une impression de pessimisme et déclarer que le mal dont nous avons parlé est une de ces diathèses chroniques, irrémédiables, pour lesquelles il n'y a aucun traitement. J'estime, au contraire, que l'heure actuelle est bonne pour agir. Le remède, c'est à vous, citoyens, à vous tous, qu'il appartient de l'appliquer. Et ici, devant vous, je me bornerai à quelques indications sur les moyens de relever la natalité et d'assurer à la France la position démographique

qui lui est indispensable pour son existence de grande
nation.

Il y a, d'abord, une double obligation qui s'impose :
faire vivre les éléments qui sont nés, les entourer de
soins, les empêcher d'être atteints par la maladie, les
empêcher de mourir.

Cet axiome élémentaire, s'il était appliqué, nous permettrait d'avoir, sinon la quantité et la qualité suffisante à tous nos besoins.

Puis, il faut donner aux jeunes ménages, aux familles qui se constituent, cette impression que l'enfant est,
d'abord, un avantage moral et matériel et non pas une
charge. Si, par des mesures appropriées, une action est
exercée dans ce double ordre d'idées, le problème de
la dépopulation, sans être complètement résolu, aura
reçu un commencement de solution.

Et n'hésitons pas à améliorer nos lois. Nous avons
des lois, quelques-unes admirables, mais, dans l'ensemble, elles n'ont pas suivi le progrès et les indications sociales. Par exemple, la loi Roussel se borne à
suivre l'enfant jusqu'à l'âge de deux ans, elle devrait
être une loi tutélaire de l'enfance jusqu'à l'âge de 13
ou 14 ans exerçant une action vigilante sur les facultés de l'enfant, l'orientant après la sélection obtenue
Ainsi il n'existerait plus dans le pays cette division
probable et arbitraire en catégories, les uns ayant tout
par l'argent, les autres n'aboutissant à rien malgré l'intelligence et la valeur morale.

Voilà, au point de vue de l'éducation de la jeunesse
et de l'orientation bien comprise, les considérations que
j'ai cru nécessaire de présenter au Congrès. (*Applaudissements.*)

La protection de la femme en état de grossesse et au
moment de l'accouchement réclame une amélioration,
malgré les heureux effets des lois de 1913 et 1919. Si
on compare l'augmentation du prix de la vie et la faible élévation des primes accordées, les avantages financiers que nous présentons aux familles sont souvent
illusoires et les dépenses qu'entraîne la naissance d'un
enfant, viennent surcharger lourdement le budget.

J'insiste sur ce fait, à la suite d'enquêtes dans plusieurs régions, j'estime qu'en ce moment, une des raisons principales de la réduction des naissances, à côté

de la propagande anti-conceptionnelle et de la pratique
des manœuvres abortives, c'est la dépense qu'entraîne
la venue d'un nouveau-né. Dans un petit ménage de
travailleurs, dans la classe bourgeoise, chez les fonctionnaires de tout ordre, au moment d'un accouchement
les frais sont tels, qu'on hésite devant de pareilles charges.

Je voudrais donc, et je m'adresse particulièrement à
notre ami Renard, si compétent en matière de finances,
que pour la renaissance même de la France, on éta-
blit un budget spécial de la natalité. Malgré le principe
respectable, non point intangible, de l'unité budgétaire,
je crois que, sur ce terrain, nous pourrions faire exception. Je dis plus : une étude générale des budgets
d'État, départementaux, communaux et aussi dans l'ordre privé, montrerait que si une répartition logique des
dépenses était faite, nous pourrions facilement donner
satisfaction à tous et encourager matériellement la famille.

Je vous engage à collaborer tous sur ce terrain financier qui commande la vitalité de la France. (*Applaudissements.*)

Je vous prie, enfin, de vouloir bien, vous plaçant sur
le terrain purement pratique, engager résolument la
lutte contre les maladies populaires; les programmes
et les plans sont établis; nous ne marchons plus dans
l'inconnu; s'il y a encore des obscurités, il est des maladies sociales comme la syphilis, contre lesquelles nous
sommes armés efficacement. Il en est de même de la
mortalité infantile. Les moyens sont entre vos mains ;
il suffit de vouloir pour réussir.

Ne laissons pas se continuer le massacre des inno-
cents ! (*Applaudissements.*)

Je n'insiste pas davantage; j'ai posé trop longuement
peut-être, les termes généraux d'une politique sanitaire. Il appartient au Congrès Radical et Radical-Socialiste de conclure à un simple axiome qui se présente
alors à notre esprit : Il faut défendre la vie et l'avenir
de la France pour qu'elle soit capable de conduire le
monde ! (*Applaudissements.*)

Mes chers amis, à l'étranger, dans les réunions d'élus
ou de simples citoyens, si l'on est surpris d'entendre
chanter les hymnes au désarmement et à la paix, on

est heureux d'entendre répéter que seule la France est qualifiée pour le désarmement et le développement des pensées fraternelles, de la solidarité internationale.

Nos lois sont, en même temps, des lois d'humanité, parce qu'elles procèdent de ces vérités sereines et intangibles de la science qui nous conduisent naturellement aux idées de réconciliation et de paix générale. Cette paix, elle viendra non pas des vieilles conceptions politiques, mais d'une Europe rénovée, dirigée par la France qui, j'imagine, a quelque droit pour parler d'union et de solidarité des peuples. (*Vifs applaudissements.*)

Le Président. — Vous venez d'entendre le discours si éloquent sur le problème angoissant de la natalité, de notre collègue Fernand Merlin. Il a dit, avec juste raison, que l'argent que nous dépensons serait mieux placé s'il était employé pour l'enfance. Il n'est pas contestable que le dégrèvement d'impôt que nous accordons aux familles nombreuses ne peut rien faire pour la natalité. Ce qu'il faudrait, c'est, comme vous l'avez dit, un budget de l'enfance, c'est consacrer des sommes importantes, aussi importantes que le permettrait la situation financière, pour relever cette natalité qui est l'avenir même du pays. Vous sentez bien que ce serait de l'argent bien placé. Vous pouvez être convaincu que le Parti Radical et Radical-Socialiste s'attachera à soutenir toutes les mesures susceptibles d'assurer ce relèvement.

Je vous propose donc de voter l'ordre du jour suivant qui a été présenté par le Comité de Lyon :

*Considérant que l'abaissement progressif et constant de la population en France constitue un grave péril pour l'avenir de la Nation, en raison surtout du fait que, dans les pays voisins, notamment en Allemagne, se produit le phénomène contraire : augmentation permanente et continue de la population ;*

*Considérant, d'autre part, que si excellentes que soient les mesures préconisées pour enrayer en France ce désastre, il importe de recourir à des moyens plus efficaces, notamment à l'assimilation des étrangers établis en France, au nombre d'environ 1,600,000, qui profitent des avantages de notre pays, sans avoir à sup-*

*porter les charges incombant à chaque Français, spé-
cialement celle du service militaire ;*

*Le Congrès émet le vœu : que soit mise à l'ordre du
jour du Congrès de 1923 l'étude d'une assimilation rationnelle et progressive des étrangers vivant en France,
notamment par la suppression des frais de chancelle-
rie et la réduction de deux ou trois ans de la période
de 10 années imposée à l'étranger, par l'article 8 du
Code Civil avant de pouvoir se faire naturaliser.*

Je mets cet ordre du jour aux voix.

(Adopté à l'unanimité.)

La parole est au citoyen CHAUTEMPS, sur la politique
intérieure du **Pays**.

## LA POLITIQUE INTERIEURE

Citoyen CHAUTEMPS, rapporteur. — J'ai été chargé par
votre Commission de la politique générale, de rapporter devant vous les résolutions qu'elle a adoptées au
sujet de la politique intérieure et je voudrais, aussi
rapidement que possible, justifier les sentiments de
votre Commission et préciser, en votre nom, les intentions et les espérances de votre Parti.

Il y a trois ans, presque jour pour jour, les églises
de France faisaient entendre un carillon plus joyeux
qu'à l'ordinaire... et pourtant, il s'agissait d'annoncer
une mort. Mais cette mort, c'était celle du Parti Radical et Radical-Socialiste... jamais fossoyeurs ne dan-
sèrent avec plus d'entrain sur une tombe. Et cependant l'Histoire aurait dû leur permettre de se rappeler
que, parfois, les morts ressuscitent. En effet, à l'heure
où nous sommes, devant la carence totale du Bloc National, qui nous donnait encore hier, à la Chambre, une
preuve éclatante de sa vitalité et de la clarté de ses
idées... (*Rires et applaudissements*)... le Pays comprend
que les méthodes de réformisme et d'évolution démocratique dont notre Parti, en dépit de mille difficultés,
est demeuré, sous la clairvoyante direction de Herriot,
le représentant principal, correspond infiniment mieux
que le désordre dans lequel nous vivons depuis trois
ans. aux aspirations de la démocratie française.

A l'heure qu'il est, il n'est pas douteux que le Parti
Radical et Radical-Socialiste, mort il y a trois ans, tué
à plusieurs reprises, est plus vivant que jamais et qu'il
peut se représenter à coup sûr devant le collège électoral avec la certitude des succès prochains ! (*Applaudissements.*)

Citoyens, que s'est-il donc passé ? C'est qu'en réalité — une analyse permet de s'en rendre compte — la
cause de l'insuccès de 1919 a été factice et passagère.
La guerre avait apporté dans les consciences un trouble inévitable. Vous vous rappelez que, d'une part, la
concentration des industries de guerre avait accumulé
autour des usines un personnel nouveau dont l'expérience et l'éducation étaient insuffisants au point de
vue politique et qui obtenaient très souvent par l'effort des militants syndicalistes des résultats et des
avantages considérables, soit du Gouvernement qui
n'avait alors d'autre pensée que de maintenir l'union
et la tranquillité devant l'ennemi, soit de patrons qui
étaient bien sûrs de récupérer largement sur la Nation
les maigres avantages qu'ils consentaient à leur personnel ! (*Applaudissements.*)

Ainsi des militants syndicalistes, ayant le mirage de
la toute puissance du prolétariat, croyaient qu'un jour
prochain il leur serait facile de faire monter les ouvriers à l'assaut du régime et de conduire la France
par la violence dans des voies nouvelles. Ce mirage
était accru par celui de la Révolution russe qui apparaissait comme un mystère lointain et captivant que
nos amis ont récemment dévoilé et à laquelle ils s'at-
tachaient avec d'autant plus d'admiration et de foi que
les sentiments étaient exaspérés par les manifestations
imbéciles de haine et de peur de la réaction française.
(*Applaudissements*).

Ainsi, d'un côté, un état d'esprit révolutionnaire et
de l'autre une réaction qui, dans le trouble des consciences, se révélait sous ses formes habituelles : la fierté
nationale, devant les armées victorieuses, qui se trans-
formait trop facilement, dans des âmes simples, en un
nationalisme agressif; le cléricalisme qui avait repris sa
propagande sournoise, à la faveur de l'union sacrée; enfin, et c'est là un élément nouveau, peut-être le plus
grave de la réaction, de grands profiteurs de guerre, de

grands financiers, de grands capitalistes s'efforçant de faire confondre leurs intérêts avec ceux de la nation, incertains des lendemains de leurs fortunes scandaleuses devant les revendications judicieuses des anciens combattants et qui fondaient ces syndicats économiques puissants et organisaient contre la République, par la presse, par les brochures, par affiches, de toutes façons, des campagnes violentes qui, dans le trouble des consciences, avaient incontestablement des résultats. (*Applaudissements*).

Telle était la situation politique, il y a trois ans : d'un côté un sentiment révolutionnaire, de l'autre un sentiment de réaction, et il semblait alors, qu'entre ces deux grands courants dressés l'un contre l'autre, il n'y ait plus de place pour des partis de bon sens, de mesure comme le nôtre, et que bientôt, la partie dût infailliblement se jouer entre la révolution sanglante et un régime d'autorité capable de la réprimer.

Si on ajoute un régime électoral stupide qui facilitait les confusions, décourageait l'électeur inexpérimenté, on comprend à merveille les difficultés avec lesquelles le parti républicain s'était trouvé aux prises. Mais l'évolution commença bientôt et vous savez à quelle désagrégation on est arrivé. Au lendemain même des élections, c'était cette grève de 1920 que l'on avait déclenchée en dépit des sages avertissements des dirigeants de la C. G. T. et qui a conduit la classe ouvrière à d'indicibles souffrances. C'était, quelques mois plus tard, à Tours, une scission qui attestait la résistance d'une grande partie du prolétariat à la dictature. C'était, il y a quelques jours encore, un nouveau Congrès, une nouvelle scission et le parti communiste, qui est aujourd'hui divisé, s'il apparaît comme une force électorale à cause des mécontentements qu'il canalise, n'est pas un grand parti capable de répondre aux aspirations du prolétariat. (*Applaudissements*).

De l'autre côté — permettez-moi d'insister sur cette face nouvelle du problème — c'est le Bloc National, qui avait été élu sous le couvert de l'union, en abusant d'un sentiment ou d'une idée juste en soi, si on ne l'entend point comme étant une arme aux mains d'un parti pour exiger des autres la confusion et l'abandon de la doctrine. Le Bloc apparaissait bientôt sous sa véritable physionomie : c'était une entreprise de réaction dans tous les domaines. Après les discours d'Herriot et de Franklin-Bouillon, qui en ont fait le procès avec une précision implacable, il est inutile d'insister.

Tout de même, laissez-moi vous rappeler que, dans tous les ordres ça été la réaction ouverte ou sournoise. Au lendemain même de l'élection, après les ostracismes impliquant une lamentable mesquinerie d'esprit et dont Justin Godart, puis Renard, étaient victimes dans l'élection du Bureau de la Chambre, en dépit de toutes les traditions parlementaires, après les violences dont nos orateurs étaient victimes, c'était contre le chef même du Bloc National que se manifestaient les rancœurs. parce qu'au Ministère de l'Intérieur il y avait un homme, d'ailleurs pondéré, ayant appartenu au parti Radical et Radical-Socialiste: c'était, bientôt, la reprise des relations avec le Vatican; c'était la tentative, déjouée de peu, pour la R. P. scolaire qui, prenez-y garde! aboutissait à la suppression de l'enseignement laïque et, de façon occulte, c'étaient les congrégations autorisées à rentrer; c'était la suppression complète de toutes les lois laïques de la République. En matière fiscale, c'était le refus de se rallier au système d'impôts directs proposé par les Gauches et interdisant aux mercantis, aux profiteurs de la guere leurs tentatives pour éviter l'impôt sur le revenu.

En matière de politique étrangère : rodomontades, d'ailleurs toujours suivies de faiblesses; politique instable qui a donné à la France plus de difficultés que de résultats.

Dans l'ordre social : le soutien accordé aux grands patrons désireux de reprendre les avantages péniblement acquis; atteinte au droit syndical; tentative d'atteinte à la liberté même des fonctionnaires dans leurs droits de citoyens et, récemment encore, tentative pour reprendre, au profit des grands monopoles privés, la force politique que donne la possession des richesses nationales.

Sans insister autrement sur une attitude tellement évidente du Bloc National, nous pouvons dire que le fait indéniable qui domine aujourd'hui la situation politique, c'est que le Bloc, ayant trompé l'opinion publique, a été, en réalité, non pas une tentative d'union, mais une tentative de reaction politique, économique et sociale. (*Applaudissements*).

Laissez-moi ajouter qu'il fut également totalement incapable, dans le sens le plus banal, le plus médiocre
du mot, d'administrer le pays et qu'on vit, pour la première fois, dans la majorité actuelle de la Chambre,
incapables de trouver dans leur sein, je ne dirai pas
des hommes d'Etat, mais même des Ministres susceptibles de faire honorable figure. Ils étaient ainsi contraints de faire appel, pour gouverner le pays, à des
hommes appartenant à l'ancien personnel républicain.
Mais, à peine choisis par eux, les ministres étaient aussitôt dénoncés, traqués et bientôt renversés, lorsqu'ils n'é-
taient pas soutenus par les patriotes désintéressés que
nous étions. Et pourquoi? Parce qu'ils étaient accusés
de ne pas soutenir, dans les arrondissements, ou dans
les chefs-lieux de canton, les petits intérêts électoraux
des députés de la majorité. (*Applaudissements*).

Après trois ans de ce régime, le Pays est éclairé définitivement et c'est là une situation qui apparaît dans les
faits et dont les preuves les plus éclatantes ont été four-
nies. Il y a quelques mois, après plusieurs élections partielles, la majorité s'est aperçue qu'elle avait lieu d'être
inquiète de son sort. Ce sont les élections cantonales
qui, dans des conditions parfois incertaines, parfois obs-
cures, ont cependant très nettement marqué une orientation nouvelle à gauche. C'était, ces jours-ci, à la Chambre même, une manifestation très claire de députés
ayant appartenu à la majorité et qui se dirigent vers la
majorité prochaine; c'était, enfin, il y a quelques jours,
dans cette même ville, un parti modéré qui contient,
évidemment, un nombre restreint d'électeurs mais qui a
des hommes de grande notoriété à sa tête et qui, avec
toute la prudence qui le caractérise, faisait, cependant,
un manifeste effort de conciliation et de rapprochement
républicain.

Il n'est pas jusqu'à une dernière preuve qui, après les
éloges, soit à mes yeux plus convaincante : c'est l'injure.
L'une des formes nouvelles de l'injure, qui est prodi-
guée, en particulier, à notre président, le citoyen Herriot
et dont M. Mandel se faisait l'autre jour le sympathique
interprète, (*Sourires*), consiste à dire qu'il aurait manqué de loyauté et voudrait tout à la fois ponter sur les
deux tableaux : bénéficier des avantages du pouvoir en
votant à la Chambre avec le Bloc National pour s'asso-

cier à ses œuvres admirables, pour aller ensuite les combattre dans le pays.

Nous avons le devoir de protester avec solennité devant vous, avec énergie devant le pays, contre de pareilles attaques qui viennent tomber aux pieds d'hommes comme .Herriot et Doumergue lesquels ont montré, dans une circonstance récente, leur désintéressement et leur indépendance, car s'ils avaient voulu avoir les avantages du pouvoir, ils n'avaient qu'à accepter que la Chambre votât pour eux-mêmes. (*Vifs applaudissements*).

La vérité est tout autre ; prenez tous les votes de ces militants et je ne crains pas d'affirmer que, depuis 50 ans de République, quelle que fût l'époque, il n'y a pas eu un groupe Radical et Radical-Socialiste qui ait, avec une pareille unanimité ni une pareille fidélité, défendu la plus pure doctrine du Parti. (*Applaudissements*).

Ai-je besoin de rappeler les votes au point de vue laïque contre la R. P. scolaire, contre l'ambassade au Vatican, pour les lois d'enseignement ? au point de vue fiscal, pour les taxes directes, pour le contrôle des valeurs au porteur ? C'est Herriot qui a soutenu l'impôt sur le capital, le prélèvement éventuel sur les fortunes acquises. En matière extérieure, à tout moment, une politique de conciliation, de coopération internationale, de solidarité entre alliés, a été soutenue par nos amis, tandis que ceux qui, provisoirement, n'appartiennent pas au Parlement, menaient au dehors, comme Franklin-Bouillon, la même politique au nom de nos idées ! (*Applaudissements*).

Il est inutile d'insister. Vous savez que dans toutes les questions de doctrines venues devant le Parlement depuis trois ans, nos votes ont été constamment opposés à ceux de la majorité. On nous dira : vous avez voté parfois pour le gouvernement. Oui, et il faut s'en expliquer tout de suite. Dans deux circonstances nous avons voté pour le cabinet. D'une part, il est des circonstances où un ministère, quel qu'il soit, représente, soit pour le maintien de l'ordre à l'intérieur, soit devant l'étranger, dans des instants solennels, la France tout entière et l'intérêt général de la Patrie. A ce moment, un parti comme-le nôtre, qui est un parti de gouvernement, qui s'annonce comme pouvant reprendre le pouvoir demain, ne peut pas s'enfermer dans une opposition systématique, stérile et entraver l'action gouvernementale. (*Applaudissements*).

Il y a eu d'autres circonstances aussi. Vous savez qu'il y a deux façons d'aimer un homme : parfois on l'aime pour lui-même et parfois on l'aime contre d'autres hommes. Eh bien ! vraiment, est-ce qu'on pouvait nous demander de nous prêter aux combinaisons de couloirs mesquines par lesquelles il pouvait plaire à la majorité d'appeler au pouvoir un Président du Conseil pour le chasser à son gré ? Et lorsqu'après Aristide Briand, qui avait, tout au moins, l'honneur de soulever l'indignation, les colères et les outrages de l'extrême-droite, nous pouvions prévoir un régime qui nous apparaissait sous le masque de Mandel et de Barthou, est-ce que vous pensez que c'était faire acte de trahison républicaine, que de voter pour un cabinet qui, à l'heure où nous étions, freinait, si je puis dire, sur la pente de la réaction où on voulait l'entraîner ? (*Applaudissements*).

Ce sont les deux circonstances dans lesquelles nous avons voté pour le Gouvernement. Vous nous avez approuvés successivement et à Strasbourg et à Lyon. Je suis convaincu que ce n'est pas après l'attitude indépendante de nos amis lors de la constitution du dernier cabinet, pour lequel, d'ailleurs, que nos adversaires se le disent, nous voterons peut-être contre eux, que le Parti pourrait nous témoigner de l'hostilité ou de la défiance. (*Applaudissements*).

Citoyens, telle est la position du Parti. Ma première conclusion est qu'il importe que le Parti Radical et Radical-Socialiste prenne position, avec la dernière et plus définitive énergie contre la politique néfaste du Bloc National. Voilà ma première conclusion. (*Applaudissements*).

Il faut, en même temps, qu'on se dise bien que notre Parti a aujourd'hui, par lui-même, une très grande force dans le Pays et que, par sa sagesse, la clarté de sa doctrine, l'énergie de sa propagande, il mérite de conserver la confiance qu'il a acquise. On va vous demander, d'abord : qui êtes-vous ? que voulez-vous ? A la veille de notre Congrès, c'était des amis eux-mêmes qui, dans la presse, nous demandaient ce que serait notre doctrine. Il faut, de toute nécessité, que nous ayons un programme très clair. Le citoyen Yvon Delbos vous donnera lecture tout-à-l'heure de la Déclaration dans laquelle nous nous sommes efforcés de résumer ce programme. Ce programme existe déjà. C'est une injustice que de prétendre que le Parti Radical et Radical-Socialiste manque de programme, mais il faut que nous l'indiquions avec précision dans l'ordre laïque, dans l'ordre de l'enseignement, dans l'ordre fiscal, dans l'ordre extérieur, dans l'ordre social. Nous vous proposerons un petit nombre de solutions précises sur lesquelles pourra s'exercer l'action de nos comités et de nos orateurs

Il faut également que le Parti prenne des décisions très délicates sur son orientation et sur sa propagande; notre ami Bouffandeau, au nom de la Commission de propagande, s'expliquera sur ce point.

Permettez-moi de vous dire le sentiment de votre Commission. Elle a pensé qu'à l'heure où nous devenons, comme disait Herriot, non plus les arbitres, mais les maîtres de la situation, il convenait de ne pas risquer de compromettre ce succès par des imprudences ou des légèretés. Citoyens, tout naturellement, revient au jour la vieille idée du Bloc des Gauches. Je n'ai pas besoin de vous dire que je ne suis pas hostile, en principe, à une entente entre tous les Républicains. Au-dessus des divergences entre fractions ou groupements,il y a une conscience républicaine, un idéal commun qui unit tous ceux qui sont également attachés à la laïcité, à la liberté, à la justice sociale. Mais je voudrais vous faire entendre une parole de prudence. Songez, aujourd'hui, dans les circonstances présentes, combien les tractations peuvent être délicates, difficiles... Dites-vous bien qu'autrefois il n'y avait pas d'unions dans le sens où on l'entend aujourd'hui : il y avait une discipline républicaine singulièrement plus facile, les partis s'affrontant librement au premier tour de scrutin et le parti évincé ayant seulement à choisir, entre deux maux, celui qui lui paraissait le moindre. Aujourd'hui, il s'agit, dans les scrutins, de mettre, dès le premier tour, sur une même liste, des hommes qui peuvent être séparés par des divergences. Il faut donc qu'ils aient un minimum d'idées communes. C'est là une première difficulté.

Puis, songez combien de pareilles ententes peuvent être prématurées. Qui vous dit que le Parlement ne modifiera pas, d'ici l'an prochain, la loi électorale, soit dans le sens de la proportionnelle pure, qui rendrait inutile ou superflue toute alliance, soit au contraire, dans le sens d'un scrutin majoritaire qui rendrait ces alliances faciles et même inévitables ? Il faut attendre. Il serait indigne d'un grand parti comme le nôtre, qui a chaque jour davantage la confiance de la démocratie, d'accepter une humiliation dans des tractations mesquines. Qui d'entre vous pourrait accepter l'idée de conditions humiliantes qui nous seraient imposées ? Accepteriez-vous, Républicains de gauche, de jeter l'anathème contre d'autres démocrates et, peut-être, contre les militants les plus agissants de votre Parti ? Accepteriez-vous, au contraire, que certains candidats avancés prononcent l'exclusive contre d'autres démocrates et qu'à l'heure où, pour le salut du régime, vous voudriez évoquer Waldeck-Rousseau, on refît ce groupement en en chassant son fondateur ?

Il y a là des problèmes délicats; il faut être prudent, il faut attendre. Et alors, est-ce que vous ne pensez pas qu'il est, au surplus, plus simple et plus logique, comme vous le proposera Bouffandeau, de reconnaître, ce qui est la réalité, le caractère mouvant, complexe, délicat, changeant selon les départements, parfois même, selon les individus, de ces problèmes, secondaires, en somme, des élections, et de laisser aux fédérations départementales, quand le moment sera venu, le soin de prendre, sous leur responsabilité, les décisions nécessaires, en leur disant seulement qu'il y a des limites qui doivent être nécessairement tracées à leur liberté, que, d'une part, au moment où le Parti risquera, comme il y a vingt ans, d'être envahi par trop d'amis nouveaux, le droit lui sera reconnu d'élever des barrières, en disant : nous n'acceptons pas d'alliance avec des hommes qui n'accepteront pas les lois laïques et sociales, qui, du bout des lèvres les avoueront pour mieux les renier; et que, d'autre part, le Parti répudie avec netteté les méthodes de violence et de désordre, négation même de la République et du Suffrage Universel ! (*Applaudissements*).

Telles sont nos conclusions. Nous pensons qu'il faut simplement dire aux citoyens de ce Pays, aujourd'hui, que le problème politique se pose avec simplicité et netteté. Je ne crois pas beaucoup, pour ma part, ni aux Fascistes, ni aux Bolchevistes français. Je suis convaincu que l'immense majorité de ce pays serait aussi vigoureusement hostile à l'une de ces formes de désordres qu'à l'autre. Par conséquent, il ne faut pas nous attarder à des fantômes comme on voudrait nous y convier pour nous empêcher d'apercevoir la véritable forme de la lutte.

Cette lutte est très simple et très claire : d'un côté, appuyée sur l'Eglise et sur le haut patronat, une force de réaction économique, militaire et cléricale qui risquerait de conduire le pays à des réveils douloureux s'il se laissait endormir, à la ruine et peut-être à des périls extérieurs. Et, en face de ce parti de droite et de réaction, il ne peut y avoir qu'une politique à gauche, c'est la politique inverse, à la fois démocratique et nationale, politique de raison, de paix, de bon sens; politique de logique et de progrès social.

C'est entre ces deux politiques qu'il faut choisir et, pour cela, point n'est besoin pour nous de faire des alliances, des tractations prématurées pour le moment. 1923 doit être une année de propagande et de travail : faisons connaître notre doctrine; proclamons notre programme et allons le défendre dans le Pays. Alors, peu à peu, nous verrons se presser autour de nous, chaque jour plus nombreux, des citoyens qui auront compris comme nous que le régime républicain auquel ils sont attachés est menacé par la réaction, qui verront la menace qui pèse sur notre idéal commun et qui se grouperont pour le défendre. (*Applaudissements*).

Voilà la méthode que nous vous proposons; elle n'est peut-être pas la plus brillante : je crois qu'elle est la plus sûre et si vous voulez me permettre de terminer, selon la tradition par une image, j'évoquerai le spectacle de nos montagnes, de ces gouttes d'eau fraîches, limpides et claires comme la Vérité, qui, se détachant du glacier, forment un ruisseau minuscule qui saute de roche en roche et prend sa course vers une destination en apparence inconnue... mais il obéit, en fait, à des lois profondes de la nature : il creuse son lit et, dans ce

lit, viennent s'adjoindre à lui tous les autres petits
ruisseaux semblables; bientôt ils forment, tous ensemble, le fleuve majestueux et puissant qui unit la monta-
gne à l'Océan et ouvre une voie nouvelle à la Civilisation : par cette voie, l'Humanité s'élance vers d'autres
mers, à la recherche de lointains et mystérieux rivages...
De même, ces idées modestes que, pendant ces trois
jours, nos amis ont agitées dans ces réunions intimes de
nos militants, vont s'en aller dans tous les départements : vous allez les répandre dans tous les villages
de France et, peu à peu, nous verrons grossir la cohorte
des bons citoyens animés d'un même souci de progrès
social, jusqu'à ce que la cohorte soit la foule des électeurs, du Suffrage Universel, qui ouvre à la France,
pour conduire son immortel destin, la voie rayonnante
de l'Idéal, de la Lumière et de la Vérité ! (*Double salve
d'applaudissements*).

Citoyens, voici le texte de la résolution qui résume les
travaux de la Commission :

*Le Congrès du Parti Radical et Radical-Socialiste,*

*Considérant que le Bloc National, élu sous le masque
de l'union, n'a été qu'une entreprise de réaction politique
et sociale caractérisée par de constantes attaques, ou-
vertes ou sournoises, contre les institutions laïques,
sociales et fiscales de la République;*

*Considérant, en outre, que le Bloc National s'est mon-
tré incapable de diriger les affaires publiques et que,
par l'esprit de réaction qui n'a cessé d'animer sa politique extérieure, militaire et fiscale, il a paralysé l'action
des gouvernements en vue du règlement de tous les
grands problèmes d'intérêt national;*

*Considérant que pour l'œuvre nécessaire de défense
républicaine il importe, en condamnant avec énergie des
méthodes de violence incompatibles avec l'idée démocratique, de faire un large appel à tous les citoyens résolus à ne renier aucune des institutions laïques et sociales de la République et prêts à les défendre et à les
développer, décide :*

*1° De continuer à opposer avec fermeté sa doctrine et
son action à celles du Bloc National;*

*2° De soutenir par une ardente propagande un pro-
gramme positif de défense et d'action républicaines,*

*fondé notamment sur la ferme application des lois laï-*
*ques et le développement des institutions scolaires en*
*vue de l'égalité des enfants devant l'instruction; sur le*
*maintien des lois sociales et des libertés syndicales et le*
*vote prochain des lois d'assurances, d'hygiène et de soli-*
*darité, sur la défense des richesses nationales contre*
*l'emprise des monopoles privés, sur le relèvement des*
*finances publiques par la condamnation de la politique*
*d'emprunts continus et par un appel loyal au devoir*
*fiscal des classes possédantes, sur la réduction de la*
*durée du service militaire et l'organisation de la nation*
*armée, sur le règlement du problème des réparations*
*dans un esprit de paix et de coopération internationale;*

*3° De faire appel dans sa propagande, pour la dé-*
*fense du régime républicain et la réalisation de son pro-*
*gramme, à tous les citoyens attachés à l'œuvre laïque*
*et sociale de la République et résolue à la développer*
*dans le respect de la légalité et du suffrage universel.*

LE PRÉSIDENT. — Citoyens, vous venez d'entendre les
conclusions de notre ami Chautemps.

Il y a un amendement déposé par le citoyen Gastaud
qui propose d'ajouter dans le texte, après les mots :
« ... fondé notamment sur la ferme application des lois
laïques... » la phrase :

« ... et le développement de l'esprit laïc par l'instruc-
« tion et par la protection des instituteurs et professeurs
« républicains. »

La Commission accepte cette adjonction.

La parole est au citoyen Audibert.

Citoyen AUDIBERT. — Citoyens, je ne m'attendais pas à
prendre la parole devant vous, surtout après les éloquents discours que vous avez entendus de la bouche
du président du Comité Exécutif, Edouard Herriot, et
après le discours substantiel, éloquent et vibrant que
vient de prononcer le citoyen Chautemps. Cependant, il
m'a semblé de mon devoir, parce que je représente dans
les Bouches-du-Rhône et dans la Provence une opinion
républicaine radicale qui a pour titre le journal même
que je dirige, de venir vous informer d'un état d'âme
auquel le texte de l'ordre du jour que l'on nous a présenté tout-à-l'heure ne paraît pas répondre exactement.

Que nous dit-on aujourd'hui ? « Attendre! » Attendre toujours! Etre le parti de l'opportunisme radical... (*protestations, exclamations !*) Etre celui qui, par delà les événements et les hommes ne paraît avoir comme mission que d'analyser les fautes d'une majorité qu'on renie, ou bien les incohérences, le chaos, le désarroi d'une politique que nous avons laissé décapiter en la personne du chef du Parti Radical : Caillaux !

Je ne suis pas ici pour instruire les procès des hommes, bien que l'on ait voulu, dans certaine presse, me représenter ou représenter les idées que je défendais comme étant susceptibles de subir des influences. Et je sais ce qu'en vaut l'aune des anciens présidents du Conseil radicaux qui ont conduit, pendant vingt années, la politique de ce pays.

Je vous demande la permission, dans un raccourci que je ferai aussi bref que possible, de dire ce que nous attendions tous de ce Congrès. Ce n'était pas des phrases s'inclinant devant la présence ou la bienséance de la politique parisienne : c'était des ordres formels. C'était des indications et des directives. C'était, au moment où le pays est dans une inquiétude poignante, l'ordre formel, la directive précise qui lui indique le but et les moyens d'atteindre ce but.

Citoyen Douzet. — Merci pour Herriot !

Citoyen Audibert. — Puisque vous me prenez à partie je vous répondrai...

Citoyen Douzet. — Je vous répondrai aussi !

Le Président. — N'interrompez pas l'orateur, je vous en prie.

Citoyen Audibert. — Je n'ai pas besoin que vous me disiez, vous, ce que le Parti Radical et moi-même nous devons à la haute culture d'un homme comme Herriot, mais, pas plus que nous n'avons laissé accaparer les profits de la victoire républicaine par les partis de la réaction, nous ne vous laisserons accaparer la hauteur de vues et la grande culture d'un homme comme Herriot, pour un but que je ne veux pas définir ! (*Applaudissements sur quelques bancs*).

Si nous en croyions nos parlementaires, nous revivrions

ce qui s'est produit en 1789, lorsqu'on reprochait à ceux qui délibéraient de ne pas prendre de décision. Il y a eu, hier, à la Chambre, une séance d'une violence inouïe, où l'on a entendu Léon Daudet qui, avec l'assentiment du Gouvernement républicain, a insulté les Radicaux absents et les Républicains qui n'étaient pas là, puisqu'ils étaient au Congrès de Marseille. Nous voyons que cette séance a du être suspendue deux fois par le Président de la Chambre, dans l'incohérence et dans la carence de volonté du Gouvernement, alors que le Président du Conseil ne s'est point dressé pour défendre la République.

Et c'est à ce moment-là que vous, Congrès Radical, vous vous contenteriez de cette formule de bienséance?

Nous, nous ne voulons plus attendre. L'attente a assez duré. Il y a déjà quatre ans que ce Pays est enchaîné. Il y a quatre ans qu'en présence des puissances étrangères, devant l'Angleterre qui nous a traînés de conférence en Conférence, à laquelle, hier, vous avez voté une sorte de blanc-seing qui était peut-être improvisé, surtout après les déclarations qu'avait faites Herriot lui-même à propos de la politique russe; il y a quatre ans qu'en face d'une Allemagne qui ne paie pas parce que les chefs de gouvernement qui étaient au pouvoir en 1918 n'ont pas su, au moment de l'armistice, mettre l'adversaire à genou, parce qu'ils n'ont pas su transformer la victoire de la Marne en un nouveau Sedan : parce que cela n'a pas été fait, vous n'êtes pas payés, et vous ne le serez pas. Et autour de vous, le monde se réorganise sans vous. Il y a quatre ans que cela dure.

C'est cela qui doit ressortir de vos délibérations. C'est cela qui doit inspirer vos volontés. Herriot et Daladier, à la suite de leur voyage en Russie, après eux, la grande presse de Paris — j'allais dire malgré elle — nous ont jeté des vérités à travers tous les mensonges dont nous étions assassinés depuis trois ans. Toutes ces vérités sont en nous à l'heure actuelle et ce que nous cherchons, ce ne sont pas des commodités personnelles, des complaisances de parti, les timidités d'une politique qui veut s'assouplir malgré tout, malgré les impossibilités et convier les hommes à une certaine souplesse, à une certaine diplomatie de couloirs. Ce que nous cherchons, c'est la formule de nos volontés, de cette grande réaction républicaine qui naît à travers le Pays et qui, si vous ne la prenez pas en main, par un ordre du jour brutal et d'avant-garde, se retournera contre vous. (*Applaudissements*).

Que ce soit l'opinion ou des ruraux ou des citadins qui, presqu'à titre égal, se balancent dans le Parti Radical, que ce soit le bon sens des ruraux qui ne veulent pas voir s'improviser dans ce pays les expériences bolcheviques, ou que ce soit l'audace intellectuelle et morale qui vit, non pas de petites combinaisons, de petites ruses de parti, mais d'une haute culture, du sentiment de la vérité que l'on doit à ce Pays, il y a une majorité qui s'offre à nous : il y a une occasion de la rallier. Si on ne la saisit pas, il sera trop tard.

Hier soir, un militant, navré, me disait : « On dirait que la République, à travers nous, a honte d'elle-même. » (*Applaudissements sur quelques bancs*).

L'ordre du jour qui vous est présenté est un ordre du jour qui pourrait recueillir une majorité ministérielle. M. Poincaré pourrait presque le signer. C'est tranquille, c'est gentil, ça ne brusque rien... on dirait vraiment que nous en sommes à une époque de sérénité politique où les partis sont chacun à sa place. On dirait que nous en sommes aux petites cuisines où on échange, dans les arrières-fonds des bars ou dans les cafés les petites confidences qui font qu'un tel est élu parce qu'il est avec un tel...

Mais est-ce que c'est cela que le Pays attend ? Je le demande au Parti Radical : est-ce que c'est vraiment cela ? Après la voix que vous avez entendue, après l'orgueil qui doit être en vous d'avoir à votre tête un homme comme aucun autre parti n'en possède, qui, par la hauteur et la largeur de son intelligence, ne demande pas qu'à prononcer des discours de Congrès, mais qui est peut-être à la veille de prendre, demain, l'immense responsabilité du pouvoir, est-ce autour de lui que vous allez collaborer à tous ces ordres du jour de Congrès ?

Non : le but n'est pas là; il est plus profond. Le Pays veut se reconnaître en vous comme il s'est reconnu au moment où la bataille battait son plein. Vous avez un Verdun politique qui vous attend. Et devant les masses de la réaction qui ont mis à la tête d'un parti qui se dit d'alliance démocratique et sociale l'ambassadeur de la

République auprès du Vatican, vous aurez à opposer le front d'un parti où il y a plus de réserve et de territoriale que d'active, et qui prétend mourir dans la tranchée républicaine. (*Applaudissements*).

Je ne veux pas faire la critique d'un texte qui a .été proposé à l'Assemblée par un député dont l'autorité et le nom sont des garants extrêmement élevés de loyauté et de ferveur républicaines. Mais ce que je vous demanderai, c'est d'introduire dans cet ordre du jour, quelle qu'en soit la formule, quel qu'en soit le texte, un ordre impératif qui serve de directive aux masses républicaines qui, de vous, attendent au pied du mur l'ordre à recevoir.

Quoi? On n'a pas osé, dans ce Congrès, prononcer les mots de rapprochement franco-allemand ? Pasquet l'a osé, hier matin, dans son discours. Où en sommes-nous ? Nous les anciens combattants, nous avons bien le droit de le demander. Où en sommes-nous vis-à-vis de l'Allemagne ? Est-ce que nous en sommes à des contre-tendances inspirées par des clans politiques français ? Peu m'importe. Qu'est-ce que c'est que ces hommes qui passent à travers l'intérêt du Pays qui meurt ? Il s'agit de savoir si, vraiment, une victoire qui nous vient d'une paix va être suivie d'une paix qui nous conduira à la faillite, et cette faillite, je vous l'annonce ! Il ne s'agit pas de la masquer. Vous avez à combler 18 milliards de déficit dans le budget; vous avez 850.000 hommes sous les armes qui vous coûtent X... milliards; vous avez les réparations qui ne sont pas payées et qui ne le seront pas : l'Allemagne ne paiera pas plus la France que la France ne paiera les Alliés. On l'a déclaré à la Chambre l'autre jour : les dettes, c'est zéro, cela n'existe pas. La valeur de l'argent est remplacée par la peau humaine qu'on jette, suivant les besoins, sur les champs de bataille! (*Applaudissements*).

Alors, qu'est-ce que c'est que ces discours ? A quelle conclusion arrivez-vous ? Vous vous engagez à réduire les effectifs militaires ? Comment les réduirez-vous ? Vous ne les réduirez que si vous assurez la paix du monde, que si vous avez le courage, vous, vainqueurs, de prendre l'Allemagne, de l'asseoir en face de vous et de lui dire : les comptes de guerre? réglons-les en hommes d'affaires, mais les comptes de la paix, établissonsles comme des hommes qui veulent interdire au monde nouveau, né de la guerre, cette inquiétude et cette crainte qui vont, par-delà les hommes qui meurent, jusqu'aux femmes dont les enfants saignent sur les champs de bataille. (*Applaudissements*).

Si vous ne voulez pas faire une politique positive, je vous l'affirme, je vous le jure, je vous supplie de me croire, le succès vous échappera. Ce Pays en a assez des mensonges, des démagogies, des surenchères; il appartiendra au Parti qui saura le galvaniser par ses formules d'avenir et d'avant-garde. (*Applaudissements*).

Par-delà la Russie, derrière cet immense Pays, privé de frontières, écrasé, qu'allez-vous trouver à Constantinople ? L'Angleterre qui essaie de vous effrayer. L'Angleterre, maîtresse de cette Méditerranée au bord de laquelle, tout de même, vous avez consenti à tenir votre Congrès cette année. La Méditerranée qui vous offre sa ligne bleue vers l'Afrique du Nord, cette ligne bleue qui doit remplacer la ligne bleue périmée des Vosges, parce que la victoire de la Marne a effacé la honte de Sedan ! (*Applaudissements*).

Nous ne sommes pas obligés, nous, les jeunes générations, nous qui arrivons, d'avoir le souci du passé, de penser, devant la Droite et la Réaction, qu'il a suffi à un homme de s'appeler M. de Talleyrand pour offrir la couronne de France, dans l'hôtel de la rue Saint-Florentin aux rois de Prusse et d'Autriche coalisés contre la France! Nous ne sommes pas obligés, nous, Parti, en dehors de nos chefs, qui comprennent et qui suivent toutes les subtilités des politiques gouvernementales, d'avaliser le passé et, peut-être, d'endormir notre volonté dans des textes complaisants.

Ayons une volonté unique, mais ayons-la bien, ayons-la forte et exprimez-la clairement à ce Pays.

Vous voulez que vos finances se reconstituent. Elles ne peuvent se reconstituer que par la paix européenne. Nous voulons la paix européenne, mais cette paix ne se fera que par le rapprochement franco-allemand. (*Bruit*). Vous voulez la paix européenne. Il faudra poursuivre un rapprochement franco-germano-russe. Et ce jour-là, comme les alliances, comme les contacts et les rapprochements d'une démocratie aussi idéaliste que la nôtre ne vont pas au-devant des guerres nouvelles, mais cherchent, au contraire, à resserrer les liens qui nous unissent, vous vous tournerez vers les pays anglo-saxons et vous verrez que, par-delà la jonction des armées du capitalisme et de la finance, la jonction des commerces se fera automatiquement.

Aujourd'hui, vous n'êtes inférieurs à votre tâche que parce que le traité de paix a été, comme on l'a dit, une paix anglo-saxonne. Là-dessus, il faut bâtir un rapprochement franco-germano-russe; sur ce rapprochement, vous rétablirez vos finances en réduisant les effectifs militaires et en sondant les intérêts économiques des pays.

Voilà ce que je tenais à vous dire parce que j'ai cru que c'était de mon devoir de vous le dire; j'ai cru que c'était de mon devoir de vous le dire, parce que j'ai pris le risque, j'ai assumé la responsabilité de dire publiquement et sous ma signature ce que je pensais à ce sujet, à titre de Radical et de Radical normalement inscrit et cotisant à la Fédération des Bouches-du-Rhône, et parce que le Parti Radical, comme Pasquet l'a dit, sera international ou ne sera pas et, j'ajoute, parce que le Parti Radical sera un parti d'avant-garde, également éloigné du royaume où siège Jonnart et des supercheries de la réaction qui vous attendent toujours au détour du chemin : la séance d'hier a été un avertissement. Pour nous, nous aurons fait notre devoir, en vous disant qu'à l'heure actuelle c'était des décisions, des ordres, qu'il fallait donner à l'opinion publique. (*Applaudissements.*)

Le Président. — La parole est au citoyen Chautemps, rapporteur.

Citoyen Chautemps. — Je ne veux répondre qu'un mot à notre ami Audibert et ce mot sera pleinement cordial. Il a bien voulu me rendre un hommage auquel j'ai été très sensible; mais cependant, comme il arrive toujours quand un orateur a de la souplesse, après m'avoir personnellement adressé un compliment, il a fait allusion à je ne sais quelle combinaison des Parisiens qui voudrait se faire jour ici par ma bouche et je me demandais si, vraiment, j'étais député de la Seine ou si j'étais mêlé à quelque événement obscur qui se déroulait dans la capitale. Je lui donne l'assurance que, pour ma part, je représente un pays de province et je vous assure que c'est le sentiment, non pas de quelques par-

lementaires, mais le sentiment même de tous mes amis
de Touraine, dont quelques-uns, d'ailleurs, sont ici, que
j'ai apporté tout-à-l'heure, en même temps que celui
de la Commission du Congrès.

Si j'ai paru parler avec bienséance, en termes aima-
bles, je ne puis que m'en réjouir. En réalité, si nous
nous efforçons d'être mesurés dans notre langage, c'est
là une condition qui nous apparaît comme nécessaire
au succès et nous estimons que, dans les circonstances
présentes, un grand Parti comme le nôtre doit conserver son calme et son sang-froid. (*Applaudissements.*)

En réalité, j'avais tellement raison de vous inviter
à peser les termes des déclarations qu'on allait publier
en votre nom, qu'après le discours si plein de chaleur
et d'éloquence qu'il a prononcé, Audibert s'est trouvé,
comme je l'avais été avant hier, en face d'une plume...
et il n'a déposé aucun amendement à mon texte !

Citoyen AUDIBERT. — Si.

Citoyen CHAUTEMPS. — Je serais heureux de le connaître.

En réalité, la position que nous prenons est, à mon
sens, inattaquable, du point de vue même auquel s'est
placé Audibert. Qu'il me permette de lui dire tout d'a-
bord que je lui réponds par une motion d'ordre : son
discours s'adresse, non pas aux conclusions de la Commission de la politique intérieure, mais, en réalité, aux
conclusions de la Commission des affaires extérieures,
qui ont été discutées hier ou, encore, à la conclusion
de la Déclaration du Parti qui sera lue tout-à-l'heure.

Comment voulez-vous que, pour ma part, chargé de
m'expliquer sur un point précis, à savoir le programme
de politique intérieure et l'orientation du Parti je
vous apporte mon sentiment sur des problèmes, d'ailleurs déjà résolus par le vote d'hier, et qui n'ont aucun rapport avec la politique intérieure ?

Vraiment, croyez-vous que nous ayons oublié, les
uns et les autres, les admirables discours de Herriot et
de Franklin-Bouillon à 24 heures d'intervalle ? Pen-
sez-vous qu'Audibert a découvert aujourd'hui la Russie ? Est-ce que vous pouvez nous accuser, à la suite
de je ne sais quelle obscure combinaison, de vouloir
faire le silence sur les conclusions d'Herriot? Vous

avez adopté hier, sur sa proposition, un ordre du jour extrêmement précis, qui répond, de la façon la plus complète aux préoccupations du citoyen Audibert.

Par conséquent, revenons, si vous le voulez bien, pour l'instant, à l'objet, très limité, de notre rapport. Nous avions à nous demander quelle serait l'orientation du Parti : c'est sur ce point seulement que je vais répondre.

On nous dit : le programme que vous proposez pourrait réunir la majorité de la Chambre actuelle. Je ne sais pas l'opinion d'Audibert sur la majorité de mes collègues, je sais seulement que, souvent, nous avons remarqué que la confusion n'était pas pour leur déplaire ; tout de même, quand nous vous proposons un ordre du jour qui s'adresse à la majorité en disant : le Parti Radical et Radical-Socialiste déclare solennellement qu'il s'oppose de la façon la plus vigoureuse, de la façon la plus décisive à toute la doctrine, à toute l'action de la majorité, j'estime que ce n'est pas vous proposer un ordre du jour équivoque, ou alors, je ne comprends plus le sens des mots.

D'autre part, nous vous apportons le résumé d'un programme. Ce programme, il est, je l'ai dit, le résumé même des vœux que le Congrès a adoptés. Il n'y a pas un article de ce programme qui n'ait été préalablement discuté à cette tribune et adopté par vous. Si vous m'accusez de manquer d'orthodoxie républicaine, c'est le Congrès qui endosse votre critique.

Enfin, pour le troisième point de mes conclusions, que vous ai-je dit ? Avons-nous essayé de nous opposer à l'union nécessaire des Républicains sans limiter cette union ? En aucune façon. J'ai fait une réserve, laquelle permet une union peut-être plus large que celle à laquelle vous pensez. J'ai dit que, quand on est un Parti fort, il ne faut pas effilocher ce Parti dans des tractations mesquines, qu'il faut accepter seulement les concours qui viendront sur des idées, sur un programme, et j'ai dit que, quand on veut s'adresser à un pays de clarté, il faut aller au peuple par la propagande, en faisant connaître son action, et proposer l'union des Républicains dans la clarté du programme.

Voilà ce que j'ai dit, ce que vous avez dit, et je suis convaincu, comme l'autre jour à la Commission il ne s'est produit aucune observation contraire, que le vœu adopté par votre Commission à l'unanimité rencontrera également l'unanimité du Congrès et que lorsque notre ami Audibert aura lu la Déclaration du Parti il y trouvera les satisfactions légitimes qu'il en attend, qu'il se déclarera également satisfait et que notre vote sera une manifestation nouvelle de la concorde qui a marqué ce Congrès. (*Applaudissements.*)

Citoyen HERRIOT. — Quel est le texte proposé par Audibert ?

Citoyen AUDIBERT. — Voici :

« Considérant que le rapprochement économique franco-germano-russe est indispensable à la renaissance économique de tous les peuples de l'Europe... »

Citoyen HERRIOT. — Je fais remarquer, tout de même, en passant, que c'est un amendement qui devrait plutôt être proposé quand on discutera la politique extérieure.

LE PRÉSIDENT. — La parole est au citoyen RIPAULT.

Citoyen RIPAULT. — Sur l'amendement déposé par le citoyen Audibert, je me permettrai quelques considérations, pour arriver à cette conclusion : je vous demanderai de ne pas le voter et de le renvoyer au Comité Exécutif.

Le temps est infiniment mesuré, puisque nous ne sommes pas au tiers de notre ordre du jour ; mais je crois qu'il faut, après l'intervention de notre camarade Audibert ce soir et son article de ce matin, que la Commission des affaires extérieures, que je préside depuis 5 ans, et où je ne suis pas, tout de même, un nouveau venu comme vous l'écriviez ce matin dans votre journal, prenne position. Je remarque, d'ailleurs, qu'à la tribune vous avez pris plus de précautions et mis plus de formes que dans votre article... « ce Monsieur! »

Dans votre amendement, vous parlez d'un rapprochement économique avec l'Allemagne. C'est là-dessus qu'il faut s'expliquer.

Hier, nous avons, à propos de la politique extérieure, envisagé la situation actuelle, à la veille de la Conférence de Lausanne. Nous avons repris l'histoire de la politique suivie par le Parti depuis vingt ans. Nous avons fait remarquer que c'est nous qui avons mis fin à la longue rivalité avec l'Angleterre, que c'est parce que le Gouvernement de la République avait, très sagement, fondé l'alliance franco-russe que, la France étant sortie de son isolement, nous avions pu faire disparaître le différend avec l'Angleterre et construire l'entente cordiale; qu'à l'abri de cette entente, en 1907, nous avons pu opérer le rapprochement de l'Angleterre avec la Russie et qu'ensuite, aux jours d'épreuve, cette politique a prouvé son exactitude ; car enfin, si la France, l'Angleterre et la Russie n'avaient pas été solidement soudées pendant trois ans, à l'heure actuelle nous ne pourrions pas discuter de l'alliance avec l'Allemagne. (*Applaudissements.*)

Je refuse, moi, d'oublier cette histoire toute récente et de me joindre à cette campagne contre l'Angleterre qui vient de renaître à la suite des actes de M. Lloyd George.

Vous dites : l'adversaire, c'est l'Angleterre ! l'Angleterre qui règne sur la Méditerranée ! et vous prenez cette figure, tout de même un peu humiliante : la ligne bleue des Vosges est remplacée maintenant par celle de la Méditerranée. Ce sont là des discours de Congrès ! (*Applaudissements.*)

Le Parti Radical, qu'a-t-il donc fait, pour l'application du traité de Versailles ? pour essayer d'y mettre de la vie, il a soutenu cette politique que vous soutenez vous-même dans « Le Radical » : la politique du paiement en nature! C'est nous qui, avant que M. Loucheur ne se soit prononcé, avons dit : il faut s'engager dans cette voie. Mais les industriels français et allemands s'y sont d'abord opposés ; plus tard, trop tard, ils s'y sont ralliés. Nous avons soutenu les premiers cette politique des paiements en nature, parce qu'il faut, tout de même, que l'Allemagne paie quelque chose. Aujourd'hui, où le mark est au-dessous de zéro est-ce qu'elle tient beaucoup, cette politique ? Où en sommes-nous ?

Vous dites : si vous ne faites pas le rapprochement franco-germano-russe, il arrivera que, par la loi de l'histoire, le bloc se fera sans vous et viendra vous écraser. C'est la loi de la nature.

C'est peut-être la loi de la nature, mais l'Histoire vous condamne. Nous avons assisté à chaque instant à des tentatives pour former ce bloc germano-russe : il s'est toujours brisé. Bismark, après le traité de Francfort a voulu maintenir, par toutes sortes de moyens, l'état de choses créé par le traité de Francfort par conséquent le bloc germano-russe, entretenir tous les antagonismes européens contre la France ; il a excité l'Angleterre contre la France, comme il a excité l'Italie contre la France, l'Italie demandant la Tunisie qui lui appartient. C'est la dernière parole de M. Mussolini.

Nous avons pu faire remarquer aux Russes qu'ils étaient les mauvais marchands d'un mauvais marché. Les Russes ont compris que, pour trouver pleine indépendance, c'était encore du côté de la France qu'ils devaient se retourner, et je ne crois pas que je serai démenti, après le voyage d'Herriot et de Daladier, si je dis que le Gouvernement des Soviets, à l'heure actuelle, après avoir expérimenté les offres des Gouvernements d'Allemagne, a compris que, de nouveau, à l'égard de la Russie, la France était une puissance désintéressée, que c'était par elle qu'il aurait le maximum de liberté; et à l'heure où vous dites, vous, Français : il faut faire le bloc franco-germano-russe, je suis persuadé que les Russes ne sont pas d'accord avec vous.

Je crois donc qu'il faut prendre certaines précautions.

Ce que vous appelez votre politique d'avant-garde, je l'appelle une politique qui a été déjà faite par tous les pseudo grands hommes d'Etat au 18e siècle. Ces grands hommes d'Etat, je vous les nomme : ce sont vos patrons : Mme de Pompadour, reine de France, l'impératrice Elisabeth, Marie-Thérèse d'Autriche ! Ils ont fait ce renversement des alliances que vous osez conseiller au Parti Radical et Radical-Socialiste, et pour notre pays et pour les deux autres, ça a été la catastrophe. Ils avaient bien travaillé pour le roi de Prusse. On ne change pas les alliances comme on change de veste ! Quels que soient leurs torts, les Anglais ont laissé 700,000 morts tombés sur le sol français ! Cela je ne l'oublie pas, et je dis une fois de plus : l'ennemi présentement, c'est le Boche! (*Applaudissements.*)

LE PRÉSIDENT. — La parole est au citoyen HERRIOT.

Citoyen HERRIOT. — Citoyens, sur cette question comme sur toutes les autres, je suis convaincu, pour ma part, qu'il suffit de s'expliquer pour réaliser une fois de plus, dans ce Congrès, cet accord unanime que je souhaite tant et qui doit être un des éléments les plus importants, peut-être, de l'impression que vous allez causer dans ce pays.

Si j'ai bien compris l'intervention pleine de talent de mon ami M. Audibert, ses observations portaient à la fois sur l'ordre intérieur et sur l'ordre extérieur. Ami de la clarté, j'essaierai de répondre tour à tour sur les deux points.

Sur l'ordre intérieur, au nom d'une Commission qui a longuement discuté et qui s'est trouvée elle-même parfaitement unanime, mon ami Chautemps, dont j'apprécie — et ce n'est pas une formule de Congrès — profondément la conviction ardemment républicaine, le sens politique et le talent, mon ami Chautemps vous a proposé une série de résolutions qui, lorsque vous voudrez bien les relire ou les entendre de nouveau, vous apparaîtront certainement, comme à moi, le résumé de la doctrine même de notre Parti et de ses devoirs dans les circonstances présentes. Mais je supplie mon ami Audibert de considérer que cette fermeté qu'il souhaite, que cette énergie dont je suis, plus que personne. partisan, ne se manifestent pas par des mots. mais par des actes. (*Approbation générale.*)

Je suis, comme beaucoup d'autres ici, un membre ancien de nos Congrès et je réfléchissais hier que nous sommes à notre 19e réunion et que je les ai toutes connues. Eh bien! citoyens, que notre ami Audibert réfléchisse : dans notre Parti comme au dehors — qu'il se rende compte, et cela, il faut le dire, non seulement ici mais au peuple tout entier — qu'il voie quels sont ceux qui ont été les plus fermes.

Ceux qui étaient les plus fermes, est-ce que ce sont ceux qui, dans nos Congrès ou ailleurs ont fait des déclarations pathétiques ?

Non pas! Ceux-là, au Parlement ou dans la presse, on les voit trop souvent fléchir dans la vie politique. Je ne veux même pas citer d'exemples : ils sont trop nombreux. (*Très bien!*) Ce sont ceux qui ont excité le prolétariat, qui ont spéculé sur sa souffrance, ceux qui ont prétendu, d'un seul coup, le lancer à l'assaut de toutes les forces du Pays ; ce sont ceux-là qui, à leur profit personnel, ont eu de singuliers renoncements !

Et dans la presse, quels sont ceux qui tentent, aujourd'hui, de nous salir, de discréditer ce Parti devant le peuple ? C'est, à la tête d'un grand journal de Paris, qui est un organe de la réaction économique, un ancien socialiste, dont les articles, souvent bien inférieurs, rappellent encore les anciennes violences : c'est l'homme du drapeau sur le fumier qui, aujourd'hui, est l'homme de l'Eglise dans l'Ecole ! (*Applaudissements.*)

Et quels sont ceux qui, aux heures critiques de la République, au péril de leurs intérêts, quelquefois même au péril de leurs affections de famille, ont rassemblé tous les hommes sérieux, y compris les ouvriers, autour du drapeau de la République ? Ce sont des hommes comme Waldeck-Rousseau, dont on a cité le nom qui, aux jours de danger, n'a pas eu d'hésitation, ou des hommes comme celui dont je veux prononcer le nom ici, Emile COMBES ! (*Applaudissements.*)

Ces hommes se montraient d'autant plus vigoureux que chacune de leurs décisions avaient été l'objet de longues méditations dans la profondeur de leur conscience. Voilà pourquoi ils gardaient la modération dans l'expression, la fermeté et la dignité dans l'attitude. J'ai vu déjà un grand nombre de crises ministérielles. Combien ai-je vu de parlementaires partir comme opposants vers de futurs présidents du Conseil et revenir sous les traits amèrement résignés et honteux d'un ministre qui avait dû — suivant la formule connue — se sacrifier! (*Applaudissements.*)

Les hommes qui sont devant vous n'ont pas consenti à ce jeu et demain, quelles que soient les circonstances, ils agiront de même. Au lendemain de la guerre il faut réaliser un progrès dans les mœurs publiques, et ce progrès c'est de faire luire la vérité aux yeux du peuple, c'est d'établir partout la probité. (*Applaudissements.*)

La politique n'est pas un jeu : ce n'est pas un sport ; la politique est le plus austère des devoirs et, pour ma part, je dis que, dans la politique, il faut être trop honnête pour l'être assez. (*Applaudissements.*)

Nous avons entendu aussi des observations sur la

politique extérieure. Là encore, je demande à l'amitié
de mon cher Audibert de faire crédit à mon expérience
et à ma réflexion. On nous a parlé d'alliance, de renversement d'alliance, etc. Puisque l'occasion m'en est
donnée, je dirai dans ce Congrès radical que nous devons chercher à avoir beaucoup mieux que la vieille
formule des alliances qui est presqu'autant et presqu'aussi souvent une cause de guerre qu'une garantie
contre la guerre. (*Applaudissements.*) La grande idée
de Bourgeois aurait été d'inscrire dans ce traité de
paix, si mal fait, l'idée de la Société des Nations. L'idée
était bien imparfaite encore, bien incomplète, mais c'é-
tait une nouveauté et une nouveauté précieuse. Moi
j'irai plus loin : je dis qu'il faut que notre Parti ait
une doctrine internationale. Nous avons eu une belle
occasion de dire que notre internationalisme, à nous,
n'est pas le même que certains autres internationalis-
mes.

Savez-vous pourquoi l'internationalisme, si nécessaire quand il est bien compris, n'a pas encore donné
les résultats qu'il devrait procurer ? C'est que l'on a
essayé d'en faire une doctrine abstraite, fondée sur la
négation des patries. Je dis, moi, que l'internationalisme sincère est celui qui se superpose au vrai patriotisme. Je dis que l'homme sincère, capable de travailler au progrès de l'ensemble de l'humanité est
l'homme qui aime d'abord profondément sa Patrie.
(*Applaudissements.*) Je dis que, dans l'intérieur du
pays, l'amour de la Patrie n'est pas en contradiction
avec l'amour de la famille, de même que l'amour de
la famille n'est pas en contradiction avec l'amour de
la cité. L'amour de la Patrie, c'est le couronnement,
c'est la passion de l'homme qui d'abord a rempli son
devoir envers la famille et la cité. La Patrie, c'est un
prolongement, ce n'est pas une négation. (*Applaudissements.*)

Si nous avons le courage d'affirmer cette doctrine,
de dire : nous sommes des républicains français, mais,
satisfaction étant donnée dans la mesure de là justice,
à notre pays, nous voulons la justice pour tous les autres. Nous pourrions aller dans tous les pays du monde
et c'est le véritable idéal que nous donnerions aux peuples. C'est pour celui-là seul que je travaille, c'est ce-

lui pour lequel je suis allé en Russie : non pas pour
essayer de provoquer une alliance nouvelle mais pour
essayer, dans l'intérêt de notre propre Patrie, de provoquer un rapprochement de tous les peuples. (*Applaudissements.*)

Parce que nous avons eu avec l'Angleterre des discussions, allons-nous rompre ce lien qui a été tissé pendant la guerre, qui a été formé par tant de sacrifices ?
Allons-nous dénoncer cette alliance qui est attestée par
la présence sur le sol de France de tant de tombeaux ?
Allons-nous faire cela ? Ce serait manquer de sang-
froid.

La conjonction de l'expérience anglaise et de l'expérience française sont, croyez-le, nécessaires pour parvenir, dans un avenir que je souhaite prochain à l'institution de ce régime de paix internationale dont je parlais tout-à-l'heure. Ce régime ne sera jamais le résultat d'une coalition. Quelles que soient les différences
de tempérament, de génie, nous sommes deux peuples
complémentaires et ce serait mal travailler pour nous
que de sacrifier ce que nous devons à la guerre. Alors
que nous pouvons parler librement, discuter librement
avec des hommes libres, les laisser partir en disant des
paroles qui pourraient nous laisser dans l'état où nous
sommes, serait une imprudence.

Et alors, à cette alliance à laquelle nous devons le
succès de la guerre en partie, nous irions, au lendemain même de la guerre, substituer une alliance de
la formule que l'on indiquait tout-à-l'heure ?

C'est ici la partie la plus délicate de ma réponse ;
laissez-moi cependant, sur ce sujet comme sur tous les
autres, m'expliquer librement.

Certes, si quelqu'un n'est pas suspect de haine de
principe contre l'Allemagne, c'est bien l'homme qui
est devant vous et qui a été si souvent attaqué pour
ses démarches pacifiques du passé, celui qui a été à
Berne pour essayer de trouver, à la veille de la guerre,
une formule rationnelle. Combien de fois ne me l'a-t-
on pas reproché ?

Il faut évidemment, dans le cadre de cette paix que
je demande, non pas une paix agressive fondée sur
des alliances, mais une paix véritable, fondée sur un
régime nouveau, faire entrer l'Allemagne. Mais de
quelle façon ? A quelles conditions ? Ici, puisqu'on a

parlé de la Russie, je vais, si vous le permettez, vous
donner quelques renseignements tout à fait récents qui,
je pense, donneront quelque chose de vivant à mes
explications. Je ne trahis d'ailleurs, certes, aucun se-
cret.

Dans la nuit qui a précédé mon départ de Mosou,
j'ai eu un très long et très émouvant entretien avec
quelques-uns des commissaires du Peuple russe. C'est
à ce moment-là, alors que j'allais partir, que j'ai parlé
le plus librement et c'est à ce moment qu'on se dit le
plus nettement ce que l'on croit utile à la cause que,
de part et d'autre, on voudrait servir : le rapprochement de deux peuples et la paix générale.

Quelques jours auparavant, le chargé d'affaires d'Allemagne était allé faire une démarche auprès du Gouvernement russe en priant ce Gouvernement d'appeler
l'attention de son peuple sur les misères du peuple
allemand et les injustes traitements que lui infligeait
la France ; c'est en effet la campagne que l'on fait partout.

Je ne vous cache pas que je me suis indigné. J'ai
dit : Comment ! Vous êtes des hommes de justice, vous
êtes des hommes de progrès et vous accueillez cette
légende de l'Allemagne ruinée alors que, du fait de
l'agression dont nous avons été victimes, ce sont nos
provinces dévastées qui sont des martyrs ! J'ai dit à
Krassine : Voyons, réfléchissez. Je viens de France ;
je vous assure, pour ma part, que jusqu'à ces temps
derniers, on n'a pas pu dans le pays construire une
seule maison ; je vous assure que tant la main-d'œuvre
est chère, tant les matières premières sont chères, nous
ne pouvons pas, pour nos familles nombreuses, pratiquer notre politique d'hygiène sociale. Je vous assure
que, dans les pays du Nord, il y a encore des villages
qui attendent une mairie, une école, un hôpital. Or, je
viens de traverser l'Allemagne et j'ai vu construire des
maisons partout : à Berlin, j'ai vu construire un musée
de marbre. Krassine, est-ce juste? Il m'a répondu :
Ce n'est pas juste, vous avez raison.

Ensuite je suis allé à Cologne prendre mon billet
pour Berlin et j'ai payé 10 marks. Qu'est-ce que cela
veut dire ? Cela veut dire qu'alors qu'en France nous
subissons des tarifs de transport qui rendent onéreux

l'exercice du commerce, qui font hausser le prix de la vie, l'Allemagne, systématiquement, abaisse ses tarifs de transport pour permettre à ses grands industriels de concurrencer ceux des autres pays. Krassine, est-ce juste ? Il m'a répondu, non, cela n'est pas juste et il a ajouté : quelle est donc votre conclusion ?

Je lui ai dit : ma conclusion est la suivante : Il y a actuellement en Allemagne un prolétariat infiniment malheureux, qui a souffert, qui a été sacrifié pendant la guerre. Ce prolétariat, nous n'avons contre lui aucune haine : il fait partie de la masse, de ces malheureux qu'au jour dit, les Gouvernements entraînent sans leur demander leur volonté et qui font une part très importante, sinon la plus importante du sacrifice. Il y a, d'autre part, un Etat qui est pauvre par sa faute ; mais, entre cet Etat et ce prolétariat, il y a de formidables capitalistes, les capitalistes de toute l'Allemagne : capitalistes du fer et du charbon, capitalistes de l'acier, de la locomotive, capitalistes du port de Hambourg, que j'ai vu travailler à des constructions de navires telles que d'ici quatre ans la flotte marchande de l'Allemagne sera ce qu'elle était avant la guerre.

Qu'ont-ils fait pour les régions dévastées tous ces capitalistes ? Ils n'ont rien donné du tout. Est-ce juste ? Et Krassine m'a répondu : non seulement ce n'est pas juste, mais c'est dangereux, car il faut bien que tous les partis démocratiques du monde se rendent compte que la présence d'un capitalisme allemand, qui a conservé tous ses biens, toutes ses usines, qui a placé tout son argent à l'étranger ou à l'intérieur du pays a immobilisé tout cela pour la guerre possible et c'est là le plus grand danger. La guerre possible ne viendra pas de la France, elle peut venir dans dix ou quinze ans, du désir de revanche de ces industriels, de ces capitalistes qui se sont dérobés, mis à l'abri et dans dix ou quinze ans referont la guerre si nous ne les avons pas atteints. (*Applaudissements.*)

Je dis donc que la paix avec l'Allemagne est possible dans les conditions que j'ai indiquées, mais lorsque le peuple allemand aura compris que nous ne lui en voulons pas, sous cette réserve que, de la même façon que nous nous sommes sacrifiés, il apportera sa contribution à la reconstruction de notre pays. Je dis qu'il n'y a pas de justice internationale si les fondements même de la justice sont ébranlés. Il n'y a pas de morale si on laisse un peuple échapper à ses lois.

Voilà pourquoi, mon cher Audibert, je crois que nous devons parler avec clarté et avec force et dire que dans la politique extérieure que nous voulons faire, que nous préparons, l'Allemagne a certainement sa place, mais nous voulons que les capitalistes allemands fassent leur devoir pour réparer les dommages causés, comme les Français ont fait le leur. (*Applaudissements.*)

Si nous parlons clair et net, si nous tenons un juste milieu entre une politique nationaliste dont nous ne voulons pas et une politique d'abnégation et de renoncement que le peuple français ne comprendrait pas, nous ferons preuve de cette véritable virilité, de cette véritable fermeté démocratique que souhaite mon ami Audibert, mais qui se trouvent résumées dans les observations que j'ai tenu à vous présenter et qui sont, à mon avis, aussi énergiques qu'elles sont modérées. (*Vifs applaudissements.*)

Le Président. — Je vais mettre aux voix la motion présentée par le citoyen Camille Chautemps. Je ne pense pas que notre ami Audibert insiste pour qu'on y ajoute son amendement qui d'ailleurs a trait à la politique extérieure.

Le Président *de la Commission.* — Ce vœu a été adopté hier par la Commission de la politique intérieure à l'unanimité. On m'a invité, comme président de cette Commission, à souligner le fait : l'ordre du jour a été voté à l'unanimité de la Commission et il y avait au moins 120 membres présents.

Le Président. — Je mets l'ordre du jour de la Commission aux voix.

(Adopté à l'unanimité.)

Le citoyen Audibert retire-t-il son amendement ?

Citoyen Audibert. — Non, je ne peux pas le retirer.

Citoyen Franklin-Bouillon. — Je suis persuadé que notre ami Audibert se ralliera à la proposition si simple du citoyen Ripault : renvoyer à l'étude du Comité exécutif la question. Elle a une importance telle qu'elle mérite d'être discutée ; on l'examinera à loisir et un rapport sera établi.

Le Président. — Je mets aux voix cette proposition. (La proposition est adoptée.)

Le Président. — Je donne la parole au citoyen Blumenthal, député d'Alsace-Lorraine. (*Applaudissements.*)

## POUR L'ALSACE ET LA LORRAINE

Citoyen Blumenthal. .. Citoyens, depuis l'armistice, à chaque Congrès : à Paris, à Strasbourg, à Lyon et aujourd'hui à Marseille, je viens vous dire la même chose en m'efforçant de trouver des formules nouvelles .Je sais le danger que je cours. Il est entendu que je m'expose à une avalanche d'injures, à être traité de sectaire, de malhonnête homme... (*Protestations*)... Cela ne me touche pas. Ce qui me gênerait, c'est si, à mon arrivée au milieu de vous, mes amis, j'avais eu le sentiment que vous pensiez : Attention, voici le raseur d'Alsace ! (*Rires et applaudissements.*) Je vois à votre sympathique accueil que je ne cours pas ce danger. J'ai promis de ne pas vous arrêter plus de dix minutes et je prie notre ami Douzet de m'avertir si je dépasse cette limite.

Il est malheureux que nous soyons obligés, nous Alsaciens, après quatre ans de paix, de venir encore devant les Français plaider notre cause et demander à être traités enfin en Français. Nous n'avons ni les mêmes droits ni les mêmes devoirs que les autres Français. Je vais vous montrer par une série d'exemples qu'il s'agit d'un intérêt vraiment national : en France, on ne sait pas ce qui se passe réellement en Alsace-Lorraine, nous aurons un peu plus tard des surprises cuisantes.

Au moment de l'armistice, lorsque les armées françaises ont été reçues, c'était un entraînement, une explosion d'enthousiasme qui témoignait devant le monde entier que, sans exception, tous les partis de l'Alsace-Lorraine étaient heureux de devenir Français. C'est à ce moment-là qu'il fallait nous traiter en Français. Je l'ai dit, mais malheureusement, j'étais le seul. Aujourd'hui, on en est revenu de cette opinion, qu'il fallait, sous prétexte de régime de transition, laisser un Parti tout accaparer à son profit et laisser les Républicains en détresse sans aucun appui du Gouvernement de la République. (*Applaudissements.*)

Les cléricaux ne veulent pas des lois laïques de la République que nous revendiquons comme les autres Français, d'après la formule de notre ami Chautemps. Ils encouragent tous ceux qui ont des désirs particuliers et ils sont innombrables. Il fallait passer outre. On nous a dit : La loi française entrera en vigueur en Alsace-Lorraine quand le Parlement français le dira et les règles de la loi allemande resteront en vigueur jusqu'à ce qu'on les ait abrogées. Il fallait faire le contraire. Il fallait dire : Toute la législation française sera appliquée dans les **provinces récupérées à l'exception** des mesures de transitions indispensables qui seront fixées par la loi.

Quelle est notre situation actuellement au point de vue de l'instruction publique ? Evidemment là, il ne s'agit pas d'intérêts purement locaux. Cependant nous vivons en Alsace-Lorraine sous le régime de la loi Falloux; et non seulement cette loi réactionnaire est appliquée d'une façon outrancière, mais encore elle est amplifiée par les autorités françaises.

Le temps ne me permet pas de vous donner en détail un aperçu de ce qui se passe pour l'Instruction publique, ce qui serait cependant très important pour caractériser toute la situation et pour vous montrer le danger national que nous courons en Alsace-Lorraine avec la complaisance du Gouvernement. Vous me permettrez, cependant, de vous donner lecture d'une toute petite lettre adressée au nom de l'évêque de Strasbourg, par un curé d'Alsace à un instituteur français d'une école publique de la République Française, qui a eu le malheur d'épouser une femme protestante.

Le curé qui, d'après le régime qu'on subit encore en Alsace-Lorraine, est une sorte de supérieur de l'instituteur qui, en premier lieu, appartient à l'Eglise et non pas à l'Etat, parce que, en matière scolaire, en Alsace-Lorraine, l'Etat s'incline devant le curé, a écrit ce qui suit :

« Cher Monsieur,

» Mgr l'Evêque me charge de tenter une nouvelle démarche auprès de vous à l'effet de vous engager à régler votre situation vis-à-vis de l'Eglise.

» Mgr l'Evêque vous engage à vous faire relever de l'excommunication dont vous vous trouvez chargé et ensuite à vous remettre aux pratiques religieuses, ainsi que tout maître dans une école confessionnelle catholique en a l'obligation.

» Au cas où vous songeriez à vous soustraire aux injonctions si paternelles de l'Evêque, celui-ci vous invite à prendre l'initiative de demander vous-même votre déplacement dans une école non confessionnelle. Sans cela, Mgr l'Evêque se verrait dans la nécessité d'exiger votre changement d'office de la part du Gouvernement, ainsi qu'il en a le droit et le devoir. » (*Exclamations.*)

— Vous ne connaissez pas ces lois-là en France? Ecoutez la suite :

» Cependant, Mgr préférerait arranger la chose à l'amiable et sans éclat public, si vous le voulez bien : De deux choses l'une, ou bien vous consentirez à vous soumettre aux décisions si bienveillantes de notre évêque, ou bien encore vous vous résoudrez à demander un emploi dans une de ces écoles proclamées neutres ou laïques, aux risques et périls alors de votre âme et de votre salut éternel. (*Hilarité.*)

» Veuillez recevoir, Cher Monsieur, l'assurance de mes sentiments très dévoués. »

Joseph GASPARD, Curé.

Vous voyez que cet évêque et ce curé sont des pince-sans-rire : D'un côté ils exigent de façon absolue qu'il n'y ait que des écoles confessionnelles et, d'autre part, ils disent à cet instituteur d'aller dans une de ces écoles prétendues neutres, etc..., au péril de son âme. Qu'est-ce que cela veut dire ? Cela veut dire qu'il aille en France, qu'il quitte l'Alsace, parce qu'en France il n'y a pas que des écoles confessionnelles.

C'est de cette façon que l'on cherche à dégoûter tous les fonctionnaires. Les évêques sont les maîtres et ils suivent les directives de l'Eglise qui sont d'abord des

directives romaines et non des directives patriotiques.
(*Applaudissements.*)

Est-ce qu'une pareille situation est tolérable ? Est-il tolérable que nous ayons en Alsace cinq ou six législations superposées? Aucun juriste ne pourra se reconnaître dans un pareil maquis ! Nous avons les lois françaises anciennes qui datent d'avant 1870 et sont depuis longtemps abrogées en France ; mais qu'on a régulièrement conservées sous le régime allemand ; par exemple, en vertu de la loi sur les cris séditieux, de nombreux Alsaciens ont été poursuivis et condamnés pour avoir crié : Vive la France ! et le mot de Cambronne pour la Prusse. (*Hilarité.*)

Nous avons également l'ancienne législation d'empire allemande qui est encore en vigueur en Alsace; nous avons la législation locale d'Alsace-Lorraine; puis nous avons l'introduction de certaines lois françaises. Il y a là une situation tout-à-fait inextricable et jamais l'Alsace elle-même ne pourra en sortir. C'est ce que le Gouvernement n'a jamais compris. Ce ne sont pas les Alsaciens qui peuvent décider eux-mêmes quel sera le régime à appliquer, parce que les intérêts sont trop divisés. S'il n'y avait que la question de la séparation des Eglises et celle de l'école, ce ne serait peut-être pas très difficile, mais il y a d'autres lois et il y a des cas où il faut trancher dans le vif, parce qu'actuellement nous sommes conduits par la réaction. M. Clémenceau, dans une boutade, a prévu ce qui arriverait mais n'a pas voulu ou pu l'empêcher ; il a dit, dans une conférence de notabilités alsaciennes, en entendant certaines revendications : « Je vous comprends ! Vous voulez être gouvernés comme le faisaient les Allemands, mais par des Français ! ».

Quant à nous, nous demandons simplement d'être gouvernés comme les autres Français. J'ai fini ; je tenais à ce que l'on appelle en termes juridiques « interrompre la prescription » pour les droits des Alsaciens-Lorrains républicains, et nous déposons à cet effet la motion suivante, que la 2e Commission m'a fait l'honneur de me charger de rapporter devant vous et qui a été votée à l'unanimité :

*Le Congrès émet le vœu que le régime d'exception soit abrogé en Alsace-Lorraine et que nos départements récupérés soient enfin réintégrés dans la communauté française de la République une et indivisible.*

(*Applaudissements.*)

Le Président. — Je mets aux voix la motion qui vient de vous être lue.

(La proposition est adoptée.)

Le Président. — La parole est au citoyen Emile Laurent.

## LA PROPRIETE INDIVIDUELLE

Citoyen Laurent. — Citoyens, à l'instant où notre ami Bouffandeau va, avec la conviction qui le caractérise et sa grande expérience des Congrès de notre Parti, vous exposer la position politique qui doit être la nôtre, je voudrais, au sujet du projet de résolution qu'il va présenter, formuler une brève observation.

Hier, dans son prestigieux discours, notre Président Herriot nous disait que ce qui l'avait particulièrement frappé en Russie c'est que l'on n'y connaissait point le principe fondamental des démocraties : la séparation des pouvoirs. Ce principe a été consacré dans la Déclaration des Droits de l'Homme qui est la charte essentielle de tout le Parti républicain.

En face du principe de la séparation des pouvoirs, la Déclaration des Droits de l'Homme inscrit, en outre, le respect des droits de la propriété individuelle et vous n'ignorez point que notre Parti a placé à la base de sa doctrine le principe également de la propriété individuelle.

C'est ce principe que je voudrais demander au Parti de bien vouloir rappeler. Je sais que sur ce point nous sommes tous d'accord. Dans la doctrine du Parti, la propriété individuelle est représentée comme formant, en effet, le fondement même de notre action ; mais je crois qu'il est bon que notre Parti, réuni dans les assises présentes, affirme, par un projet de résolution, qu'il entend demeurer immuablement fidèle à ce principe, parce qu'aussi bien, à l'heure où nous demandons aux fortunes acquises de consentir, en vue de rétablir la situation financière si lamentable, le sacrifice le plus douloureux, il faut que, pour nous distinguer d'autres Partis qui, eux, nient la propriété individuelle et veulent tenter l'égalisation dans la misère, nous réclamions l'égalisation dans l'aisance. C'est la raison pour laquelle je présente la résolution suivante :

*Le Parti, immuablement fidèle à sa doctrine sociale, proclame une fois de plus son attachement indéfectible au principe de la propriété individuelle, fondement de l'indépendance économique du citoyen et de la liberté républicaine.*

Le Président. — Je mets aux voix cette résolution.

(*La résolution est adoptée*).

## LA PROPAGANDE,
## L'ORGANISATION LA TACTIQUE DU PARTI

Le Président. — La parole est au citoyen Bouffandeau.

Citoyen Bouffandeau. — Citoyens, notre ami Emile Laurent voulait bien, tout à l'heure, avec trop de bienveillance vous dire que j'avais l'expérience de nos Congrès. Si j'ai, en effet, cette expérience, le premier conseil qu'elle me donne, c'est qu'à l'heure où nous sommes arrivés, c'est la brièveté qui importe.

Une réflexion, cependant : Je ne regrette pas du tout l'incident sur la politique étrangère qui vient de se produire. Il nous a valu des déclarations des plus importantes au point de vue de notre Parti. Nous aurons l'occasion de nous y reporter. J'ai constaté avec plaisir que si nous, les vieux, nous sommes sur le déclin, le Parti, au contraire, s'affermit de plus en plus. J'ai vu avec plaisir dans ce 19e Congrès, des jeunes gens qui ont fait la guerre, et aussi quelques-uns qui n'étaient pas assez âgés pour la faire, venir demander au Parti de les aider dans l'œuvre de propagande à laquelle ils veulent bien se vouer. C'est un signe du réveil de la foi démocratique, à l'heure où les Sans-Parti s'efforcent de détourner la jeunesse de la politique. N'a-t-on pas dit, en effet : où sont les partis ? Où sont les idées ? Je répondrai : si vous aviez assisté au Congrès de Marseille, vous

verriez que les Partis existent et vous ne pourriez pas
nier que le nôtre est à la fois un parti d'idéal et un parti
de réalisation. (*Applaudissements*).

Le citoyen Audibert a rapporté dans son journal, le
propos d'un pessimiste disant que nous devions avoir
honte de la République et de ce Congrès. J'estime, au
contraire que les Républicains de ce Congrès doivent
être fiers de l'œuvre accomplie dans ces trois journées.

Mes chers collègues, je ne veux pas revenir sur les ca-
ractéristiques de notre Parti et sur les développements
de mon rapport. Vous avez à entendre d'autres orateurs

A l'éloquent discours de Camille Chautemps va s'ajouter, si nous avons le temps, le discours de Montigny et
vous serez convaincus de la force et de l'avenir d'un
Parti qui a de tels orateurs. Ma pensée se reporte vers
mon ami Félix Chautemps, tombé au Champ d'honneur,
quand j'entends Camille Chautemps, une des plus grandes espérances du Parti. (*Applaudissements*).

Je voudrais donc que vous ayez le temps d'applaudir
Montigny qui est également l'un de ceux qui promet-
tent beaucoup et je voudrais que nous puissions avec lui
examiner la doctrine sociale du Parti.

En ce qui me concerne, permettez-moi simplement de
vous énoncer les conclusions de la Commission de propagande et d'organisation du Parti puisque nous ne
pouvons reprendre ici ensemble toutes les discussions
qui ont eu lieu au sein de la Commission.

Il faut que ce Congrès ait un lendemain et que, après
la Déclaration du parti, on mette au point notre programme. Comme nous l'avions fait en 1907 à Nancy, à
Pau, en 1913, à Paris en 1919, il faut un programme de
réalisation pour 1924. Nous vous proposons donc les résolutions suivantes :

a) *Le Congrès invite le Comité Exécutif du Parti à ré-
viser le programme de Nancy, de manière que soient mis
au point tous les articles dont la réalisation n'est pas accomplie et à viser toutes les questions nouvelles que la
guerre a fait surgir, afin que la plate-forme de la politique Radicale et Radicale-Socialiste soit établie avant la
prochaine campagne électorale.*

Voilà ce que la Commision de la propagande vous
propose. Il ne suffit pas d'avoir les déclarations doctri-

nales du Parti; il faut avoir aussi un programme net et précis. Le Bureau du Comité Exécutif constituera une Commission pour mettre ce programme au point; ensuite comme nous l'avons déjà fait, le Comité Exécutif se réunira en Petit Congrès pour discuter et adopter le texte qui sera soumis au Congrès de 1923, lequel rédigera ainsi le programme des élections de 1924.

La Commission vous propose ensuite les résolutions suivantes :

b) *Le Congrès compte sur le Bureau du Comité Exécutif pour que soit continuée et intensifiée la propagande du Parti; que des Conférences parlementaires et non parlementaires apportent leur concours au Comité; que, d'accord avec les Fédérations, soient périodiquement organisées de grandes manifestations pour orienter l'opinion publique; que, par les délégués au Comité Exécutif et les Comités, la propagande soit portée jusque dans les centres ruraux, ouvriers ou commerçants de moyenne importance.*

c) *Demande au Bureau du Comité Exécutif d'envisager la création d'un journal du Parti, de charger un syndicat d'études de mettre le projet sur pied et de faire les premières démarches pour la constitution d'une société recueillant les souscriptions nécessaires;*

d) *Approuve la création d'une caisse de propagande qui, provisoirement, recueillera les fonds indispensables pour suppléer à l'insuffisance des ressources budgétaires du Parti et permettra de continuer l'envoi de la chronique Radicale et Radicale-Socialiste, même de commencer la distribution de tracts ;*

e) *Décide l'organisation de la propagande Radicale et Radicale-Socialiste à l'extérieur en priant le Bureau de préparer l'entente avec les hommes d'Etat, les parlementaires, les groupes politiques qui, dans les autres nations, professent des opinions politiques voisines des nôtres; préconise l'institution dans les centres universitaires de conférences faites sous les auspices des Comités Radicaux pour les étudiants étrangers;*

f) *Confirme sa résolution du Congrès de Lyon en ce qui concerne le mode de scrutin et insiste pour que les ré-*

*publicains Radicaux et Radicaux-Socialistes de la Chambre et du Sénat écartent la R. P. qui constitue un vrai danger pour la République.*

Citoyen FRANKLIN-BOUILLON. — Ce n'est certainement pas à l'heure qu'il est que je prendrai la parole, mais il y a une question à laquelle, tout de même, je voudrais faire allusion : c'est le rapport financier du Parti. Je déplore que, dans ce Congrès, nous n'ayons pas pu trouver une heure pour parler de nos finances. C'est cependant une question importante et qui mériterait d'être prise en considération. Nos programmes ne peuvent pas être exécutés si nous n'avons pas l'argent nécessaire. Dans les prochaines réunions du Comité Exécutif, j'essayerai d'imposer qu'avant de s'occuper de l'organisation d'un Parti, on s'occupe d'abord de trouver les moyens matériels de le faire vivre.

Citoyen BOUFFANDEAU. — L'importance de la question ne nous a point échappé. D'accord avec le citoyen Franklin-Bouillon, voici quelle était la proposition de la Commission :

*g) Le Congrès insiste auprès du Comité Exécutif pour que soit assurée, au cours de l'exercice 1922-1923, l'organisation du Parti en provoquant, au besoin, par l'envoi de délégués, la création de comités cantonaux et de fédérations départementales partout où ces comités et fédérations font défaut. Il lui demande en même temps de préparer pour le 20ᵉ Congrès, un projet d'organisation financière permettant d'assurer les ressources indispensables à la propagande et à l'action Radicale et Radicale-Socialiste.*

Citoyens, reste la question de la tactique du Parti. Avec la Commision de la politique intérieure, nous pensons que ce qui importe à l'heure actuelle, c'est l'organisation et la propagande. Nous laissons au Congrès prochain le soin de décider de la tactique, attendu que le mode de scrutin n'est pas encore fixé. Toutefois, fidèles aux principes de notre Parti, nous vous proposons la résolution suivante, qui répond aux sentiments de tous et aux circonstances :

*h) En ce qui concerne la tactique, le Congrès déclare*

*que notre premier devoir est, en restant nous-mêmes, fidèles à nos principes, de fortifier et d'intensifier notre action : Que le Parti Radical et Radical-Socialiste ne se refusera pas à autoriser ses fédérations départementales et du suffrage universel, les accords qui seraient nécessaires pour la défense républicaine, pour celle de la laïcité, des droits syndicaux, des droits civiques des fonctionnaires;*

*Que le Comité exécutif doit prévenir ses adhérents, ses Comités et ses Fédérations que, si des adhésions collectives à un cartel ou à une ligne peuvent être données dans les conditions sus-indiquées, les adhésions individuelles à des organisations concurrentes ou parallèles à celles du Parti ne peuvent être admises.*

Le Président. — Citoyens, vous avez entendu les propositions de la Commission, je les mets aux voix.

*(Les conclusions sont adoptées).*

Le Président. — On va vous donner connaissance du scrutin pour l'élection du Bureau du Comité Exécutif :

# PROCLAMATION

## DU RESULTAT DU SCRUTIN

## POUR LE BUREAU DU COMITE EXECUTIF

*Vice-Présidents Parlementaires* (4 à élire) :

MM.

Camille Chautemps, député .............. 161 voix.
Cuminal, sénateur ......... ............. 160 voix.
Girard, député ........ .................. 160 voix.
Israel, député .......... ................. 158 voix.

*Vice-Présidents non parlementaires* (4 à élire).

MM.

Bouffandeau, ancien député ............. 93 voix.
Michelis (Bouches-du-Rhône) ...... ..... 89 voix.
Jean-Barberis (Var) ......... ........... 85 voix.

Louis Besse (Oran) .............................. 74 voix.
Yvon Delbos (Dordogne) ..................... 72 voix.
Falot (Seine-et-Oise) ........................ 49 voix.
OEsinger (Bas-Rhin) ......................... 48 voix.
 . . Etc.... etc...

*Secrétaires Parlementaires (4 à élire)* :
MM

Meunier, député ............................. 160 voix.
Saget, député ............................... 160 voix.
Castel, député .............................. 159 voix.
André Escoffier, député ................... 159 voix.

*Secrétaires non parlementaires (4 à élire).*
MM.

Grisoni (Seine) .............................. 99 voix.
Montigny (Sarthe) ........................... 97 voix.
Paul Peyre (Drôme) ......................... 91 voix.
Valensi (Seine) ............................. 86 voix.
Numa Cavalier (Gard) ...................... 67 voix.
Samama (Alpes-Maritimes) ................. 52 voix.
Delorme (Isère) ............................. 47 voix.

MM. Camille Chautemps, Cuminal, Cirard, Israël, Houffandeau, Michelis, Jean Barberis, L. Besse, ayant obtenu la majorité absolue, ont proclamés vice-présidents du Bureau.

MM. Meunier, Saget, Castel, Escoffier, Grisoni, Montigny, Peyre, Valensi, ayant obtenu la majorité absolue, sont proclamés secrétaires du Bureau.

Le Président. — Je vous demande encore dix minutes pour terminer notre ordre du jour. La parole est au citoyen Jean Montigny.

# LES REFORMES SOCIALES

## LES ASSURANCES SOCIALES

Citoyen Jean Montigny, *Rapporteur*. — Je m'excuse d'avoir à vous retenir quelques instants.

Citoyen Franklin-Bouillon. — C'est nous qui nous excusons d'avoir si peu de temps pour vous écouter

. Citoyen Jean MONTIGNY, *Rapporteur*. — J'allais dire que j'étais dans la nécessité de vous demander dix minutes d'attention, car le problème des assurances sociales est, de l'avis général, l'un des plus importants qui soient posés devant ce Congrès.

Dans une première partie de mon rapport, je rappelle que le principe essentiel de notre doctrine sociale, dans lequel nous puissions avoir pleine confiance, est, avant tout, l'idée de solidarité. Je rappelle que, pour nous, le progrès social et la paix professionnelle ne sont possibles que par la collaboration loyale, équitable du travail et du capital. Je rappelle que, pour nous, l'Etat a non seulement un pouvoir mais un devoir de contrôle dans le problème de la production et de la répartition. Je rappelle que, pour nous, le syndicat était la cellule féconde de la réorganisation sociale et que son action future n'aurait d'autres limites que son audace et sa sagesse. Je rappelle que les fonctionnaires ont le droit syndical et j'indique aussi, avant d'aborder le problème des assurances sociales, que ces quelques principes distinguent notre doctrine, à la fois, de l'économie classique, qui conteste et dénie à l'Etat tout droit d'intervention dans le domaine de la production, et des écoles socialistes qui fondent l'ordre nouveau sur la lutte de classes et la destruction de la propriété privée.

Aussitôt après, j'indique que c'est le grand but de notre doctrine, de rendre aux travailleurs une part de propriété dans ces grandes entreprises qui ont brisé leurs outils d'artisans, mais que, tout en attendant cette transformation de l'avenir, nous avons le devoir impérieux d'améliorer le sort des citoyens dans le foyer et dans l'usine et que si le Parti Radical et Radical-Socialiste peut être, à juste titre, fier de la législation sociale qu'il a inspirée et qui suffit à lui valoir dans l'Histoire une place d'honneur, il faut qu'il se rende compte, cependant, que cette législation sociale comporte de graves lacunes. Le travailleur reste soumis à toutes sortes de risques qui ne cessent de le menacer dans la vie domestique : tout d'abord la maladie qui épuise ses ressources, et l'invalidité qui les tarit. Que l'humble maison se pare pour le berceau, ou s'endeuille pour la mort, l'épargne familiale est bientôt dévorée et le jour où ses forces épuisées trahissent le travailleur, la vieillesse et la misère viennent s'asseoir à son foyer.

L'épargne individuellle, la mutualité, l'assistance de l'Etat sont autant de moyens pour lutter contre la misère; mais, quels que soient les services que la Mutualité, notamment, a rendus, l'expérience prouve qu'il faut chercher autre chose et mieux. On a été ainsi conduit à étudier un système d'assurances sociales qui vienne assister le travailleur et améliorer son sort dans les plus dures épreuves de la vie. (*Applaudissements*).

Quelles sont les grandes lignes du projet de loi ?

Sont assurés obligatoirement tous les salariés de moins de 60 ans, gagnant moins de 10.000 francs et tous les métayers; facultativement, ceux dont la vie est souvent plus précaire que celle des ouvriers, les artisans, les petits patrons, les fermiers, dont les gains annuels sont inférieurs à 10.000 francs. L'équité exige leur admission au bénéfice de la loi, mais facultative, puisqu'en l'absence du patron, ils devront payer double cotisation.

Quels avantages sont concédés à ces deux catégories d'assurés ?

En cas de maladie, tous les soins médicaux et pharmaceutiques sont donnés gratuitement et, en plus, le malade reçoit une allocation journalière égale à son demi-salaire. La maladie se prolonge-t-elle? Au bout de six mois, l'allocation devient mensuelle et se transforme, au bout de cinq ans, en véritable pension d'invalidité. Toute sa vie, le malade est soigné gratuitement.

En cas de maternité, la femme a également tous les soins medicaux et pharmaceutiques gratuits. Dans les six semaines qui précèdent et suivent l'accouchement et, s'il y a lieu, pendant les neuf mois qui précèdent et les six mois qui suivent la mère reçoit également la même indemnité journalière du demi-salaire.

Enfin, avec la vieillesse, arrive, à 60 ans, la pension de retraite.

Celle-ci sera constituée par les versements capitalisés de l'employeur et de l'ouvrier; l'Etat n'intervient que lorsque l'effort commun du patron et de l'ouvrier est insuffisant pour que la pension atteigne le minimum de 500 francs.

Je n'insiste pas sur la nécessité de ce triple versement qui a été admis depuis longtemps. notamment à propos de la loi sur les retraites ouvrières; j'indique simplement que, si les sacrifices demandés sont lourds, si on demande à l'ouvrier 5 o/o de son salaire journalier et autant au patron, cependant, les résultats justifient ces sacrifices.

Le problème des assurances sociales doit, à mon sens, être considéré comme né de notre doctrine; tous les éléments essentiels de notre doctrine s'y retrouvent et, à la veille d'une consultation électorale, quand tous les partis viendront se réclamer de ce projet de loi, le Parti Radical et Radical-Socialiste a le devoir de marquer que c'est à sa doctrine sociale que ce projet doit le jour. (*Applaudissements*).

J'entends que, comme toute œuvre humaine, il n'est pas parfait; sans doute, il est susceptible de critiques sur lesquelles je n'insisterai pas, mais, malgré ses imperfections, nous devons le soutenir. C'est ainsi que j'ai l'honneur de vous proposer l'ordre du jour suivant, en ayant la satisfaction de penser que je n'ai peut-être pas trop abusé de vos instants. (*Applaudissements*).

*Le Congrès du Parti Radical et Radical-Socialiste, affirmant sa foi dans sa doctrine basée sur l'idée de solidarité,*

*Emet le vœu que le projet de loi établissant des assurances sociales, qui apporte de grandes améliorations au sort des travailleurs, soit voté d'urgence par le Parlement.*

Un Congressieste. — Je demande qu'au prochain Congrès en réserve, non pas une partie de séance, mais une séance complète pour étudier toutes les questions sociales qui, pour notre Parti, sont les questions les plus importantes, les questions avec lesquelles nous devons aller à la bataille, avec lesquelles nous devons entraîner la classe ouvrière; or, nous réservons seulement à ces questions une partie de la dernière séance du Congrès au moment où une grande partie des citoyens sont partis, ce n'est pas suffisant. Occupons-nous un peu moins des questions politiques et un peu plus des questions sociales.

Le Président. — Les déclarations qui viennent d'être faites sont très intéressantes et le Congrès en tiendra certainement compte.

Je mets aux voix l'ordre du jour qui vient d'être lu par le citoyen Jean Montigny.

(*L'ordre du jour est adopté*).

La parole est au citoyen Henri Michel.

## LA MISE EN VALEUR DES COLONIES

Citoyen Henri MICHEL. — J'ai demandé la parole pour déposer un vœu au nom de la Fédération du Sud-Est; inutile de vous dire que je ne ferai pas de discours : ce n'est pas le moment.

Dans cette salle de l'Exposition Coloniale, où ont retenti tant de voix éloquentes sur les questions coloniales et où a été définie, pour la première fois, d'une façon magistrale, la doctrine coloniale qui est aujourd'hui et qui sera, demain, de plus en plus adoptée par tout le monde, par toutes les puissances qui ont un empire colonial, par un Radical, Albert Sarraut, je crois qu'il est indispensable aujourd'hui, de voter un ordre du jour que quelques amis ont bien voulu contresigner avec moi: cet ordre du jour invite la Chambre et le Sénat à inscrire à l'ordre du jour et à discuter le plus tôt possible, le projet de loi déposé par le Ministre des Colonies. Voici ce vœu :

*Le Congrès du Parti Radical et Radical-Socialiste, réuni à Marseille, considérant que l'exposition coloniale de Marseille, dont le succès fut éclatant, a révélé les immenses ressources que notre grand domaine colonial crée à la mère-patrie, les matières premières de tout genre que nous pouvons en tirer, ainsi que les débouchés qu'il ouvre aux produits manufacturés de la métropole;*

*Considérant que la situation économique et financière de la France commande de nous affranchir, dans toute la mesure où cela se peut, du tribut que nous payons à l'étranger pour les matières premières que nous sommes obligés d'importer;*

*Emet le vœu que le projet de loi déposé par le Ministre des Colonies sur le Bureau de la Chambre et relatif à la mise en valeur des colonies vienne le plus tôt possi-*

*ble en discussion et invite nos représentants au Parlement à demander sans retard sa mise à l'ordre du jour.*

Cet ordre du jour a été adopté à l'unanimité par la Commission de la politique générale.

Le Président. — Je mets aux voix l'ordre du jour dont lecture vient d'être donnée.

(*L'ordre du jour est adopté*).

# VŒU
## CONCERNANT LES UNITÉS DE MARINE A CONSTRUIRE

Citoyen Henri Michel. — J'ai à présenter un autre vœu qui intéresse profondément notre politique financière. C'est un vœu économique. Je ne le développe pas. En voici la substance. Il s'agit désormais, de renoncer à la construction des cuirassés qui sont absolument inutiles pour la défense nationale et qui sont, vous le savez, extrêmement coûteux pour les finances de notre pays. Ce vœu est signé d'un certain nombre de collègues: Gavaudan, Paul Denise, Léon Gautier, Lambert, Barboyon, Journet.

*Le Congrès du Parti Radical et Radical-Socialiste,*

*Considérant que la torpille aérienne et la torpille sous-marine ne laissent plus de place sur la mer au cuirassé qui ne peut même plus trouver un abri sûr dans des ports;*

*Considérant que le cuirassé n'est plus d'aucune utilité pour la défense nationale;*

*Considérant que la situation financière du pays interdit de la façon la plus formelle toute dépense somptuaire;*

*Considérant que le prix unitaire du superdreadnought n'est pas inférieur à 400 ou 450 millions;*

*Considérant qu'on peut assurer la défense nationale sur mer d'une façon beaucoup plus efficace et infiniment plus économique par les croiseurs légers et rapi-*

*des, les torpilleurs, les contre-torpilleurs, les sous-marins et les avions, que par les unités de haut bord, cuirassés et croiseurs cuirassés aujourd'hui définitivement condamnés par les expériences de la guerre,*

*Invite les représentants du Parti à la Chambre et au Sénat à refuser tout crédit demandé pour la construction de cuirassés.*

Le Président. — Je mets aux voix l'ordre du jour qui vient d'être lu.

*(L'ordre du jour est adopté à l'unanimité).*

La parole est au citoyen Couyba.

## REMERCIEMENTS
## AUX FEDERATIONS DE PROVENCE

Citoyen Couyba. — Citoyens, je n'abuserai pas de vos minutes, mais j'estime que, dans cette ville et dans cette enceinte, il faut qu'une parole de remerciement soit adressée, non seulement à la Ville de Marseille, mais aussi à la Fédération de Provence et, en même temps, à la Presse, pour le concours qu'elle nous a apporté, ainsi que tous nos militants, pour la réussite de ce Congrès.

Il a été dominé, par des débats remarquables, sur la politique intérieure et la politique extérieure; il a été marqué par l'orientation future du Parti et, je suis sûr d'être d'accord avec vous, pour en tirer les conclusions immédiates, moi, simple militant, en vous disant que ce Congrès a conservé constamment un caractère de haute dignité, un caractère de haute portée politique et sociale, et qu'au point de vue, notamment, de la politique intérieure, la doctrine laïque, démocratique et sociale du Parti y a été affirmée et qu'au point de vue de la politique extérieure, ce qui a été dit par notre éminent président Herriot et par notre ami Franklin-Bouillon, sera approuvé, non seulement par tous les Radicaux et Radicaux-Socialistes, mais par tous les bons Français. *(Applaudissements).*

Le Parti Radical et Radical-Socialiste, avec Edouard Herriot, a pris figure, à Marseille, de parti non seulement démocratique et social, mais de parti national. C'est à ce titre que les militants du Parti pourront, har-

## — 232 —

diment et fièrement, venir, prochainement, devant le suffrage universel, se réclamer de toute la force de leurs convictions. (*Applaudissements*).

Voilà ce que je voulais vous dire; en même temps, je voulais vous remercier tous, au nom de tous les militants venus de tous les points de la France, au nom de la Fédération de l'Est, en particulier : je remercie la Fédération Radicale et Radicale-Socialiste de Provence, et, en même temps, Marseille, de l'accueil qui nous a été fait. (*Applaudissements*).

Si une conclusion pouvait venir de ces débats, elle viendrait de l'endroit où nous sommes, Citoyens, c'est-à-dire du milieu de cette exposition coloniale qui vient d'être un triomphe pour la ville de Marseille, cette ville qui a un regard ouvert sur le monde entier, qui a uni la civilisation européenne à la civilisation orientale, qui a uni à la fois, comme disait Victor Hugo, l'Idéal et le Réel, dans un sentiment patriotique et international, toutes les beautés, toutes les réalités de l'idéal qui nous inspire.

C'est un vieux militant qui vous parle : prenez, je vous prie, le sens de ces trois journées qui viennent de se passer; retournez dans vos provinces, dans vos comités. Elargissez votre doctrine; tâchez d'inspirer vos jeunes camarades et que, l'année prochaine, par l'union de toutes vos fédérations, de tous vos comités, nous arrivions à la victoire par l'union républicaine, laïque, démocratique et sociale ! (*Vifs applaudissements*).

Le Président. — La parole est au citoyen Henri Michel.

Citoyen Henri Michel. — Puisqu'on vient de remercier Marseille et la Provence, laissez-moi, comme ancien représentant des Bouches-du-Rhône, vous remercier tous, vous, militants, venus de tous les points de la France : nous vous avons donné notre bon soleil, vous nous avez apporté le réconfort de votre Foi Républicaine, merci ! (*Vifs applaudissements*).

## LE SIEGE DU PROCHAIN CONGRES

Le Président. — Avant la lecture de la Déclaration

du Parti, l'ordre du jour appelle la désignation de la ville où aura lieu le prochain Congrès.

Nous avons une proposition de la part de Toulouse.

Citoyen LENOIR. — Sur la proposition du président Herriot, il a été décidé, en même temps, que le Congrès de 1922 aurait lieu à Marseille et que celui de 1923 aurait lieu à Paris, étant le dernier Congrès avant les élections.

Nous insistons à nouveau, au nom de la Fédération de la Seine, pour que le choix de Paris soit ratifié.

Citoyen GRISONI. — C'est du reste la tradition : à la veille des élections, le Congrès a toujours lieu à Paris.

LE PRÉSIDENT. — Je mets aux voix la proposition de Paris pour l'année prochaine, la proposition de Toulouse étant réservée pour plus tard.

*(Paris est adopté).*

Citoyen DUCOS. — Je prends acte que le prochain Congrès aura lieu à Toulouse.

LE PRÉSIDENT. — Le Congrès qui aura lieu à Paris en 1923 décidera à ce moment.

UN CONGRESSISTE. — Nous demandons que les débats du Congrès soient publiés, si la caisse du Parti le permet.

Citoyen FRANKLIN-BOUILLON. — C'était la question la plus importante et on n'en a pas parlé !

LE PRÉSIDENT. — Cette question aura toute l'attention du Comité.

La parole est au citoyen Yvon Delbos, pour la lecture de la Déclaration du Parti.

*(Le citoyen Yvon Delbos donne lecture de la Déclaration du Parti).*

## LA DECLARATION DU PARTI

Citoyens,

Ce Congrès, le dix-neuvième, atteste une fois de plus la vitalité de notre Parti. Rien n'a pu nous abattre, parce que nous sommes avant tout un Parti national et populaire. Plusieurs fois déjà, dans l'histoire de la République, des coalitions de droite ont prétendu prendre la direction du pays; toutes ont échoué, et chaque fois, c'est nous qui avons été chargés de remettre la République dans son chemin. Ainsi, le Parti Radical et Radical-Socialiste apparaît de plus en plus comme l'armature solide et durable de la démocratie.

A travers les conflits d'opinion, au-dessus des gouvernements qui passent, il apporte la permanence de sa doctrine de raison et de ses méthodes de liberté. La continuité d'une tradition venue du plus lointain de notre histoire et formulée par la révolution, une doctrine de progrès qui s'adapte à la fois aux réalités mouvantes de la vie et aux espérances éternelles de l'humanité; son action n'a cessé de s'exercer pour le peuple et par le peuple, dans le cadre de la nation, par les voies de la légalité. C'est à lui plus qu'à tout autre que la France doit l'émancipation populaire par l'instruction et les réformes sociales, la formation d'un esprit public, dont la force s'est révélée dans la guerre comme dans la paix.

## La politique extérieure

Depuis sa signature, le Traité de Versailles a accumulé les déceptions; les garanties essentielles de sécurité qu'il annonçait à la France et qui ont provoqué le vote du Parlement, n'ont pas été réalisées: pacte franco-anglais, pacte franco-américain, telle fut l'œuvre d'une diplomatie secrète que notre Parti a toujours condamnée.

L'institution qui devait faire succéder à une guerre atroce un régime de paix, la Société des Nations, constamment préparée et défendue par l'un des nôtres, M. Léon Bourgeois, n'a pu, malgré ses efforts, réaliser pleinement notre idéal pacifique et humanitaire. Mais nous restons fidèles à cette tradition, nous persistons à penser que la France républicaine, sans rien sacrifier de ses droits, a le devoir de reprendre l'initiative de toutes les mesures comme de toutes les propagandes tendant à établir la paix dans le monde.

Nous ne voulons pas que la France apparaisse au-dehors comme une puissance de réaction. Nous entendons mettre fin aux aventures sanglantes et ruineuses; nous préférons, aux hasards de la violence, les méthodes pacifiques; le succès de la mission de notre ami Franklin-Bouillon a prouvé la supériorité de ces méthodes, tandis que l'initiative de notre président Herriot a montré comment on peut renouer, entre deux peuples, la chaîne des intérêts nationaux. Les services ainsi rendus démontrent que, si l'on veut généraliser la paix, il faut persister dans la voie que nous avons tracée; il faut surtout garder le contact avec tous les Partis démocratiques.

En ce qui concerne l'Allemagne, nous voulons des solutions d'ordre pratique. Soucieux de l'intérêt direct des régions dévastées, nous avons proposé et adopté des mesures aujourd'hui admises, mais hier condamnées à l'instigation des profiteurs des ruines. Nous continuerons a favoriser des accords étudiés par des organismes sociaux plaçant l'intérêt général au-dessus des intérêts particuliers et à l'abri des spéculations mercantiles que nous avons aperçues dans le suintement des scandales.

Nous persistons à croire que le problème des réparations ne peut être résolu sans un appel à la solidarité des peuples comportant en particulier, comme le chef de notre Parti l'a exposé à la Chambre, la compensation des dettes et l'emprunt international, avec les paiements en nature et en main-d'œuvre.

Enfin, hostiles aux gouvernements successifs dans la mesure où ils faisaient la besogne du Bloc National, mais soucieux avant tout des destinées du pays, nous avons cherché à faciliter leur tâche extérieure toutes les fois qu'il s'agissait de la défense des intérêts français. Quand nous les avons soutenus, c'était pour les aider contre les imprudences ou les violences auxquelles les poussait le Bloc National. (*Applaudissements.*)

## La politique intérieure

Dans le domaine intérieur, nous avons rendu service par le seul fait que nous sommes restés au Parti. Grâce au Bloc National, grâce aussi à l'absurdité d'un mode de scrutin qui ôte au suffrage universel la clarté et la décision, nous avons mesuré l'étendue du mal que peut faire à la République l'absence de Partis. Des partis dignes de ce nom sont la vie des démocraties auxquelles leur émulation pour le bien public est indispensable. Méfions-nous des formules nouvelles qui masquent de vieilles illusions : revision de la Constitution, extension des pouvoirs présidentiels, prédominance d'un parlementarisme professionnel qui, légitime tant qu'il restera dans ses limites, risquerait, par ses excès, d'aboutir à l'oubli de l'intérêt général dans les compétitions égoïstes des intérêts corporatifs. Oui, il faut aérer, réaménager la République, regarder toujours plus loin et plus haut, mais à la condition de ne pas abattre les murs pour élever le toit.

C'est dans les programmes des Partis rénovés que doivent s'insérer les réformes.

## Le bilan du « Bloc National »

Pour nous, avant de construire, nous avons dû faire front contre les démolisseurs. C'est tout le patrimoine de la République qui est remis en cause par le Bloc National, instrument docile aux mains des insulteurs du régime. Le patrimoine moral est entamé par la reprise des relations avec le Vatican et toutes les attaques contre la laïcité et l'Ecole publique ; par les atteintes au droit syndical et aux conquêtes ouvrières, telle que la loi de 8 heures, par les tentatives de domestication de fonctionnaires, dont les droites, dépassant le cynisme de l'Empire, voudraient faire leurs instruments électoraux, par le refus obstiné de l'amnistie pour les délits d'opinion et de grève, qui a, comme contre-partie, l'immunité scandaleuse des gros profiteurs; le patrimoine matériel est compromis par les tentatives de mise à l'encan, au profit de la grande finance, des monopoles d'Etat, depuis les plus productifs, comme celui des tabacs, jusqu'au plus essentiel pour la sécurité nationale, comme celui des postes et des télégraphes, par une politique financière d'illusions, d'emprunts et de gaspillages.

En outre, le Bloc National a méconnu les leçons de la guerre, augmenté démesurément nos charges sans accroître la sécurité en refusant d'organiser la nation armée. C'est par sa faute enfin que l'Alsace et la Lorraine ne sont pas encore rentrées pleinement dans le cadre de l'unité française. (*Applaudissements.*)

## Politique financière

L'effort de notre Parti a porté tout d'abord sur le problème financier et économique ; avant tout, il réclame la clarté, la franchise, le courage fiscal : il propose des économies importantes, portant sur les gros budgets, tels que celui de la guerre; le rétablissement de l'ordre et du contrôle qui, seuls, peuvent éviter les gaspillages et assurer la rentrée des recettes ; le financement international de notre créance sur l'Allemagne, l'amortissement de la dette flottante, l'industrialisation des services publics, la lutte contre l'évasion fiscale et l'application effective de l'impôt sur le revenu, la répression impitoyable du dérèglement artificiel des changes, le prélèvement éventuel et unique sur la fortune acquise, considéré comme une mesure suprême de salut public. Il préconise aussi le développement intensif de l'outillage national, l'exploitation pour le bien des indigènes, comme pour celui de la métropole, du domaine colonial, dont nous apercevons à Marseille le magnifique épanouissement. Sans verser dans la démagogie de ceux qui parlent de combler le déficit avec des exonérations d'impôt, nous voulons alléger le commerce des inutiles entraves qui le paralysent, comme la taxe sur le chiffre d'affaires, et favoriser son essor intérieur et extérieur ; nous savons que le Parti qui contribue le plus aux intérêts du commerce est celui qui aide le mieux la circulation et la diffusion des richesses. (*Applaudissements.*)

Nous plaçons le meilleur de nos espoirs dans le robuste bon sens et le labeur tenace du paysan de France pour arrêter le redoutable exode des campagnes et intensifier la production agricole. Nous voulons propager le syndicalisme, la coopération de la mutualité, favoriser le remembrement et généraliser le machinisme, organiser l'emploi de la main-d'œuvre coloniale et étrangère, encourager la distribution de l'électricité dans les communes rurales, multiplier les moyens de communications, assurer la vente à bon marché des engrais, favoriser, par le crédit agricole, l'accession à la propriété.

N'oublions pas, citoyens, qu'en France, le paysan est

l'élément essentiel de la propriété matérielle et de l'équilibre moral. (*Applaudissements.*)

## La politique sociale

En matière sociale, nous songeons d'abord à ceux qui souffrent, au premier rang desquels nous plaçons les martyrs de la guerre. Nous songeons ensuite à ceux qui travaillent sans posséder : la République leur a donné la liberté politique, elle leur doit l'indépendance économique.

Fermement attachés à la propriété individuelle, nous nous orientons vers la suppression du salariat, qui n'est qu'une survivance de l'esclavage et qui fait de l'ouvrier un étranger à son propre travail. Nous demandons pour lui l'accession progressive à la propriété et à la gestion des entreprises. En attendant, il faut hâter le vote du projet complet d'assurances sociales, sans qu'il porte atteinte aux intérêts de la mutualité; développer les coopératives, généraliser les organismes paritaires; améliorer la législation internationale.

Il n'est pas, à nos yeux, de droits plus précieux que ceux du travail, à la condition qu'ils s'accompagnent de leur contre-partie de devoirs. (*Très bien! très bien!*)

Nous n'oublions pas que le premier de ces droits est le droit à l'instruction : nous nous préoccupons plus d'en généraliser les bienfaits suivant le mérite et non suivant la fortune, que de disserter sur les vertus théoriques du latin et du grec : il s'agit non pas de multiplier les bacheliers, mais d'assurer à chacun, dans le sens de ses aptitudes, le plein développement de ses facultés.

Tout en instaurant cet enseignement vraiment démocratique, il faut sauver la race par la protection de la maternité et de l'enfance. Il faut ensuite mener de front la culture physique et civique avec le développement intellectuel et l'orientation professionnelle. Notre Parti, orienté vers l'avenir, se tourne avec sollicitude, avec espoir, vers l'enfance et vers la jeunesse.

C'est selon ces méthodes, à l'école de Ferry et de Buisson, qu'ont été façonnées les générations de la guerre. Il a confiance que celles qui viennent seront dignes de leurs aînées. (*Applaudissements.*)

## En avant pour la République

Citoyens, telle est la tâche à laquelle nous convions toutes les bonnes volontés démocratiques. Déjà, elles ont si bien répondu à notre appel que le Bloc National, inquiet de son sort, a supprimé les élections partielles. Il n'en est pas moins évident que, dans l'éternel conflit entre les forces de recul et les forces de mouvement, aujourd'hui celles-ci l'emportent ; nous ne laisserons pas arrêter ces progrès par une réaction avouée ou sournoise. Nous ne les laisserons pas compromettre par de stériles violences ; pour cela, nous songerons à notre propre action bien plus qu'à des combinaisons électorales. Si nous savons vraiment rester nous-mêmes, l'union des Gauches, qui doit être non pas le résultat de marchandage, mais la convergence vers un même idéal, se fera spontanement autour de nous.

En avant, citoyens, pour l'idéal de notre Parti, c'est-à-dire pour la paix, pour le progrès, pour la grandeur de la France républicaine et sociale. (*Très vifs applaudissements.*)

Le Président. — En terminant nos travaux, je tiens à constater la bonne tenue de nos séances, à la hauteur des discussions qui ont eu lieu. Ce Congrès a prouvé que le Parti Radical et Radical-Socialiste était un grand Parti uni, discipliné. Nous avons ainsi répondu victorieusement à ceux qui prétendent qu'il n'y a plus de partis en France, et nous pouvons dire que nous avons la plus grande confiance dans l'avenir du nôtre. Vive la République démocratique et sociale ! (*Applaudissements répétés.*)

(La séance est levée à 18 h. 45.)

# COMITE EXECUTIF

## Exercice 1922-1923

### BUREAU DU COMITE EXECUTIF

#### PRESIDENT :

M. EDOUARD HERRIOT, ancien Ministre, Député du Rhône, Maire de Lyon.

#### VICE-PRESIDENTS

| parlementaires : | non parlementaires : |
|---|---|
| MM. | MM. |
| CHEUSI, député. | MICHEL, |
| MERLIN, sénateur. | MEYER, |
| BESNARD, sénateur. | DUFLOT, |
| MARGAINE, député. | ODIN, |
| ISRAEL, député. | BOUFFANDEAU, |
| CHAUTEMPS, député. | MICHELIS, |
| GIRARD, député. | BARBERIS, |
| CUMINAL, sénateur. | BESSE. |

#### SECRETAIRES

| parlementaires : | non parlementaires : |
|---|---|
| MM. | MM. |
| CAZALS, député. | DOUCEDAME, |
| BINET, député. | A. KAHN, |
| SCHMIDT, député. | DUCKETT, |
| MIELLET, député. | LENOIR, |
| CASTEL, député. | GRISONI, |
| ESCOFFIER, député. | MONTIGNY, |
| MEUNIER, député. | P. PEYRE, |
| SAGET, député. | VALENSI. |

*Trésorier général* : M. LOUIS BESSE.

*Secrétaire général* : M. A. DOUZET.

## MEMBRES DU COMITE EXECUTIF

### *PRÉSIDENTS D'HONNEUR*

MM. Léon BOURGEOIS, sénateur, président du Sénat, ancien président de la Chambre des Députés, ancien président du Conseil des Ministres.

LAFFERRE, sénateur, ancien ministre

Ferdinand BUISSON, député.

### DELEGUES DEPARTEMENTAUX

#### *AIN*

MM. Antoine BLANC, député.
MESSIMY, ancien député, ancien ministre, à Paris.
Dr EDOUARD, conseiller général, à Chatillon-sur-Chalaronne.
EGLENE, professeur à Bourg.
GAUTHIER, confiseur à Bourg.
MAMET, conseiller municipal à Bourg.
MONTPEYROUX, conseiller municipal à Bourg.
TIERSOT, conseiller municipal à Bourg.
TONY-REVILLON, avocat à Paris.

#### AISNE

MM. ACCAMBRAY, député.
HAUET, député.
COUESNON, ancien député.
MAGNIAUDE, ancien député.
DECAMP, conseiller général de l'Aisne, à Paris.
DHERY, conseiller général de l'Aisne, à Vitry-sur-Seine.
DOUCEDAME, conseiller général de l'Aisne, à Paris.
E. DUPONT, conseiller général de l'Aisne, à Flavy-le-Martel.
LAMARRE, président du conseil général à Crézancy.
Eugène LEDUC, conseiller d'arrondissement, à Vaux-sous-Laon.

REGNIER, conseiller d'arrondissement, à Anizy-le-Château.

ROBINEAU, conseiller d'arrondissement, à Braine.

Georges PLY, conseiller d'arrondissement, à Marizelle.

BUGNICOURT, publiciste à Paris.

Ch. COINTE, avocat, à Paris,

GROZO, brasseur, à Saint-Quentin.

LABATUT, rédacteur en chef de la *Dépêche de l'Aisne*, à Laon.

G. LEDUC, brasseur à Saint-Quentin.

Jean MORET, adjoint au maire de Laon.

LOISEAUX, maire de la Capelle.

Marc PORET, marchand de grains, Le Nouvion en Thiérache.

POUILLART, président de la Fédération de l'Aisne.

VIGNERON, maire de Berry-au-Bac.

## ALLIER

MM. DODAT, député.

LAMOUREUX, député.

Charles PERONNET, député.

BARATIER, conseiller général de l'Allier, à Vichy.

VERNE, conseiller général de l'Allier à St-Pourçain.

BARDET, receveur municipal à Montluçon.

BAUDRON, maire d'Yzeure.

CHERION, publiciste à Moulins.

FOGLIA, à Moulins.

LASTEYRAS, maire de Vichy.

LEFEBURE, à Paris.

LOEWEL, avocat.

MECHIN, adjoint au maire de Vichy.

## BASSES-ALPES

MM. Henri MICHEL, ancien sénateur, à Paris.

Gustave HUBBARD, ancien député.

REYMOND, conseiller d'arrondissement, La Motte-du-Caire.

MUZY, maire de Peyruis.

PEQUIGNAT, à Paris.

RULLAN, conseiller municipal.

SALVAGY, adjoint au maire des Siéyos.
TIRRIBILLOT, à Paris.
VEIL, à Paris.

### HAUTES-ALPES

MM. Victor PEYTRAL, sénateur.
PLANCHE, député.
R. ARTHAUD, conseiller général des Hautes-Alpes,
à Marseille.
A. GOUDET, conseiller général des Hautes-Alpes,
à Gap.

### ALPES MARITIMES

MM. CASSIN, à Paris.
DELORME, à Paris.
DUFRENE ,publiciste à Cannes.
LEFRANC, à Nice.
SAMAMA, à Nice.
SARTORIO, à Nice.
SWENDER, à Neuilly-sur-Seine.

### ARDECHE

MM. CUMINAL, sénateur.
P. ARTIGE, conseiller général de l'Ardèche, à Au-
benas.
Dr ASTIER, conseiller général de l'Ardèche, à
Montélimar.
GEORGES, conseiller d'arrondissement à Beauvène.
TAUPENAS, conseiller d'arrondissem. à Vesseaux.
THERAUBE, conseiller d'arrondissement à Mayres.
COURTHIAL, ancien conseiller d'arrondissement, à
Bois-Colombes.
BLOCH-LEMOINE, à Paris.
E. DUPLAN, à Paris.
Louis DEROUDILHE, négociant à Aubenas.
Eugène DEROUDILHE, à Paris.
SABATIER, maire d'Entraigues.
VIALET, maire de Vernoux.

### ARDENNES

MM. Albert MEUNIER, député.

CORNEAU, directeur du *Petit Ardennais*, à Charle-
ville.
HENRY, instituteur.

## *ARIEGE*

MM. CAZALS, député.
Paul LAFFONT, député, sous-secrétaire d'Etat aux
P. T. T.
PENENT, conseiller général de l'Ariège, à Toulouse.
PORCHER, conseiller général de l'Ariège, à Mire-
poix.
AUVERGNE, notaire à Massat.
Franck SOL, négociant à Saverdun.
HUGOUNET, à Sainte-Suzanne.

## *AUBE*

MM. MONY, sénateur.
BERTHELEMOT, député.
ISRAEL, député.
Paul DUBOIS, conseiller d'arrondissement à Troyes.
AIGLE, propriétaire, à Troyes.
DUPUIS, comptable, à Troyes.
MAILLET, agent d'assurances, à Troyes.
RITTER, à Troyes.
SCHEYEN, pharmacien à Troyes.

## *AUDE*

MM. GAUTHIER, sénateur.
Maurice SARRAUT, sénateur.
CASTEL, député.
MILHET, député.
Albert SARRAUT, député.
CASSAN, à Lézignan.
PALMADE, à Paris.

## *AVEYRON*

MM. ARTIERES, à Millau.
MONTET, à Vitry-Port.
Jules PREVOT, à Paris.
SIMAN, à Rodez.

## *BOUCHES-DU-RHONE*

MM. PASQUET, sénateur.

SCHRAMECK, sénateur.

Auguste GIRARD, député.

Victor JEAN, député.

ARTAUD, conseiller général des Bouches-du-Rhône, le Puy-Sainte-Réparade.

BARET, conseiller général des Bouches-du-Rhône, à Marseille.

Marius BREMOND, conseiller général des Bouches-du-Rhône, à Septèmes.

Julien FABRE, conseiller général des Bouches-du-Rhône, à Salon.

H. JOUVAL, conseiller général des Bouches-du-Rhône, à Berre.

J. MORIZOT, conseiller général des Bouches-du-Rhône, à Arles.

AUBERT, conseiller d'arrondissement, à Trets.

AUDIBERT, conseiller d'arrondissement, à Saintes-Maries.

B. CHAPPE, conseiller d'arrondissement, à Marseille.

A. DETES, conseiller d'arrondissement, à Raphèle-les-Arles.

Michel DURAND, conseiller d'arrondissement, à Maussane.

M. FAYARD, conseiller d'arrondissement, à Arles.

M. FERREOL, conseiller d'arrondissement, à Aix.

J.-B. NEYROUD, conseiller d'arrondissement, à Aix.

J. REY, conseiller d'arrondissement, à Arles.

M. SAUVAIRE, conseiller d'arrondissement, à Miramas.

L. VIDAU, conseiller d'arrondissement, à Cabannes.

CROUANSON, ancien conseiller d'arrondissement, a Arles.

ESPELLY, ancien conseiller d'arrondissement, à Saintes-Maries.

F. JULIEN, ancien conseiller d'arrondissement, à Aix.

A. PONTOIS, ancien conseiller d'arrondissement, à Berre.

ESTIER, ancien candidat du Parti, à Marseille.

FALGAIROLLE, ancien candidat du Parti, à Montpellier.

ERNEST LAFON, ancien candidat du Parti, à Marseille.

BAYET, publiciste à Arles.

Dr BÉNÈS, à Marseille.

BUSSON, directeur d'école, Salon.

BRAHIC, rédacteur des P. T. T., à Marseille.

BRUNEL, ingénieur, à Marseille.

CASSE, négociant, à Aix.

COHEN, voyageur de commerce, à Marseille.

COUTURE comptable, à Marseille.

CREMIEUX, représentant, à Marseille.

DEROMIEU, à Marseille.

ENGUEL, négociant à Salon.

FERIS, retraité, à Marseille.

FERRIER, maire de Cabannes.

GAUTIER, représentant, à Marseille.

GAVAUDAN, Président de la Fédération départementale des Bouches-du-Rhône, négociant à Marseille.

GIOCANTI, commis des P. T. T., à Marseille.

ISSARTIER, contrôleur des Mines, à Marseille.

MICHELIS, industriel, à Marseille.

REIBAUD, professeur, à Aix.

ROUBAUD, industriel, à Marseille.

ROUSSY, docteur, à Marseille.

SATGER, employé, à Marseille.

SIRACH, rédacteur des P. T. T., à Marseille.

TEYSONNIER, industriel, à Marseille.

## CALVADOS

MM. EDMOND RAPHAEL, conseiller général du Calvados.

BARTHELEMY, à Paris.

FOUQUET, à Fleury-sur-Orne.

LENOIR, à Paris.

LEVAVASSEUR, horticulteur, à Ussy.

NICOLAS, à Caen.

E. PETIT, à Maisons-Laffitte.

SCELLES, à Tournebu.

TOUSEY, à Caen.

## CANTAL

MM. FERNAND BRUN, ancien député, à Paris.
RIGAL, ancien député, à Montsalvy.
DAUZIER, conseiller général du Cantal, à Aurillac.
RENIAC, conseiller général du Cantal, à Aurillac.
A. CHABRIER, conseiller d'arrondissement, à
Mauriac.
PALAT, conseiller d'arrondissement, à Saint-Bonnet-de-Salers.
SABATIER, conseiller d'arrondissement, à Saignes.
SALLARD, conseiller d'arrondissement, à Champagnac-les-Mines.
VIDALINC, conseiller d'arrondissement, à Nieudan.
BOUNY, à Mauriac.
Dr R. RAYROLLES, à Pierrefort.
ROCHE, à Paris.
TREMOULIERE, maire d'Omps.

## CHARENTE

MM. G. MENIER, conseiller d'arrondissement.
CELLIER, avocat, à Cognac.
SAULNIER, instituteur à Yviers.

## CHARENTE-INFERIEURE

MM. WILLIAM BERTRAND, ancien député, à Paris.
ANDRÉ HESSE, ancien député, avocat à Paris.
CHASSOT, conseiller général de la Charente-Inférieure, à Saint-Dizant-du-Gua.
GRANGE, conseiller d'arrondissement, à Tonnay-Charente.
JODET-ANGIBAUD, conseiller d'arrondissement à
La Rochelle.
BARRAUD, receveur à la Gare, La Rochelle.
CASTANET, à Marennes.
Dr. HOULLIER, à Saint-Just.
MENON, notaire, à La Rochelle.
MIAUX, avoué, à La Rochelle.
ALFRED NICOLLAS, à Marennes.
ALCIDE ROBERT, maire de Champagnolles.

## CHER

MM. PAJOT, sénateur.

FOUCRIER, conseiller général du Cher, directeur de la *Dépêche du Berry*, à Bourges.

GESTAT, conseiller général du Cher, à Sagonne.

CROCHET, à Paris.

FOURNIER-DEMARS, à Saint-Amand.

PERNEY, à Paris.

PETITEVILLE, à Noisy-le-Sec.

Louis VATAN, à Bourges.

## CORREZE

MM. QUEUILLE, député, ancien ministre.

MONS, ancien député, à Paris.

CHAMPEIX, conseiller général de la Corrèze, à Masseret.

ESTORGES, conseiller général de la Corrèze, à Tulle.

JAUBERT, conseiller général de la Corrèze, à Larche.

LAUMOND, conseiller général de la Corrèze, au Bazine.

ROUBY, conseiller général de la Corrèze, à Lapleau.

VIDALIN, conseiller général de la Corrèze, à Naves.

BUGEAT, à Pantin.

CHAPELLE, conseiller municipal, à Brive.

Dr GARRELON, à Paris.

PEYRAT, avocat, à Brive.

RALITE, conseiller municipal, à Palisse.

## CORSE

MM. Paul DOUMER, sénateur.

GIORDAN, ancien député, à Paris.

CECCALDI, vice-président du Conseil général de la Corce.

Nonce PAOLI, conseiller général de la Corse, à Paris.

QUILICHINI, conseiller général de la Corse, à Sartène.

ALFONSI, à Paris.
FABIANI, à Paris.
GIOVANELLI, à Paris.
ORSATTI, à Sainte-Lucie-de-Tallano.

## COTE-D'OR

MM. JOSSOT, sénateur.
GRUET, ancien député, à Paris.
PIERRE CHARLES, ancien député, à Paris.
LIORET, conseiller général de la Côte-d'Or, à Lux.
MONGIN, conseiller d'arrondissement, à Chalvosson.
CONVERSET, maire de Châtillon-sur-Seine.
LEVEQUE, à Paris.
HENRY MODOT, à Dijon.

## COTES DU NORD

MM. DELPIERRE, à Paris.
YVES LE LEBVRE.

## CREUSE

MM. BINET, député.
CONNEVOT, député.
JUDET, député.
DEFUMADE, ancien sénateur, à Paris.
H. PICAUD, à La Villette-Issoudun.
TARTARY, maire, Le Saillant.

## DORDOGNE

MM. EDOUARD MICHEL, conseiller d'arrondissement, à Périgueux.
AUBERT, tailleur, à Périgueux.
BELUGUE, industriel à Bois-Colombes.
DEBORD, conseiller municipal, à Verteillac.
DEFIGEAS, à Périgueux.
DELBOS, publiciste, à Paris.
EDOUARD DUBOIS, maire de Bourg-du-Bost.

LAUDU, conseiller municipal, à Périgueux.
MITAVE, à Périgueux.

## DOUBS

MM. GIROD, député.
JULIEN DURAND, conseiller général du Doubs, à Besançon.
PARROT, conseiller général du Doubs, à Besançon.
PESTY, conseiller général du Doubs, à Besançon.
BELEY, conseiller d'arrondissement, à Etupes.
BILLARD, conseiller d'arrondissement, à Morteau.
A. PY, conseiller d'arrondissement, à l'Isle-sur-le-Doubs.
CLERGET, à Ornans.
FELIX, industriel, à Montjoux-Besançon.
JAUDEL, à Paris.
H. LEVY, fabricant d'horlogerie, à Besançon.
MILLOT, rédacteur en chef du *Petit Comtois*, à Besançon.

## DROME

MM. CHABERT, sénateur.
PERDRIX, sénateur.
JOSEPH REYNAUD, sénateur.
ARCHIMBAUD, député.
ESCOFFIER, député.
ARCHIMBAUD, père, ancien député, à Poyols.
RAVISA, ancien député, maire de Montélimar.
CHANAS, conseiller général de la Drôme, à Grâne.
D$^r$ JAUME, conseiller général de la Drôme, à Pierrelatte.
E. NOYER, conseiller général de la Drôme, à Dieulefit.
D$^r$ PERREYMOND, conseiller général de la Drôme, à Grignan.
AVOND, conseiller d'arrondissement, à Beauvallon.
CHACHAT, conseiller d'arrondissement à Vassieux.
COURBIS, conseiller d'arrondissement à Montélimar.
D$^r$ FLOURET, conseiller d'arrondissement, à Vinsobres.

PERRET, conseiller d'arrondissement, à Grand-
Serre.
ROYBET, fils, conseiller d'arrondissement, à Saint-
Donat.
D^r SCOTTI, conseiller d'arrondissement, à Bour-
deaux.
L.-H. CLEMENT, ingénieur expert, à Romans.
COLLION, ex-entrepreneur, à Romans.
MABILON, négociant, à Paris.
P. PEYRE, pharmacien, à Paris.
C. REBOUL, négociant, à Montélimar.

## EURE

MM. BOURSIER, conseiller général de l'Eure, à Hendre-
ville.
ARCHAMBAUD DE VENÇAY, conseiller d'arron-
dissement à Saint-Philbert-sur-Risle.
DELAMARE, ancien candidat du Parti, à Pont-de-
l'Arche.
SOURI, ancien candidat du Parti, maire de Puchay.
LESAGE, à Pacy-sur-Eure.
D^r WAGNER, à Lieurey.

## EURE-ET-LOIR

MM. E. FETTU, conseiller général d'Eure-et-Loir, à Paris.
D^r FOUPON, conseiller général d'Eure-et-Loir, à
Paris.
JOUANNEAU, à Paris.

## FINISTÈRE

MM. LE BAIL, député.
BARON, à Brest.
BOSCHER, à Brest.
Léon FORT, à Brest.
GAUTHIER, à Paris.
NATALINI, à Paris.
PINEAU, à Lambezellec.
RIVIERE, à Brest.

## GARD

MM. CAZELLES, sénateur.
CREMIEUX, sénateur.

Gaston DOUMERGUE, ancien Président du Conseil, sénateur.

MOURIER, député, ancien ministre.

D<sup>r</sup> ARENE, conseiller général du Gard, à Bagnols-sur-Cèze.

J. BOSC, conseiller général du Gard, à Nimes.

CADENET, conseiller général du Gard, à Sernhac.

CASTANG, conseiller général du Gard, à Alais.

COUTON, conseiller général du Gard, à Clarensac.

DUGAT, conseiller général du Gard, à Paris.

FONTANIEU, conseiller général du Gard, à Aimargues.

GACHON, conseiller général du Gard, à Montpellier.

HERMET, conseiller général du Gard, à Génolhac.

L. MEJEAN, conseiller général du Gard, à Nîmes.

MENGAILHOU, conseiller général du Gard, à Pont-Saint-Esprit.

PASCAL, conseiller général du Gard, à Avignon.

A. SALLES, conseiller général du Gard, au Vigan.

VERMEIL, conseiller général du Gard, à Sommières.

Gaston BAZILE, ingénieur, à Paris.

Numa CAVALIER, à Paris.

M. FLAMANT, à Nîmes.

D<sup>r</sup> GASCUEL, à Alais.

I. GAUSSEN, à Paris.

NOUGAREDE-BERMOND, à Nîmes.

Josias PAUT, maire de Nîmes.

P. RICHARD, rédacteur au *Petit Méridional*, à Alais.

## HAUTE-GARONNE

MM. H. LEYGUE, sénateur.

H. DUCOS, député.

GHEUSI, député.

OURNAC, ancien sénateur, à Toulouse.

BELINGUIER, conseiller général de la Haute-Garonne, ancien député, maire de Villefranche.

BONNEMAISON, conseiller général de la Haute-Garonne, à Toulouse.

D<sup>r</sup> CARRERE, conseiller de la Haute-Garonne, à Sédeilhac.

CAZASSUS, conseiller général de la Haute-Garonne, ancien député, maire de Saint-Gaudens.

DANDRIEU, conseiller général de la Haute-Garonne, maire de Verfeil.
DARBAS, conseiller général de la Haute-Garonne,
à Auterive.
Dʳ DELHERM, conseiller général de la Haute-Garonne, à Auzeville.
DULION, conseiller général de la Haute-Garonne,
maire de Martres.
Paul FEUGA, conseiller général de la Haute-Ga-
ronne, maire de Toulouse.
R. LEYGUE, conseiller général de la Haute-Ga-
ronne, à Ox.
GOURGAUD, conseiller général de la Haute-Garonne,
maire de Villemur.
PERET, conseiller général de la Haute-Garonne,
maire de Grenade.
REILHAC, conseiller général de la Haute-Garonne,
au Faget.
SAVIGNOL, conseiller général de la Haute-Garonne,
à Toulouse.
SENA, conseiller général de la Haute-Garonne, à
Revel.
BORDES, à Toulouse.
J. BOUE, à Toulouse.
BOUSQUET, à Toulouse.
COMBRES, à Toulouse.
COURT, à Toulouse.
DEVILE, à Toulouse.
DOMERGUE, pharmacien, à Toulouse.
GALIBERT, à Toulouse.
GRIZOUL, à Toulouse,
LAVAIL, négociant à Revel.
MILHAUD, à Toulouse.
NIGOUL, à Toulouse.
D. SALLES, à Toulouse.


## GERS


MM. Jean PHILIP, sénateur.
GARDEY, ancien député, à Paris.
BON, conseiller général du Gers, à Estang.
NAPLES, conseiller général du Gers, à Condom.

BASSAT, conseiller d'arrondissement, à Gimont.

BORDES, conseiller d'arrondissement, maire de Mont-de-Marrast.

LOZES, conseiller d'arrondissement, maire de Nogaro.

SENTOU, conseiller d'arrondissement, à Barbotan-les-Thermes.

TREMOUILLERES, conseiller d'arrondissement, à Gaudonville.

BOUQUET, imprimeur à Auch.

BRANET, négociant, à Vic-Fézensac.

TARDOS, à Auch.

THORE, rédacteur en chef de la *République des Travailleurs*, à Auch.

## *GIRONDE*

MM. LABROUE, ancien député, à Paris.

BLANCHARD, conseiller général de la Gironde, à Grignols.

D$^r$ BOYMIER, conseiller général de la Gironde, à Saint-Vivien-du-Médoc.

LARGE, conseiller général de la Gironde, à Gaillac.

MAURIAC, conseiller général de la Gironde, à Pondaurat.

TEYSSIER, conseiller général de la Gironde, à PAUILLAC.

BASSET, conseiller d'arrondissement, à Bordeaux.

CH. CANTE, conseiller d'arrondissement, à La Brède.

LAFITTE, conseiller d'arrondissement, à Hourtin.

MARTINEAU, conseiller d'arrondissement, à Villeneuve-de-Blaye.

SERVEL, conseiller d'arrondissement, à Bourg-sur-Gironde.

TUFFREAU, conseiller d'arrondissement, à Cars.

D$^r$ TRAGAN, ancien conseiller d'arrondissement, à Saint-Ciers-sur-Gironde.

CLUZAN, ancien candidat du Parti, à Bordeaux.

DELLAC, ancien candidat du Parti, à Bordeaux.

IRIQUIN, ancien candidat du Parti, maire de Talence.

J. ODIN, ancien candidat du Parti, à Bordeaux.

RETORET, ancien candidat du Parti, maire de St-Genès-de-Lombaud.
CAUDERON, président de la Fédération de la Gironde, à Bordeaux.
CHAPEYROU, à Bordeaux.
DUCKETT, à Bordeaux.
J. DUPIN, à Cadillac.
P. DUPIN, à Neuilly.
DUPRE, à Paris.
GINESTOUS, à Bordeaux.
JOANNES, à Bordeaux.
LACONFOURQUE, à Castres.
LAGRANGE, à Bordeaux.
LASCOMBE, à Libourne.
LINQUETTE, à Bègles.
LOISSAU, conseiller municipal, à Floirac.
A. MILLOT, à Bordeaux.
F. PALENGAT, à Bordeaux.
A. PRIGENT, à Paris.
ROYER, maire de Macau.
M. SALLE, maire de Virsac.
SANGUINETTI, à Bordeaux.

## HERAULT

MM. LAFFERRE, sénateur.
ALES, conseiller général de l'Hérault. à Lansargues.
ALMÉS, conseiller général de l'Hérault. à Montpellier.
CADENAT, conseiller général de l'Hérault, à Béziers.
CAFFORT, conseiller général de l'Hérault, ancien député, à Olonzac.
FERRASSE, conseiller général de l'Hérault, président de la Fédération départementale.
MOULIN, conseiller général de l'Hérault, à Béziers.
D' BEDOS, ancien conseiller général, à Agde.
H. MAURIN, ancien conseiller général, maire de Clermont-l'Hérault.
AUMELAS, conseiller d'arrondissement, à Aspiran.

BOUCHER, conseiller d'arrondissement, maire de Pézenas.

JAMMES, conseiller d'arrondissement, à Murviel-les-Béziers.

PALOC, conseiller d'arrondissement à Sallèles.

SAUDADIER, conseiller d'arrondissement, à Cabrières.

BASSAGET, président des Jeunesses laïques, à Mauguio.

BLAQUIERE, directeur du *Petit Méridional*, à Paris.

ALBERT MILHAUD, à Paris.

### ILLE-ET-VILAINE

MM. SURÇOUF, ancien député, à Paris.

ROQUES, conseiller d'arrondissement, à Rennes.

DOTTIN, doyen de la Faculté des Lettres, à Rennes.

DUTAUT, directeur de la *France de l'Ouest*, à Paris.

GASNIER-DUPARC, maire de Saint-Malo.

HILLION, insituteur honoraire, à Rennes.

LAURENT, à Rennes.

LEROUX, à Rennes.

MERRE, à Rennes.

TROMEUR, à Rennes.

### INDRE

MM. DAUTHY, ancien député, à Paris.

PAILLER, conseiller général de l'Indre, à Ardentes.

AUCLAIR, conseiller d'arrondissement, à Aigurande.

MATHIEU, ancien candidat du Parti, à Déols.

A. CHIAPPE.

SAINSON, négociant, à Argenton-sur-Creuse.

### INDRE-ET-LOIRE

MM. RENÉ BESNARD, sénateur.

FOUCHER, sénateur.

PAUL BERNIER, député.

CAMILLE CHAUTEMPS, député.

PROUST, député.

DIEN, conseiller général d'Indre-et-Loire, à l'Ile-Bouchard.

P. GERMAIN, conseiller général d'Indre-et-Loire, maire de Saint-Michel.

GOUNIN, conseiller général d'Indre-et-Loire, maire d'Amboise.

MARCHAIS, conseiller général d'Indre-et-Loire, adjoint au maire de Tours.

FAUCILLON, conseiller d'arrondissement, à Chinon.

GASNIER, conseiller d'arrondissement, maire de Langeais.

BECKER, à Tours.

CREPIN, à Tours.

DELMAS, à Tours.

DUBOIS, à Tours.

GOMBARD, à Tours.

MAISONNIER, à Tours.

ROBENNE, directeur de la *Dépêche de Tours*.

ROSIER, à Tours.

### ISERE

MM. Léon PERRIER, sénateur.

Claude RAJON, sénateur.

VALLIER, sénateur.

Louis MOYET, président du Conseil d'arrondissement, maire de l'Albène..

### JURA

MM. BERTHOD, ancien député, à Paris.

G. PONSOT, ancien député.

Benoit BARNET, conseiller général du Jura, à Dôle.

Marius PIEYRE, maire de Dôle.

### LANDES

MM. MILLIES-LACROIX, sénateur.

BOUYSSOU, député.

LARROQUETTE, professeur au lycée de Mont-de-Marsan.

SARRADE, ingénieur agronome, à Aire-sur-l'Adour.

### LOIR-ET-CHER

MM. JOHANNET, conseiller général du Loir-et-Cher, maire de Crucheray. .

FROGER, directeur du *Nouvelliste*.

## *LOIRE*

MM. Fernand MERLIN, sénateur.
DURAFOUR, député.
Pierre ROBERT, député.
THEVENET, ancien conseiller d'arrondissement, à
  Saint-Etienne.
ALEX, maire de Chandon.
J. HUGAND, à Charlieu.

## *HAUTE-LOIRE*

MM. BOUTAUD, ancien député, Le Puy.
FAYOLLE, ancien député, à Paulhaguet.
JOUBERT-PEYROT, ancien député, à Tence.
D$^r$ SABATIER, conseiller général de la Haute-
  Loire, à Brioude.
D$^r$ THEODAT, conseiller général de la Haute-Loire,
  à Auzon.
Pierre GRILLET, ancien candidat du Parti, à Paris.
F. BONNET, industriel, aux Aggeyres.
PAGES-RIBEYRE, industriel, Le Puy.
PONTVIANNE, Le Puy.

## *LOIRE-INFERIEURE*

MM. LELORD, conseiller général de la Loire-Inférieure,
  à Saint-Etienne-de-Montluc.
JOUBERT, ancien conseiller d'arrondissement, à
  Saint-Nazaire.
BRICHAUX, ancien maire de Saint-Nazaire.
  BRUON, avocat, à Saint-Nazaire.
G. MARTIN, à Paris.
MASSIET, négociant à Saint-Nazaire.

## *LOIRET*

MM. DONON, sénateur.
RABIER, sénateur.
D$^r$ DEZARNAULDS, député.
Ch. ROUX, député.
AVISSE, conseiller général du Loiret, à Orléans.
BAUDIN, conseiller général du Loiret, maire de
  Montargis.

CHESNEAU, conseiller général du Loiret, maire de Courtenay.

CHEVRIER, conseiller général du Loiret, à Malesherbes.

DEGOUX, conseiller général du Loiret, à Patay.

GALLOUEDEC, conseiller général du Loiret, à Orléans.

HYVERNAUD, conseiller général du Loiret, à Beaugency.

LAVIE, conseiller général du Loiret, à Châtillon-Coligny.

MARCHAND, conseiller général du Loiret, à Ouzouer-sur-Loire.

MEUNIER, conseiller géneral du Loiret, à Sully-sur-Loire.

MICHAUX, conseiller général du Loiret, maire de Bellegarde.

RECULLE, conseiller général du Loiret, à La Ferté-Saint-Aubin.

THOMAS, conseiller général du Loiret, à Beaune-la-Rolande.

TINET, conseiller général du Loiret, à Puiseaux.

GAURY, conseiller d'arrondissement, maire de Chantecoq.

LAROCHE, conseiller d'arrondissement, adjoint au maire de Montargis.

Dr LEFEVRE, conseiller d'arrondissement, à Châtillon-Coligny.

PERON-LEBERT, conseiller d'arrondissement, à Lorris.

PRESLE, conseiller d'arrondissement, maire de Moulon.

RAIN, conseiller d'arrondissement, maire d'Amilly.

RISSET, conseiller d'arrondissement, maire de St-Maurice-sur-Aveyron.

Sébastien LAVY, conseiller d'arrondissement, à Châteaurenard.

BRECHEMIER, à Orléans.

Ch. CHARREYRE, Directeur du *Gâtinais*, à Montargis.

CHOLLET, à Orléans.

CRESPIN, à Montargis.

JUST, Directeur de l'*Avenir*, à Gien.
TURBAT, conseiller municipal, à Orléans.

## LOT

MM. MIQUEL, conseiller général du Lot, à Paris.
Léon AMOUROUX, avocat, à Assier.
André FAURIE, à Paris.

## LOT-ET-GARONNE

MM. CELS, député.
BERTAIL, à Agen.
BOUE, à Agen.
DAVID, à Agen.
LAURENT, officier en retraite, à Agen.
TRENTY, à Agen.

## LOZERE

MM. MONESTIER, ancien député, à Paris.
LAGET, vice-président du Conseil général de la
Lozère, à Mende.
RENOUARD, directeur du *Moniteur de la Lozère*,
à Mende.

## MAINE-ET-LOIRE

MM. MESLET, ancien candidat du Parti, à Paris.
P. MILON, avoué, à Segré.
Dr PROUTIERE, à Châteauneuf-sur-Sarthe.

## MANCHE

MM. A. CHEVALIER, conseiller général de la Manche, à
Paris.
HASCOET, directeur de l'Ecole pratique d'Indus-
trie, à Cherbourg.
Salomon HIRSCH, à Saint-Maur.
PERGEAUX, ancien maire, à Granville.
TRONION, représentant, à Granville.
VIET, maire du XIe arrondissement, à Paris.

## *MARNE*

MM. HAUDOS, député.

MARGAINE, député.

PECHADRE, ancien député, à Paris.

BELLOIS, conseiller général de la Marne, maire de Courtisols.

LANGLET, conseiller général de la Marne, maire de Faux-Fresnay.

Louis LENOIR, conseiller général de la Marne, maire de Vertus.

MAILLY, conseiller général de la Marne, maire d'Ay.

DEHOURS, conseiller d'arrondissement, à Vandières.

GOUJARD, conseiller d'arrondissement, à Juvigny.

GUERAULT, conseiller d'arrondissement, à Paris.

HEURLAUT, conseiller d'arrondissement, à Vitry-le-François.

LAURENT, conseiller d'arrondissement, maire de Baudement.

MARTIN, conseiller d'arrondissement, maire d'Hautvillers.

MANGIN, conseiller d'arrondissement, à Merlant, par Vitry-en-Perthois.

Maurice LÉVY, à Epernay.

ROCHE, à Paris.

## *HAUTE-MARNE*

M. ROYER, conseiller général de la Haute-Marne, à Donjeux.

## *MAYENNE*

MM. CAVELLET DE BEAUMONT, conseiller général de la Mayenne, à Evron.

LANCELIN, conseiller d'arrondissement, à Evron.

ANDRE, percepteur, Le Horps.

LINTIER, maire de Mayenne.

## *MEURTHE-ET-MOSELLE*

MM. P. GINESTE, conseiller géneral de Meurthe-et-Moselle, à Nancy.

ANTOINE, professeur à Nancy.
BERNARDIN, professeur, à Nancy.
BERTIN, à Nancy.
BONCOUR, conseiller municipal à Longwy.
BUSSIERE, à Nancy.
CHERY, à Nancy.
Général GODART, à Paris.
LARCHER, à Nancy.
LEBLANC, à Nancy.
L'HOMMEE, à Nancy.
PARISOT, à Nancy.
POIROT, à Nancy.
RENAUD, à Nancy.
Dr SCHMITT, à Nancy.
VERCELLI, entrepreneur à Lunéville.
WEYRICH, maire de Conflans.

## MEUSE

**MM.** Joseph CHARLES, à Paris.
Ch. GIROD, à Bar-le-Duc.
POTERLOT, ancien maire de Stenay.

## MORBIHAN

**MM.** SAMZUN, conseiller général du Morbihan, maire
de Belle-Isle-en-Mer.
Le ROUZIC, ancien député.
LOUEL, conseiller d'arrondissement, à Lorient.
Dr MAYEUX, conseiller d'arrondissement, à Clé-
guérec.
BRAGHINI, à Lorient.
ROBERT-LOUIS, rédacteur en chef du *Radical,* à
Paris.
Julien ROUSSEAU, instituteur, Le Brech.

## MOSELLE

**MM.** Lucien BLOCH, à Paris.
Lucien TRECHOT, négociant, à Paris.

## NIEVRE

**MM.** CHOMET, sénateur.
MASSE, sénateur.
BOURGIER, député.
RENARD, député.

PETITJEAN, ancien sénateur, à Paris.
Dr BROUILLET, conseiller général de la Nièvre, maire de Dornes.
DERANGERE, conseiller général de la Nièvre, ancien député, à Villapourçon.
BRIAND, conseiller général de la Nièvre, à Billy-sur-Oisy.
MAGNIEN, conseiller général de la Nièvre, à Paris.
PRESTAT, conseiller général de la Nièvre, à Varzy.
GRAILLOT, conseiller d'arrondissement, à Clamecy.
Ch. JAULT, conseiller d'arrondissement, maire de Cercy-la-Tour.
Dr LEMAIRE, conseiller d'arrondissement, à Cosne.
LEROY, conseiller d'arrondissement, à Pouilly.
CHAMPENOIS, conseiller municipal, à Nevers.
PASSARD, conseiller municipal, à Chateau-Chinon.
ROUCHONNAT, avoué, à Cosne.

## NORD

MM. DEBIERRE, sénateur.
DRON, sénateur.
TRYSTRAM, sénateur.
PASQUAL, député.
GUISLAIN, ancien député, à Nomain.
BLONDE, conseiller général du Nord, à Saint-Pierre-Brouck.
WILLIOT, conseiller d'arrondissement, à Sablé.
AUBOIN, à Lille.
CHAS, industriel, à Paris.
DOLZY, à Saint-Denis.
DUFLOT, tanneur, à Somain.
Dr FAVIER, à Tourcoing.
FREMAUX, tanneur, à Marcq-en-Barœul.
GAHIDE, à Paris.
HURTREL, négociant, à Bourbourg.
LEROUGE, à Roubaix.
Gaston LEVY, à Lille.
MILLOT, avocat, à Valenciennes.
MOURMANT, à Lille.
Georges PETIT, à Lille.
PIETRI, à Paris.

QUINET, à Saint-Amand-les-Eaux.
SCHIPMAN, maire de Malo-les-Bains.
G. SELLIEZ, à Croix.
TETE, percepteur à Hondschoote.
VOLLAEYS, avocat à Paris.
E. WEIS, négociant, à Paris.

### OISE

MM. DESGROUX, député.
SCHMIDT, député.
BOUFFANDEAU, ancien député, à Paris.
BUTIN, ancien député, maire de Margny-les-Compiègne.
DECROZE, ancien député, à Pont-Sainte-Maxence.
J. BREBANT, conseiller général de l'Oise, à Méru.
DECHAMPS, conseiller général de l'Oise, à Chaumont-en-Vexin.
DUFFOY, conseiller général à Beauvais.
GUESNET, ancien conseiller général de l'Oise, à Paris.
LANGLET, conseiller général de l'Oise, à Therdonne.
MENESTRIER, ancien conseiller général de l'Oise, à Paris.
Dr. DE SAINT-FUSCIEN, conseiller général de l'Oise, à Grandvilliers.
MATHIOTTE, ancien conseiller général, à Saint-Omer-en-Chaussée.
BORREE, conseiller d'arrondissement, à Paris.
DEBEAUPUIS, conseiller d'arrondissement, maire de Liancourt.
DELAUNAY, conseiller d'arrondissement, à Pont-Sainte-Maxence.
DESAUTY, conseiller d'arrondissement, à Saint-Quentin-d'Auteuil.
DESJARDINS-TERNANT, conseiller d'arrondissement, à Cauvigny.
DESMARQUEST, conseiller d'arrondissement, à Paris.
FAURE-HEROUART, ancien conseiller d'arrondissement, à Montataire.
ABEL LEFEVRE, ancien conseiller d'arrondissement, à Plessier-Saint-Just.

MATHON, conseiller d'arrondissement, à Tillé.

MAYEUX, conseiller d'arrondissement, maire de Vaumain.

MENARD, conseiller d'arrondissement, à Crèvecœur-le-Grand.

PATTE, conseiller d'arrondissement, maire de Cempuis.

VAILLANT, conseiller d'arrondissement, maire de Clermont.

A. DUPUIS, ancien candidat du Parti, à Paris.

MEDARD DELAMOTTE, ancien candidat du Parti, maire d'Amblainville.

Phileas LEBESGUE, ancien candidat du Parti, maire de La Neuville-Vault.

Raoul AUBAUD, rédacteur en chef de la *République de l'Oise*.

BENOIT, conseiller municipal, à Crépy-en-Valois.

DAMIENS, conseiller municipal, à Moliens.

FRANTZ, à Clermont.

FLEURY, maire de Sainte-Geneviève.

LENGLEN, à Meudon.

D. LANGLET, maire de Rothois.

LERIN, ancien conseiller municipal, à Creil.

MASSARD, ancien conseiller municipal, à Creil.

MATZ, adjoint au maire, à Clermont.

VERET, pharmacien, à Nogent-sur-Oise.

## ORNE

MM. FABIUS DE CHAMPVILLE, président de la Fédération de l'Orne, publiciste, à Paris.

Dr. JAY, à Condé-sur-Huisne.

P. LAFFITTE, chef de gare, à Challans.

PFEIFFER, à Paris.

STISKIN, à Paris.

V. THOMAS, à Houilles.

VAILLANT, à Courbevoie.

## PAS-DE-CALAIS

MM. LEVY-ULLMANN, ancien candidat du Parti, professeur à la Faculté de Droit de Paris.

MORIEUX, ancien candidat du Parti, président de
la Fédération du Pas-de-Calais.
G. HEMBERT, ancien conseiller d'arrondissement,
à Calais.
BAYER, à Neuilly.
BERLINGUEZ, pharmacien, à Libercourt.
BLOND, à Paris.
BOMMIER, maire, à Wardrecques.
BOULANGER, maire, à Leforest.
BUTEL, à Boulogne-sur-Mer.
CARLIER, à Carvin.
DELOZIERE avoué, à Boulogne-sur-Mer.
DELVAL, à Carvin.
GODIN, à Carvin.
LECOUFFE, brasseur, à Lillers.
LEMIRE, à Hénin-Liétard.
MATHON, à Arras.
NOMAL, à Hénin-Liétard.
PICOT, brasseur, à Blendecques.
PILLETS, industriel, à Leforest.
RENARD, industriel, à Leforest.
F. VENDEVILLE à Carvin.

## PUY-DE-DOME

MM. HUGUET, député.
CHASSAING, ancien député, à Paris.
Antoine FABRE, ancien député, à Paris.
RAYNOUARD, ancien député, à Clermont-Ferrand.
BRUGERE, ancien conseiller d'arrondissement, à
Thiers.
MASSE, ancien conseiller d'arrondissement, avoué,
à Riom.
CHAUSSIERE, à Thiers.
DROUHIN, à Alger.
Dr GACHON, à Paris.
VEDEL, à Thiers.
VIGNAL, à Paris.

## BASSES-PYRENEES

MM. BOUE, conseiller général des Basses-Pyrénées, à
Argelos.
BOUEILH, à Saint-Jean-de-Luz.

DANTY-LAFRANCE, industriel, La Plaine-Saint-
Denis.
ETCHEPARE, à Pau.
M. LAFFITTE, à Paris.
MORA, à Bayonne.

### HAUTES-PYRENEES

MM. BOUE, député.
Dr DASQUE, conseiller général des Hautes-Pyré-
nées, à Tarbes.

### PYRENEES-ORIENTALES

MM. PAMS, sénateur.
DALBIEZ, ancien député, à Paris.
DENIS, conseiller général des Pyrénées-Orientales,
maire de Perpignan.
Dr SOUCAIL, conseiller général des Pyrénées-
Orientales, à Pézilla-de-la-Rivière.
ADRET, à Paris.
DUMAYNE, adjoint au maire de Perpignan.
PIGNET, à Paris.
ROCARIES, avocat, à Perpignan.

### BAS-RHIN

MM. Max KARCHER, conseiller général du Bas-Rhin,
maire de Sarrunion.
Paul PETRI, conseiller général du Bas-Rhin, à
Strasbourg.
G. WEHRUNG, conseiller général du Bas-Rhin, à
Ottwiller.
BECK, à Haguenau.
FRIDERICH, à Strasbourg.
A. KAHN, à Paris.
F. OESINGER, président de la Fédération du Bas-
Rhin, adjoint au maire de Strasbourg.
RAUCH, à Barr.
E. WALTER, à Saverne.
E. WEILL, à Strasbourg.
Paul WEILL, à Strasbourg.

### *HAUT-RHIN*

MM. Henri PAYOT, conseiller d'arrondissement, à Colmar.

G. BAER, adjoint au maire de Colmar.

BELIN, ingénieur, à Paris.

BILWESS, à Soultz.

BLUMENTHAL, président du Comité de Colmar, avocat, à Paris.

G. DIETZ, à Paris.

G. FRITSCH, greffier, à Soultz.

GRANIER, professeur, à Guebwiller.

HILTENBRAND, à Colmar.

KAST, à Guebwiller.

KRAMM, à Colmar.

OBERLIN, à Colmar.

SENGEL, adjoint au maire, à Colmar.

### *TERRITOIRE DE BELFORT*

MM. LAURENT-THIERY, sénateur.

MIELLET, député.

SAGET, député.

ACKERMANN, maire, conseiller général du territoire de Belfort.

FIEROLE, à Belfort.

### *RHONE*

MM. Justin GODART, député.

Edouard HERRIOT, député.

Dr BEAUVISAGE, ancien sénateur, à Lyon.

CAZENEUVE, ancien sénateur, à Paris.

BENDER, ancien député, à Paris.

FRANCK, conseiller général du Rhône, à Lyon.

LACROIX, conseiller général du Rhône, maire, à Theize.

LESCHELIN, conseiller général du Rhône, à Saint-Igny-de-Vers.

BRUN, conseiller d'arrondissement, maire des Haies.

BRUNEL, conseiller d'arrondissement, à Lyon.

CHAZETTE, conseiller d'arrondissement, adjoint au maire de Lyon.

CHEVALLARD, conseiller d'arrondissement, à Amplepuis.
CHIGNET, conseiller d'arrondissement, à Thizy.
LONGERON, conseiller d'arrondissement, à Beaujeu.
NAS, conseiller d'arrondissement, à Saint-Cyr-au-Mont-d'Or.
RATTON, conseiller d'arrondissement, maire de Saint-Genis-les-Ollières.
DANSARD, ancien candidat du Parti, à Lyon.
SIMONET, ancien candidat du Parti, à Lyon.
AUTIN, à Lyon.
BARBOYON, à Lyon.
BOUCHIER, à Lyon.
Dr CAMINADE, à Lyon.
COINDRE, à Lyon.
DANDONNET, à Lyon.
DELAIGUE, à Lyon.
Dr DREYFUS, à Lyon.
GABRIELLI, à Lyon.
GUELIN, conseiller municipal, à Lyon.
JOURNET, à Lyon.
JULLIEN, à Lyon.
LAMBERT, à Lyon.
LEMARIA, à Lyon.
MAROTEL, à Lyon.
MASSIMI, à Lyon.
PICARD, à Lyon.
PUTINIER, maire de Quincieux.
RIVIERE, à Lyon.
ROUX, à Lyon.
TERRAILLON, négociant, à Tarare.
THEZILLAT, à Lyon.
VAGANAY, à Lyon.
VIAL, adjoint au maire de Lyon.

## HAUTE-SAONE

MM. CH. COUYBA, ancien ministre, ancien sénateur, à Paris.
GROSJEAN, conseiller général de la Haute-Saône, à Villersexel.

PITOLET, ancien conseiller général de la Haute-
Saône, à Dampierre-sur-Salon.
CLERISSE, à Neuilly.
J. LARGE, à Neuvelle-lès-Champlitte.
MONNOT, à Pusey.
STREICHER, à Champlitte.

### SAONE-ET-LOIRE

MM. RICHARD, sénateur.
DECOENE-RACOUCHOT, député.
LAVAU. député.
H. PONCET, député.
CL. BOURGEOIS, conseiller général de Saône-et-
Loire, à Chalon-sur-Saône.
BUSSIERE, conseiller général de Saône-et-Loire, à
Saint-Léger-sous-Beuvray.
JACOULOT, conseiller général de Saône-et-Loire, à
Romanèche-Thorins.
PELLETIER, conseiller général de Saône-et-Loire,
à Mâcon.
PETITJEAN, conseiller général de Saône-et-Loire,
à Saillenard.
D$^r$ MUNOT, à Châlon-sur-Saône.

### SARTHE

MM. D$^r$ BRETEAU, conseiller général de la Sarthe, à
Bouloire.
DALMAGNE, conseiller général de la Sarthe, au
Mans.
D$^r$ GIGON, conseiller général de la Sarthe, à Saint-
Calais.
MONCHATRE, conseiller général de la Sarthe, mai-
re du Breil.
MONTIGNY, conseiller général de la Sarthe, à Paris.
TAFFOREAU, conseiller d'arrondissement, à Sou-
vigné-sur-Mesle.
BLIN, rédacteur du *Bonhomme Sarthois*, Le Mans.
CASTILLE, maire du Mans.
CATHALA, avocat à la Cour, à Paris.
CORNILLEAU, maire de Mamers.
DELATTRE, avocat à la Cour, à Paris.
GROULT, rédacteur du *Petit Manceau*, Le Mans.

REGNIER, à Paris.
LE FEUVRE, Le Mans.
PELLIER, Angevinière.
VIRAUT, avocat à la Cour, à Paris.

## SAVOIE

MM. D<sup>r</sup> EMPEREUR, ancien sénateur, à Bourg-Saint-
Maurice.
GIRARD-MADOUX, ancien député, à Chambéry.
GUILLERMIN, conseiller général de la Savoie, à
Chambéry.
PRINGOLLIET, conseiller général de la Savoie,
maire d'Ugine.
C. MICHEL, conseiller d'arrondissement, à Cham-
béry.
COMTE, ancien candidat du Parti, à Saint-Jean-
de-Maurienne.
A. JARRE, à La Calamine.
L. MICHEL, à Cognin.

## HAUTE-SAVOIE

MM. JACQUIER, ancien député, à Thonon.
BLUMENFELD, à Paris.
BOSSONNEY, ancien maire de Chamonix.
G. DANGON, imprimeur, à Paris.
G. GROS, avocat à la Cour, à Paris.
MAZET, à Paris.
VIGNON, à Paris.

## SEINE

MM. BERTHELOT, sénateur.
RANSON, sénateur.
STRAUSS, sénateur.
Ferdinand BUISSON, député.
Adolphe CHERON, député.
PILATE, député.
PINARD, député.
BRUNET, ancien député, industriel à Lyon.
CHAUTARD, ancien député, à Paris.
LE FOYER, ancien député, à Paris.
BRISSON, conseiller général de la Seine, à Nogent-
sur-Marne.

CHERIOUX, conseiller général de la Seine, à Paris.

DESVAUX, conseiller général de la Seine, à Paris.

MARIN, conseiller général de la Seine, maire de
   Saint-Maur.

MORIETTE, conseiller général de la Seine, à Paris.

MOUNIE, conseiller général de la Seine, maire
   d'Antony.

REBEILLARD, conseiller général de la Seine, à
   Paris.

H. ROUSSELLE, conseiller général de la Seine, à
   Paris.

OUDIN, ancien conseiller général de la Seine, à
   Paris.

AULARD, ancien candidat du Parti, professeur à
   la Sorbonne, à Paris.

BAUZIN, ancien candidat du Parti, à Paris.

ED. BESNARD, ancien candidat du Parti, secrétaire
   général de la Mission laïque, à Paris.

BESSIERE, ancien candidat du Parti, à Paris.

BOUGLE, ancien candidat du Parti, à Boulogne-
   sur-Seine.

F. CAHEN, ancien candidat du Parti, à Paris.

DECROS, ancien candidat du Parti, maire des Lilas.

A. DOMINIQUE, rédacteur en chef de l'*Ere Nouvelle*, à Paris.

DOUZET, ancien candidat du Parti, à Paris.

ENRIQUEZ, ancien candidat du Parti, à Paris.

FIESCHI, ancien candidat du Parti, à Paris.

A. GARNIER, ancien candidat du Parti, à Paris.

GRANDIGNEAUX, ancien candidat du Parti, à
   Paris.

JEGU, ancien candidat du Parti, à Paris.

LAILAVOIX, ancien candidat du Parti, à Paris.

LAVIGNON, ancien candidat du Parti, à Paris.

MARECHAL, ancien candidat du Parti, maire du
   VIIIe arrondissement de Paris.

MICHEL MILHAUD, ancien candidat du Parti, avoué
   à Paris.

OLIVIER, ancien candidat du Parti, à Vincennes.

OUDARD, ancien candidat du Parti, à Paris.

PERRIN, ancien candidat du Parti, professeur à
   Paris.

PIC, ancien candidat du Parti, à Vanves.

POUTHIER, ancien candidat du Parti, à Paris.
RIPAULT, ancien candidat du Parti, président de
  la Fédération de la Seine.
RIVORY, ancien candidat du Parti, industriel à
  Paris.
Roger TROUSSELLE, ancien candidat du Parti, à
  Paris.
ARRUAS, à Paris.
AUGER, à Montrouge.
Maurice BENARD, à Paris.
BERNARD, à Suresnes.
BLONDEAU, à Asnières.
BLUM, à Paris.
BODEREAU, à Paris.
BONCENNE, à Levallois-Perret.
BOUCHERON, à Paris.
BUREAU, à Paris.
BURG, à Paris.
BUSCAILLET, à Charenton.
CHALIGNE, adjoint au maire de Saint-Maur.
COMPAROT, à Paris.
DELIN, à Paris.
DELORME, à Paris.
DUFOUR, à Levallois-Perret.
DUPLAN, à Paris.
DUPORTAL, à Paris.
FERROTIN, à Paris.
GABUT, à Paris.
GHIRARDI, à Paris.
GIGON, à Paris.
GIUDICELLI, avocat, à Paris.
GODEFROY, à Paris.
GOLDSCHILD, à Paris.
GRISONI, à Paris.
HAAS, graveur, à Paris.
HONNORAT, à Paris.
JAQUET, à Paris.
JEANNIN, à Paris.
JOHIN, à Paris.
Albert KAHN, à Paris.
Etienne KAHN, à Paris.
KAYSER, à Paris.
LAGRANGE, à Paris.

LAROULANDIE, à Paris.
LAURENS, à Charenton.
LEPEYTRE, à Paris.
LEROY, à Paris.
MARMOITON, conseiller municipal à Sceaux.
MANGIN, à Paris.
Lucien MANTOUT, à Paris.
MOURRE, à Clamart.
MOUTET, à Paris.
PERSIN,, à Paris.
PETITPOT à ,Paris.
Henri PICARD, à Paris.
PONÇOT, à Paris.
QUINTON, à Paris.
Paul RAPHAEL, à Paris.
RENAUT, à Paris.
ROUBEROL, à Paris.
SEILLON, à Paris.
STORA, orfèvre, à Paris.
THIERRY, à Paris.
VALLET, à Paris.
VASSEUR, à Paris.

## SEINE-INFERIEURE

MM. NIBELLE, député.
    Léon MEYER, conseiller général de la Seine-Infé-
       rieure, maire du Hâvre.
    BAYLE, conseiller d'arrondissement, au Hâvre.
    LELEU, conseiller d'arrondissement, à Rouen.
    WAIRY, conseiller d'arrondissement, à Rouen.
    BANCE, entrepreneur à Rouen.
    BARBIER, journaliste, à Paris.
    BAUDOUX, industriel, à Incheville.
    BEAURAIN, à Rouen.
    BERTHELOT, Directeur du Mont de Piété, Le Hâvre.
    Dr DANIEL, Le Hâvre.
    DESCHAZEAUX, Le Hâvre-Graville.
    DORION, Le Hâvre.
    ELIOT, à Rouen.
    HAUVILLE, à Sainte-Adresse.
    HUE, maire de Déville-les-Rouen.
    JALLAGEAS, Le Hâvre.

LE BEGUE, Le Hâvre.
LEFEBVRE, Président de la Fédération de la Seine-
    Inférieure, à Rouen.
LEFORT, à Rouen.
D<sup>r</sup> MAGNIER, à Darnetal.
MOCH, Le Hâvre.
MOLARD, Petit Quevilly.
MORIN, Directeur des Hospices, Le Hâvre.
MOUETTE, maire de Bolbec.
MULLER, receveur buraliste, à Levallois-Perret.
D<sup>r</sup> NEE, conseiller municipal, à Rouen.
PEYRES, entreposeur des tabacs, à Paris.
PRAEGER, à Rouen.
G. RISSER, à Rouen.
ROTS, Le Hâvre.
VIALLA, insitituteur-chef de la colonie agricole de
    Saint-Maurice, à La Motte-Beuvron.

## SEINE-ET-MARNE

**MM.** Gaston MENIER, sénateur.
J.-L. DUMESNIL, député.
DELAROUF ancien député, à Paris.
LORIMY, ancien député, à Coulommiers.
CHAZAL, conseiller général de Seine-et-Marne, à
    Paris.
COCHOT, conseiller général de Seine-et-Marne, à la
    Ferté-Gaucher.
GABORIAUD, conseiller général de la Seine-et-
    Marne, à Paris.
HARDY, conseiller général de Seine-et-Marne, à
    Fontenay-Trésigny.
CUINAT, conseiller d'arrondissement, maire de
    Bois-le-Roi.
GERARD, conseiller d'arrondissement, maire de
    Marles.
A. BONET, à Paris.
R. FRERE, ancien maire de Nanteuil-les-Meaux.
NAUDET, industriel, à Chelles.
NAUDIER, à Faremoutiers.
PERROUD, à Samois-sur-Seine.
POMMERY, à Meaux.
WOUTERS, à Veneux-les-Sablons.

## SEINE-ET-OISE

MM. AMIARD, ancien député, à Paris.

DALIMIER, ancien député, à Paris.

FRANKLIN-BOUILLON, ancien ministre, ancien député, à Paris.

GOUST, ancien député, à Mantes.

E. LAURENT, ancien député, à Paris.

VIAN, ancien député, à Paris.

CRETE, conseiller général de Seine-et-Oise, à Méré.

GAUTHERIN, conseiller général de Seine-et-Oise, à Argenteuil.

HARMAND, conseiller général de Seine-et-Oise, à Gonesse.

HEMMERSCHMIDT, conseiller général de Seine-et-Oise, à Villeneuve-Saint-Georges.

MURET, conseiller général de Seine-et-Oise, maire de Palaiseau.

BOURBONNAIS, conseiller d'arrondissement, maire de Marolles-en-Hurepoix.

CLEMENT, conseiller d'arrondissement, maire d'Ermont.

FARGES, conseiller d'arrondissement, à Gonesse.

BAILLEUL, ancien candidat du Parti, à Versailles.

BOUDOUARD, ancien candidat du Parti, à Corbeil.

P. FALOT, ancien candidat du Parti, à Rueil.

LE ROY, ancien candidat du Parti, à Rosay.

POSTEL, ancien candidat du Parti, à Enghien.

BALDUZZI, à Argenteuil.

BERNARD, à Argenteuil.

BIVERT, maire d'Epinay-sur-Orge.

CARLET, à Sannois.

CUENNE, à Rueil.

CHATEL-VIDAL, à Chatou.

GOUJAT, à Houilles.

A. GROS, à Argenteuil.

LORIN, Directeur de l'*Evolution*, à Aulnay-sous-Bois.

MARCADIER, conseiller municipal de Villeneuve-le-Roy.

MOLINA, à Paris.

MOREAU, à Ville d'Avray.

PIGNOLET, à Argenteuil.

REPARAT, à Antony.
D<sup>r</sup> TESTUT, à Limours.

## DEUX-SEVRES

MM. AGUILLON, ancien sénateur, maire de Parthenay.
DEMELLIER, ancien député, à Paris.
FLEURET, ancien député, à La Groie.
BALQUET, Conseiller général des Deux-Sèvres, à
    Airvault.
CL. MENARD, conseiller général des Deux-Sèvres à
    Thouars.
CADIER, ancien candidat du Parti, rédacteur en
    chef de la *Fraternité de Pamproux*.
D<sup>r</sup> CORBIN, ancien candidat du Parti, à Niort.
BOURDEAU, à Paris.

## SOMME

MM. THUILLIER-BURIDARD, sénateur.
JOVELET, député.
KLOTZ, député.
TERNOIS, député.
CHOQUE, conseiller général de la Somme, à Amiens.
QUILLET, conseiller général de la Somme, à
    Amiens.
BIENAIME, à Paris.
DELIQUE, négociant, à Abbeville.
N. MOREL, à Amiens.
H. MOUETTE, à Amiens.
SAILLY, à Rue.

## TARN

MM. GUIRAUD, ancien député, à Paris.
F. COMBES, à Paris.
DOUZALS, industriel à Brassac.
LAFON, à Paris.

## TARN-ET-GARONNE

MM. POTTEVIN, sénateur, à **Paris**.
CAPEREAN, ancien sénateur, à Paris.
DELTHIL, ancien conseiller général du Tarn-et-
    Garonne, à Bordeaux.
AUGIS, à Paris.

BONNAFOUS, à Montauban.
FLAMENS, maire de Castelsarrazin.
GREZEL, ancien maire de Montauban.

## VAR

MM. Louis MARTIN, sénateur.
René RENOULT, sénateur.
DENISE, député.
J.-B. SIMON, conseiller d'arrondissement, à Six-Fours Reynier.
G. BERGER, ancien maire de Saint-Raphaël.
L. BLANC, conseiller municipal, à Gonfaron.
L. BONIFAY, docteur, à Salernes.
J. BOYER, ingénieur, à Paris.
V. BRANSIEC, maire de Plan de la Tour.
A. CALLET, à Toulon.
L. CAUVIN, maire de Cogolin.
F. FABRE, propriétaire, à Saint-Julien.
L. FREY, professeur au collège de Draguignan.
B. GASTAUD, journaliste, à Toulon.
H. GUIGUES, avocat, à Toulon.
J. HITAR, commandant retraité, à Toulon-Mourillon.
C. JEAN-BARBERIS, à Paris.
J. LONG, courtier à Néoules.
J. MASSONI, receveur des P. T. T. à Saint-Tropez.
L. PASSERIN, maire des Arcs.
PELISSIER, à Varages.
Ch. POGGIO, Le Castellet.
J. RICHET, maire de Carqueiranne.
TOMBAREL, ancien maire de Callas.

## VAUCLUSE

MM. SERRE, sénateur.
DALADIER, député.
GUICHARD, député.
ACCARIE, conseiller général de Vaucluse, à Cavaillon.
A. BERNARD, conseiller général de Vaucluse, maire de Vacqueyras.

CHABAS, conseiller général de Vaucluse, à Avignon.

CHARLET, conseiller général de Vaucluse, à Avignon.

M. CLOP, conseiller général de Vaucluse, à Avignon.

M. DURAND, conseiller général de Vaucluse, maire de Valréas.

U. FABRE, conseiller général de Vaucluse, à Vaison.

FENOUIL, conseiller général de Vaucluse, à Carpentras.

GARCIN, conseiller général de Vaucluse, maire de Chateauneuf-de-Gadagne.

LALLY NEVIERE, conseiller général de Vaucluse, à Saint-Martin-la-Brasque.

H. LATOUR, conseiller général de Vaucluse, à Châteauneuf du Pape.

H. REYNAUD, conseiller général de Vaucluse, à Monteux.

Dr ROUMAGOUX, conseiller général de Vaucluse, maire d'Oppède.

SOULIER, conseiller général de Vaucluse, à Avignon.

H. LALO, conseiller d'arrondissement, à Avignon.

Noel MARTIN, conseiller d'arrondissement, maire de Saint-Didier.

E. DROIN, industriel à Saint-Ruf Avignon.

Ch. GALINY, représentant, à Monclar-Avignon.

F. GRAS, percepteur, à Cavaillon.

J. GUIS, maire de Cavaillon.

C. NAYRAL, architecte, à Cavaillon.

## VENDEE

MM. V. BOISDE, conseiller de la Vendée, à La Roche-sur-Yon.

Lucien VICTOR-MEUNIER, à Bordeaux.

## VIENNE

MM. G. POULLE, sénateur.

GODET, ancien député, à Paris.

ARIES, à Paris.

Colonel BALLUT, à Neuilly.

BRISSAUD, à Paris.
CULLIE, à Paris.
PUJO, à Paris.

## HAUTE-VIENNE

MM. NOUHAUD, ancien député, à Paris.
PATRY, avocat à Limoges.

## VOSGES

MM. SCHMIDT, ancien député, à Meudon.
SIMONET, ancien député, à Epinal.
D<sup>r</sup> BRIFFAUT, conseiller général des Vosges, à Gérardmer.
MERCIER, conseiller d'arrondissement, à Bruyères.
OREFICE, conseiller d'arrondissement, à Bruyères.
BOIZOT, ingénieur, à Dinozé.
BURLIN, maire de Saint-Dié.
CANIAUX, avoué, à Mirecourt.
CARNET, imprimeur, à Mirecourt.
GUYARD, professeur, à Saint-Dié.
F. JACQUES, négociant, à Epinal.
LARNELLE, négociant à Rambervillers.
MELIN, ingénieur, à Neufchâteau.
REMOVILLE, industriel, à Charmes.
RUOTTE, à Paris.
THERES, maire de Dompaire.
VENARD, professeur à Remiremont.

## YONNE

MM. BIENVENU-MARTIN, sénateur.
DUBOIS, conseiller général de l'Yonne, à Avallon.
Gaston GROS, conseiller d'arrondissement, à Neuilly.
AUTHIER, receveur des finances, à Briançon.
BELLET, à Paris.
Jean JOBERT, à Paris.
Roger JOBERT, à Paris.

## ALGER

MM. BROUSSAIS, ancien député, à Alger.

H. ABOULKER, conseiller général d'Alger, à Alger.
D<sup>r</sup> CLOS, conseiller général d'Alger, à Milianah.
BELTÇAGUY, à Alger.
MARCEL BESSE, à Paris.
A. COLLOMB, à Alger.
G. DUPUY, avoué à Alger.
D<sup>r</sup> FUSTER, conseiller municipal, à Alger.
JONATHAN, négociant, à Alger.
ARTHUR MANTOUT, à Paris.
MULLER, maire de Marengo.
FRITZ MULLER, à Alger.
D<sup>r</sup> NARBONI, à Alger.
F. SIMON, à Alger.
J. TARDRES, président de l'*Action démocratique
d'Alger*.
G. TEXIER, avocat, à Blidah.

## CONSTANTINE

MM. CUTTOLI, sénateur.
D<sup>r</sup> BOUILLET, maire du xvi<sup>e</sup> arrondissement de Paris.
MARCEL BROSSE, industriel, à Neuilly.
ISRAEL, à Paris.
LEDERMANN, à Philippeville.
ARMAND MANTOUT, à Paris.

## ORAN

MM. D<sup>r</sup> GASSER, sénateur.
LOUIS BESSE, industriel, à Paris.
LECTEZ, à Rueil.
RENAUDIN, à Paris.
ROUSSEAU, à Paris.
THURET, à Rueil.

## COCHINCHINE

MM. ALLEMAND, à Paris.
BERGERY, à Paris.
CICERON, commis de marine, à Saïgon.
GERSON, à Paris.
MORIN, à Colombes.

## GUADELOUPE

MM. Eugène DUBOIS, à Paris.
GÉRANTON, à Paris.
VALENTIN, à Neuilly.

## GUYANE

MM. Commandant Dutertre, à Saint-Laurent du Maroni.
O'BRIEN DE BURGUE, à Paris.
VALENSI, avocat, à Paris.

## INDE FRANÇAISE

MM. Georges COULON, à Paris.
KOUNDOU, à Chandernagor.
Henri MAGER, à Paris.

## MADAGASCAR

MM. JOUTEL, à Paris.
Georges PIERME, chef de la Province de Itasy.

## LA MARTINIQUE

MM. GINESTE, à Marseille.
GRAND, à Paris.
Noël HERAT, à Rueil.

## LA REUNION

MM. AUBER, sénateur.
BOUSSENOT, député.
GASPARIN, député.
BENOIT-LEVY, à Paris.
NICOL, à Paris.

## SENEGAL

M. Paul WALL, industriel, à Paris.

## TUNISIE

MM. Léon BLOCH, pharmacien, à Tunis.
Laurent CHAT, Directeur du *Courrier de Tunisie*,
à Tunis.
HONTEBEYRIE, à Paris.
Edmond MANTOUT, à Alger.

# TABLE DES MATIÈRES

IMPRIMERIE G. SUBERVIE, 21, RUE DE L'EMBERGUE, RODEZ

Maurice DE MONTÉ-LÉNÈS
Éditeur
3, Rue Raffet — PARIS